Thomas Hofer, Barbara Tóth (Hg.)

WAHL 2013

Macht – Medien – Milliardäre

LIT

Für Ian

Bibliografische Information der Deutschen Nationalbibliothek
Die Deutsche Nationalbibliothek verzeichnet diese Publikation in der Deutschen Nationalbibliografie; detaillierte bibliografische Daten sind im Internet über http://dnb.d-nb.de abrufbar.

ISBN 978-3-643-50549-1

Wien 2014
Krotenthallergasse 10/8
A-1080 Wien
Tel. +43 (0) 1-409 56 61
Fax +43 (0) 1-409 56 97
E-Mail: wien@lit-verlag.at
http://www.lit-verlag.at

LIT VERLAG
Dr. W. Hopf Berlin 2014
Verlagskontakt:
Fresnostr. 2
D-48159 Münster
Tel. +49 (0) 2 51-62 03 20
Fax +49 (0) 2 51-23 19 72
E-Mail: lit@lit-verlag.de
http://www.lit-verlag.de

Auslieferung:
Deutschland: LIT Verlag Fresnostr. 2, D-48159 Münster
Tel. +49 (0) 2 51-620 32 22, Fax +49 (0) 2 51-922 60 99, E-Mail: vertrieb@lit-verlag.de

Österreich: Medienlogistik Pichler-ÖBZ, E-Mail: mlo@medien-logistik.at
E-Books sind erhältlich unter www.litwebshop.de

INHALT

Einleitung

Was in Österreich zwei Mal gemacht wird, heißt es, ist Tradition. Folgt ein drittes Mal, spricht man von Brauchtum. So gesehen haben wir mit dem vorliegenden Buch zur österreichischen Nationalratswahl 2013 die Endausbaustufe dessen erreicht, was wir uns im Wahljahr 2006 als Ziel gesetzt hatten: einen bis dahin nicht existierenden Platz zu schaffen, wo Wissenschafter, professionelle politische Beobachter und die Wahlkampfexperten der Parteien die Wahlkampagnen und ihre Auswirkungen analysieren.

Wie bei den Bänden zu den Nationalratswahlen 2006 und 2008 steht auch diesmal der Blick hinter die Kulissen der Parteimaschinerien im Vordergrund. Wir wollten nicht nur ein Nachschlagewerk und die Dokumentation eines spannenden Wahlkampfs mit vielen neuen Akteuren liefern. Der Anspruch war auch, bislang unbekannte, aber aufschlussreiche Entwicklungen und Ereignisse in den Parteien aufzuzeigen und zu beleuchten; gelungene Innovationen und Fehlleistungen des heimischen Kampagnenbetriebs zu beschreiben; internationale Beispiele zum Vergleich heranzuziehen, aber auch internationale Experten den österreichischen Wahlkampf bewerten zu lassen.

Wir hoffen, das ist gelungen. Wenn dem so ist, haben wir es einer prominenten wie kompetenten Schar an Autorinnen und Autoren zu verdanken, die wir für dieses Projekt gewinnen konnten. Wie 2006 und 2008 wird ein wesentlicher Teil des Buches von Kampagnenexperten bespielt. An Bord sind wieder die wesentlichen Wahlkampfverantwortlichen der Parlamentsparteien. Für die SPÖ beschreibt Kommunikationschef Stefan Hirsch den „durch und durch roten“ Basiswahlkampf der Kanzlerpartei. ÖVP-Generalsekretär Hannes Rauch zieht – zumindest aus Sicht der großen Koalition – durchaus kritisch Bilanz.

Der grüne Bundesgeschäftsführer Stefan Wallner gewährt Einblicke in den für seine Partei neuartigen Wahlkampf 2013. Für das Team Stronach versucht dessen Wahlkampfleiter Tillmann Fuchs in einem sehr persönlichen Text Faktoren für das Abschneiden des austrokanadischen Milliardärs Frank Stronach zu ergründen. Matthias Strolz, Vorsitzender der NEOS und Ex-Politikberater, beschreibt detailliert die erfolgreiche Kampagne seines Polit-Start-ups. Und schließlich analysiert Stefan Petzner, erfolgreicher Kampagnenleiter des BZÖ unter Jörg Haider, die Gründe für das Scheitern des orangen Projekts unter Josef Bucher.

Im Fall der FPÖ sind wir von bisherigen Usancen abgewichen. Der 2006 und 2008 bewährte Autor des FPÖ-Beitrags, Generalsekretär und Wahlkampfleiter Herbert Kickl, musste uns eine Woche nach dem Wahltag überraschend absagen. Umso dankbarer sind wir einem der intimsten Kenner der Freiheitlichen, dem Historiker Lothar Höbelt, dass er seinen Beitrag zum „wohldosiert langweiligen“ Wahlkampf der FPÖ in noch kürzerer Zeitspanne als alle anderen Autoren, und das in gewohnter Qualität und Schärfe, geliefert hat.

Den kampagnentechnischen Überbau des Wahlkampfs liefert Politikberater Thomas Hofer, wie gewohnt ohne parteipolitische Brille. Der Politikwissenschafter Hubert Sickinger widmet sich seinem Spezialgebiet, das auch eines der dominierenden Themen im Wahlkampf war: der neu geregelten Wahlkampffinanzierung und ihren Auswirkungen auf die Kampagnen 2013. Die Detailanalyse der Wahlergebnisse bestreiten diesmal die Meinungsforscher Franz Sommer und Paul Unterhuber. Neben Erklärungen zu Wahlverhalten und Wählerströmen liefern die beiden allerdings auch Kritisches zur eigenen Branche und den medialen Umgang mit Umfragen.

Der Komplex Medien und Politik ist diesmal überhaupt stark vertreten: Die Journalistin Ingrid Brodnig widmet sich in ihrem Beitrag dem ersten „richtigen“ Onlinewahlkampf der Zweiten Republik. Das Team des MediaWatch Instituts rund um Julia Wippersberg zerlegt in akribischer Detailarbeit die Berichterstattung ausgewählter Tageszeitungen zu den Themen, Parteien und Persönlichkeiten des Wahlkampfs. Und schließlich widmet sich der in Köln lebende und international geeichte Fernsehfachmann und Ex-Kampagnenchef Hans Mahr in seiner gewohnt pointierten Art dem „erschöpfenden" TV-Wahlkampf 2013.

Die Außensicht liegt auch anderen zentralen Beiträgen des Buches zugrunde: Die Österreich-Korrespondentin der „Neuen Zürcher Zeitung", Meret Baumann, stellt den Niedergang der ehedem großen Koalition in einen europäischen Kontext. Frank Stauss, sozialdemokratischer Kampagnenprofi aus Deutschland und zentraler Berater der ÖVP im Nationalratswahlkampf 2013, beschreibt im Gespräch mit dem deutschen Medien- und Politikexperten Leonard Novy die Eigenheiten der österreichischen Kampagnenlandschaft. Und nicht zuletzt lobt ein weiterer Starautor, der ehemalige Außenminister der Tschechischen Republik und Chef der dort kandidierenden liberalen Partei TOP 09 Karel Schwarzenberg, zwar seine liberalen Kollegen von den NEOS. Darüber hinaus aber ist sein Urteil über die heimische „Bürgerlichkeit" und die außenpolitische Leistung Österreichs eher enden wollend positiv. Eine Warnung für künftige Regierungsbildungen hat Schwarzenberg auch noch parat: Von Dreierkoalitionen hält er aus eigener Erfahrung nicht viel. Einer auch 2013 wieder hochemotional diskutierten möglichen Zweierkoalition, Rot-Blau, widmet sich schließlich die Journalistin Barbara Tóth in ihrem Beitrag.

Bei all diesen Autorinnen und Autoren bedanken wir uns nicht nur für ihre erhellenden Beiträge, sondern auch für ihre Zeitdisziplin. Gut vier Wochen nach der Wahl hatten alle geliefert. Dank für die rasche Realisierung des Projekts gebührt natürlich auch dem LIT-Verlag, seinen Mitarbeitern, unseren Korrektoren und Grafikern. Sie alle haben das Projekt in der gewohnten Schnelligkeit und Professionalität erst möglich gemacht. Spätestens 2018 wollen wir wieder Brauchtumspflege betreiben und auf ihre Expertise zurückgreifen.

Die Herausgeber im November 2013

I

Von Mäusen und Milliardären

Die Gegensätze im Wahlkampf 2013 hätten größer nicht sein können: Während sich die ehemaligen Großparteien gerade noch über die Ziellinie retteten, verkam die bestdotierte Kampagne zur Operette. Innovationen lieferten die Parteien mit den kleinen Budgets – und mancher Wahlkämpfer in eigener Sache.

Thomas HOFER

2013, das war der Wahlkampf der vergebenen Chancen. Bis auf das erfolgreiche Polit-Start-up im Rennen, die NEOS, blieben alle Parteien unter ihren Möglichkeiten: Die SPÖ scheiterte trotz solider Wahlkampfführung an der Behebung ihrer eklatanten Mobilisierungsschwäche. Die FPÖ sah sich wegen des Antretens von Frank Stronach um ein rot-blaues Duell um Platz eins beraubt und musste sich erst wieder mühsam in Richtung der Zwanzig-Prozent-Marke vorkämpfen. Das BZÖ führte einen aussichtslosen Kampf um den Verbleib im Nationalrat: Nur das sympathische Auftreten des Spitzenkandidaten Josef Bucher im TV-Wahlkampf ließ die Orangen kurzfristig hoffen. Und die Grünen führten zwar einen ihrer professionellsten Wahlkämpfe, am Ende reichte es aber trotz korruptionsbedingter Themenhochkonjunktur nur für bescheidene Zuwächse.

Unter den Erwartungen blieben aber vor allem zwei Parteien: die ÖVP und das Team Stronach. Die Volkspartei war im Vergleich zum Koalitionspartner SPÖ durchaus erfolgreich ins Superwahljahr gestartet. Und das nach einem von Korruptionsfällen geprägten Seuchenjahr 2012. Schon im Jänner konnten die Konservativen die Befragung zum Thema Wehrpflicht, auch wegen der ideologischen Spaltung der Sozialdemokratie, eindrucksvoll für sich entscheiden. Bei der niederösterreichischen Landtagswahl hatte man trotz zusätzlicher Konkurrenz seitens des Team Stronach die absolute Stimmenmehrheit gehalten. In Tirol und Kärnten fielen die Verluste geringer als erwartet aus. In Salzburg ging es zwar steil bergab, man verlor aber nur halb so viel wie der Koalitionspartner und konnte den Landeshauptmannsessel zurückerobern. Und schließlich war man auch im Bund schon vor Beginn des Intensivwahlkampfs dem schlimmsten Szenario entronnen: Hätte das Team Stronach nicht im FPÖ-Wählerteich gefischt, die ÖVP wäre wohl im Match Werner Faymann gegen Heinz-Christian Strache auf verlorenem Posten gestanden. So hievte Stronach die Volkspartei zurück ins Kanzlerrennen.

Für das Team Stronach (am Wahlzettel als Liste FRANK vertreten) selbst waren die Voraussetzungen noch um vieles besser. Für die neu gegründete Partei des Austrokanadiers und Milliardärs Frank Stronach hätte das Antreten bei der Nationalratswahl zum Durchmarsch werden können. Deplorable Imagewerte der etablierten Parteien, gepaart mit einem generellen Demokratiefrust, waren jene politischen Parameter, auf die der Wirtschaftsmann und politisch Spätberufene im Vorfeld des Wahlkampfs zählen durfte. Trotz einiger sich bereits abzeichnender Turbulenzen im eilig zusammengestellten Parteiapparat waren auch die ersten Wahlen auf Landesebene – mit Ausnahme jener in Tirol – einigermaßen geglückt. Immerhin saß das Team Stronach weniger als ein Jahr nach seiner Gründung in drei Landesregierungen.

Im Bund allerdings sollte es für das Team Stronach, aber auch die ÖVP, anders als geplant kommen. Und das hatte in beiden Fällen ursächlich mit einer falsch gewählten Kampagnenstrategie zu tun: Die Volkspartei schaffte es nicht, an einer demobilisierten Sozialdemokratie vorbeizuziehen. Das Team Stronach lieferte überhaupt die Selbstfaller-Kampagne des Jahrzehnts.

Strategisches Chaos

In völliger Verkennung der eigenen politischen Stärken und vor allem Schwächen hatte Stronach schon bei der Gründung seines Teams entscheidende Fehler begangen. Der Magna-Macher hatte mit der Bekanntgabe seiner politischen Ambitionen mehr als ein Jahr vor der Nationalratswahl einen viel zu frühen Zeitpunkt gewählt. Die angestrebte Inszenierung als „Mann aus dem Volk, für das Volk" konterkarierte er wenig später: Anstatt 2.600 Unterschriften von Bürgerinnen und Bürgern für ein Antreten bei der Nationalratswahl zu sammeln, verließ sich Stronach lieber auf die Unterschriften einiger weniger – von ihm sonst verachteter – Berufspolitiker.

Inkonsistenzen wie diese sollten in weiterer Folge ein „Markenzeichen" der Positionierungsarbeit Stronachs werden. Einerseits propagierte er Transparenz als einen seiner drei zentralen Werte, andererseits weigerte er sich beharrlich, seine gesamte Steuerleistung offenzulegen.[1]

Am schädlichsten erwies sich allerdings die von Stronach eingeschlagene und sich bis zum Wahltag hinziehende Medienstrategie. Anstatt sich als erfahrener und besonnener Wirtschaftskapitän, der zehntausende Arbeitsplätze geschaffen hat, zu inszenieren, gab Stronach bei seinen TV-Auftritten den leicht entflammbaren Wutmanager mit Stilelementen eines Beppe Grillo. Anstatt den politisch unverbrauchten Außenseiter zu mimen und – aufgrund seiner finanziellen Mitteln ein Leichtes – mit einer Kampagne der anderen Art Aufmerksamkeit zu erregen, zog es Stronach von Anfang an in die TV-Konfrontationen des ORF. Die Zutrittskarte löste er, nachdem er Abgeordnete anderer Fraktionen, vornehmlich des BZÖ, an sich gebunden und gegen Ende der Legislaturperiode einen eigenen Parlamentsklub gegründet hatte.

Die Fernsehauftritte des Milliardärs stellten sich schließlich, für Kenner Stronachs wenig überraschend, als Achillesferse seiner hochtrabenden politischen Pläne heraus. Parteiintern hatte sich Stronach 25 Prozent Wähleranteil oder mehr als Ziel gesteckt. Die Einstiegsumfra-

1 Journalisten mussten sich mit einem dürren Notarsstatement begnügen, das Auskunft zum österreichischen Steueraufkommen Stronachs über einige Jahre gab.

gen beim Start seiner Partei von zehn bis zwölf Prozent hatte er als leicht auszubauenden Grundsockel an Zustimmung gedeutet.

Die politischen Marktanteile hätten sich vielleicht tatsächlich entwickelt, hätte sich Stronach an der Gouverneurskampagne des republikanischen Strategen Matthew Dowd für Arnold Schwarzenegger orientiert. Dowd hatte gleich zu Beginn ein paar harte Wahrheiten für seinen Kandidaten parat: Der Berater zweifelte sowohl an der Artikulationsgabe seines Klienten wie auch an dessen inhaltlicher Sattelfestigkeit. Die strategischen Ableitungen waren klar: Interviews mit kritischen Journalisten und TV-Duelle mit Konkurrenten werden auf ein Minimum reduziert. Stattdessen gab es (gut aufbereitete) Reden zu zentralen Politikfeldern und Auftritte in weichen Medienformaten, etwa bei Jay Leno. Als Begleitmusik selbstverständlich: flächendeckender Werbedruck.

Für Stronach wäre das die ideale Spiegelkampagne gewesen. Werbedruck konnte er mit 25 Millionen Euro Wahlkampfbudget locker entwickeln. Einige gut vorbereitete Reden, etwa zu den Themen Arbeitsplätze, Standort, politische Kultur oder Bildung, hätte er hinbekommen. Und die oft erratischen Auftritte in harten Politikformaten hätte er sich erspart.

Stronach wählte die gegenteilige Strategie: Mit jedem TV-Auftritt schadete er sich mehr als er Nutzen stiftete. Für Kampagnenmitarbeiter überraschend hatte Stronach die Schädlichkeit seiner TV-Performance intern sogar einbekannt. Nach den ersten missglückten TV-Debatten wollte der Parteigründer die Reißleine ziehen und mitten in der heißen Wahlkampfphase einen anderen Spitzenkandidaten aus dem Hut zaubern. Die Wahl Stronachs fiel auf seinen langjährigen Wegbegleiter und internationalen Topmanager Sigi Wolf. In mehreren eindringlichen Gesprächen versuchte Stronach, den Ex-Magna-Manager von seiner Idee zu überzeugen, dass ein Kandidatenwechsel seiner Partei entscheidend helfen könne. Wolf allerdings verwies erst auf die Unmöglichkeit, die bereits fixierte Bundesliste noch umzudrehen, und lehnte auch mit dem Hinweis auf seine in Russland laufenden Verträge ab. Er sagte lediglich zu, in Inseraten öffentlich für Stronach eintreten zu wollen.

So kam es für das Team Stronach, wie es kommen musste. Mit Fortdauer des TV-Wahlkampfs – angefangen mit der aggressiven Verächtlichmachung der Gegner in manchen ORF-Duellen über die Publikumsbeschimpfung auf Puls 4 bis hin zu unmotivierten und schädlichen Themenvorstößen, etwa in Sachen Todesstrafe bei der „Wahlfahrt" von ORF-Mann Hanno Settele – brachte Wirtschaftskapitän Stronach seine Kampagne zusehends in Seenot. Am Ende sank sie, obwohl sie werblich, etwa was die Plakate und TV-Spots anbelangte, durchaus auch professionelle Züge aufgewiesen hatte. So aber geht Stronachs angestrebter Karrierewechsel als politische Operette des Wahljahres 2013 in die Annalen ein.

Rückzugsgefecht der SPÖ

Ganz so dramatisch war die Entwicklung bei der ÖVP nicht. Doch auch die Volkspartei blieb 2013 wieder einmal unter ihren Möglichkeiten. Schon in den letzten beiden Nationalratswahlkampagnen hatte man nicht das Maximum aus der kommunikativ zugespitzten Wahlkampfphase geholt. 2006 überraschte ein ungemein an- bis untergriffiger Herausforderer Alfred Gusenbauer (SPÖ) den für unangreifbar gehaltenen ÖVP-Kanzler Wolfgang Schüssel. Der hatte den Oppositionsführer lange nicht als ebenbürtig akzeptiert und dessen professioneller Negativkampagne nichts entgegengesetzt. Am Ende waren Teile der schwarzen Basis demobilisiert. Und Gusenbauer segelte nach der BAWAG-Pleite wenige Monate zuvor mit seiner SPÖ unverhofft zum knappen Sieg.

2008 war es die ÖVP, die nach unglücklichen eineinhalb Jahren Kanzlerschaft Gusenbauers frühzeitig zur Wahlurne rief. Mit einem deftigen „Es reicht!" hatte Vizekanzler Wilhelm Molterer die Koalition aufgekündigt. Allein: Danach folgte nicht viel. Im Gegensatz zur ÖVP tauschte die SPÖ ihren (angepatzten) Spitzenkandidaten aus und schaffte, wie 2006, mit einer professionellen Basiskampagne erneut Platz eins.

2013 führte die SPÖ das dritte Rückzugsgefecht in Serie. Erneut setzte die Kanzlerpartei nicht auf parteiübergreifende Botschaften, sondern konzentrierte sich allein auf ihre zwar schrumpfende, aber zahlenmäßig immer noch größte Basis. Die Kampagnenlinie war dabei noch verknappter als bei Werner Faymanns erstem Antreten vor fünf Jahren. 2013 fand sich auf vielen Plakaten nicht einmal mehr eine zielgerichtete Botschaft. Die Sozialdemokratie reduzierte sich auf rot unterlegte Erinnerungen daran, wofür die Partei klassischerweise steht: Arbeit, Bildung, Pensionen.

Die Partei versuchte, Faymann als ruhigen Steuermann darzustellen, der das Land mit „sicherer Hand" durch die Krise führt: eine klassische Zuspitzung, die sich gegen Experimente jeder Art richtete. Zukunftsweisendes hatte die SPÖ diesmal nicht zu bieten. Mit professionell platzierten Botschaften und einem gut auf die TV-Duelle eingestellten Kandidaten setzte man eher auf eine klassenkämpferische Tonalität, um das parteiintern schon lange als größtes Problem erkannte Mobilisierungsmanko wettzumachen. Aber selbst die eindringlichsten Warnungen vor einer Neuauflage von Schwarz-Blau verpufften bis zum Wahltag. Die schlimmsten parteiinternen Befürchtungen bewahrheiteten sich allerdings nicht: In Nieder- und Oberösterreich hatten die Genossen in der Parteizentrale lange Zeit den Mega-GAU befürchtet. Rund sechs Prozentpunkte war man zwischenzeitlich in Umfragen, etwa in Niederösterreich, dem bevölkerungsstärksten Bundesland, hinter der ÖVP gelegen. Ein Vorsprung, der anderswo kaum aufzuholen gewesen wäre.

Roter Rahmen

Dabei hatte die SPÖ seit dem Wahlgang 2008 einiges investiert, um nach den ersten Wahlniederlagen auf Landesebene wieder Tritt zu fassen. Im Vorfeld des Parteitages 2010 startete die Bundespartei eine Kampagne, um sich das Thema „Gerechtigkeit" zu angeln und der damals unter Josef Pröll im Aufwind befindlichen Volkspartei etwas entgegenzusetzen. Das professionelle *framing* der SPÖ funktionierte nicht schlecht: Einmal bekamen die internen Anspruchsgruppen wieder eine konsistente politische Erzählung serviert. Und dann konnte sich die Sozialdemokratie auch auf begleitende Kommunikationsaktivitäten verlassen.

Outside campaigning – also die Einmischung Dritter in die Gestaltung der politischen Rahmenhandlung – war zwar in der Hochphase des Wahlkampfs 2013 kaum zu beobachten. Auf sozialdemokratischer Seite war man aber während der Legislaturperiode hoch aktiv gewesen. Die Arbeiterkammer hatte schon drei Jahre vor dem Wahltag mit ihrer mehrteiligen Gerechtigkeitskampagne begonnen und diese professionell in die politische Landschaft gesetzt. Mit Spots, Studien und Veranstaltungen wurde so auch die angestrebte Zuspitzung der Wahlkampflinie der SPÖ vorangetrieben: „Österreich (sozial) gerechter machen".

Die ÖVP hatte schon unter Josef Pröll kaum etwas dagegen unternommen. Der alternative Gerechtigkeits*frame* der Volkspartei war zwar in Form des „Transferkontos"[2] präsentiert worden und zielte eher auf Gerechtigkeit gegenüber den belasteten Steuerzahlern ab. Die ÖVP schreckte letztlich aber davor zurück, ihr Konzept bis zum Wahltag durchzuziehen.

Und so konnte sich die SPÖ auch diesmal auf eine wenig fokussierte und teils desorientierte Wahlkampfkommunikation des Koalitionspartners verlassen. Starke Mobilisierungsleistungen in Ober- und Niederösterreich verhinderten für die ÖVP dabei noch das Schlimmste. In Niederösterreich hatte Erwin Pröll zwar mit einem von der „Kronen Zeitung" als „Reblaus-Pakt" betitelten Treffen mit Kanzler Faymann in der Frühphase des Intensivwahlkampfs für Aufregung gesorgt und so die Autorität des eigenen Kanzlerkandidaten weiter untergraben. Am Wahltag hatte er aber mit über dreißig Prozent Wähleranteil die Verluste der Bundespartei in Grenzen gehalten und besser mobilisiert, als das die eigenen Parteigeneräle in der Lichtenfelsgasse angenommen hatten. Zustande gekommen waren die rund 300.000 Stimmen aus Niederösterreich auch durch eine strikte Personalisierungsstrategie der Landespartei, die darin bestand, dass die eigentliche Listenreihung erst am Wahltag erfolgte. Die einzelnen Kandidaten in den Wahlkreisen mussten sich so intensiv um Vorzugsstimmen bemühen. Das Ergebnis: Mit über 44

---

[2] Auf einem Portal hätten alle Transferzahlungen an Leistungsempfänger erstmals gesammelt und (zumindest für die auszahlenden Stellen) transparent gemacht werden sollen – auch mit dem Ziel einer Durchforstung des Systems.

Prozent an der gesamten Stimmenzahl gab es in Niederösterreich einen extrem hohen Anteil an Vorzugsstimmen.

Schwarze Klüfte

Dennoch: Die ÖVP konnte die Mobilisierungsschwäche der SPÖ insgesamt nicht nutzen und beschädigte sich im Wahlkampf einmal mehr selbst. Begonnen hatte das Dilemma in Schwarz mit der Festlegung auf eine zentrale Wahlkampfstrategie und scheinbar signifikante Unterscheidungsmerkmale zu den Konkurrenten. Die Analyse der ÖVP ergab nicht zu Unrecht, dass die anderen Parlamentsparteien eher rückwärtsgewandte Botschaften bringen würden. Die SPÖ würde an goldene Arbeitnehmerzeiten anknüpfen wollen und die Verteidigerin der Pensionisten geben. Die Grünen wären vorwiegend mit der Aufarbeitung diverser (vorwiegend schwarz-blauer) Korruptionsfälle beschäftigt. Und: FPÖ und Team Stronach wollten de facto zurück zum Schilling und seien allein schon wegen ihrer Grundausrichtung „retro".

Der Schluss der ÖVP-Wahlkämpfer aus dieser Analyse: Die ÖVP sei zwangsläufig die Partei, die für Zukunft stünde. Hieß der Slogan der Vizekanzlerpartei ein Jahr vor dem Wahlgang noch „Zukunft aus Tradition", wurde er für die Intensivphase noch einmal auf „Willkommen Zukunft" verknappt.

Was die ÖVP in ihrer Bewertung der Ausgangssituation für den Wahlkampf allerdings vergessen hatte: Eigen- und Fremdbild der Partei wurden nicht ausreichend abgeglichen. Hätte diese Analyse stattgefunden, wären die grundgelegten und später offen zutage getretenen Widersprüche in der Kommunikation der Volkspartei nicht übersehen worden. So aber wählte die Volkspartei die falsche Zuspitzung, den falschen USP (unique selling proposition). Die Partei plakatierte zwar den Slogan „Willkommen Zukunft", konnte den Claim aber nicht einlösen. Dafür genügte schon der eine oder andere Auftritt des christdemokratischen Gewerkschafters Fritz Neugebauer zum heißen und für die ÖVP schädlichen Sommerthema Lehrerdienstrecht. Spätestens da war man wieder näher ans Blockierer-Image gerückt als an die angestrebte Zukunftspositionierung.

Die ÖVP übersah zudem lange die Konkurrenz von neuen politischen Gruppierungen wie dem Team Stronach, vor allem aber den NEOS. Letztere konnten mit einer frischen Anti-Establishment-Botschaft glaubwürdiger ins Zukunftsrennen einsteigen und der Volkspartei gerade beim eigenen Wählernachwuchs, im urbanen Bereich und bei den Wirtschaftsaffinen Konkurrenz machen.

Die selbst verschuldeten Klüfte dominierten überhaupt die Kommunikation der ÖVP. Auf tourismuswerbungstauglichen Sujets hatte man etwa behauptet, dass Österreich den „Optimisten" gehöre. Wenig später platzierte dann aber der Chef des Wirtschaftsbundes, Christoph Leitl, mit seinem Sager, wonach Österreich „abgesandelt" sei, die entgegengesetzte Botschaft. Er und Finanzministerin Maria Fekter, die in eine ähnliche Kerbe schlug, brachten nicht nur Parteifreund und Wirtschaftsminister Reinhold Mitterlehner in Erklärungsnotstand, sie machten ungewollt auch auf den dramatischen Streuverlust der Kampagnenlinie aufmerksam.

Der ÖVP fehlte so im Wahlkampf 2013 erneut jene Stärke, die erfolgreiche Kampagnen auszeichnet: eine einheitliche Botschaft. Zudem wurde ein zentraler Claim der Kampagne, die „Entfesselung" der Wirtschaft, selten konkret mit Beispielen und Geschichten unterfüttert.

Ein chaotisches Außenbild gab die ÖVP aber nicht nur durch unterschiedliche Kommunikatoren ab. Auch die Kampagnenführung fiel in eine ähnliche Kategorie. Zwischen Kampagnenmanager und Parteichef hatte das Vertrauensverhältnis nie wirklich gestimmt. Und so verwunderte es Parteiinsider nicht, dass je näher der Wahlkampf rückte, immer mehr Zuständige für die Kampagne auftauchten. Hannes Rauch werkte im Generalsekretariat. Daneben agierte in der Bundesparteizentrale mit Markus Keschmann ein starker zweiter Mann. Die zugezogene Werbeagentur berichtete aber vorrangig ans Kabinett des Vizekanzlers und Parteichefs, weniger an den Generalsekretär. Das Verhältnis zwischen diesem und dem Agenturchef war entsprechend unterkühlt. Neben all diesen Akteuren tummelten sich noch weitere Kampagnenspezialisten wie Staatssekretär Reinhold Lopatka, der früher erfolgreich für die ÖVP kampagnisiert hatte.

Zusätzlich eskalierte auch der Streit der Bünde. Der Bauernbund fühlte sich seit dem Abgang Josef Prölls parteiintern ohnehin ungeliebt bis isoliert. Den Chef des Wirtschaftsbundes, Christoph Leitl, hatte das Kabinett Spindelegger zwar spätestens ab Erstellung des Wahlprogramms intensiv eingebunden. Dahinter aber gab es böses Blut. Finanzministerin Maria Fekter etwa ließ kein gutes Haar an den Aktionen des aus dem ÖAAB stammenden Parteichefs.

Als zwei Wochen vor der Wahl die SPÖ ein Konzept für eine groß angelegte Steuerreform präsentierte und so die eigentlich als Anti-Steuer-Partei angetretene ÖVP in die Defensive drängte, tobte Fekter. Sie hatte ein ähnliches Modell schon Monate davor angekündigt. Nun kommunizierte sie in der Partei, dass ihr die Präsentation ihres Reformpapiers vom Chef „verboten“ worden sei. Andere Wirtschaftsbündler alterierten sich darüber, dass die ÖAAB-dominierte Führungsriege das Wort „Leistung“ nicht mehr in der ÖVP-Wortwelt akzeptieren wolle.

Baustelle ÖVP

Auch die Personalentscheidungen Michael Spindeleggers schlugen mitunter hohe Wellen. Lange war in der ÖVP an der Idee gebastelt worden, im Wahlkampf eine Quereinsteigerin aus der Wirtschaft zu präsentieren. Favoritinnen waren Di-Tech-Firmengründerin Aleksandra Izdebska und die Generaldirektorin von IBM Österreich, Tatjana Oppitz. Den Cut auf Platz zwei der Bundesliste schaffte schließlich eine andere: die langjährige Bekannte Spindeleggers und ehemalige ÖBB- und nunmehrige Raiffeisen-Managerin Michaela Steinacker.

Die Begeisterung über die Personalentscheidung hielt sich zumindest im Wirtschaftsbund in Grenzen. Selbst Raiffeisen wehrte sich dagegen, dass Steinacker als deren Kandidatin gelten sollte – man favorisierte vielmehr den Obmann der Pensionskassen, Andreas Zakostelsky. Schließlich trat Steinacker im Wahlkampf auch kaum in Erscheinung. Wohl auch aus Angst vor negativen Geschichten über ihre Zeit als

ÖBB-Immobilienchefin wurden Interviewanfragen von Journalisten in der Regel abschlägig beschieden: Das war für eine auf der Bundesliste gleich nach dem Spitzenmann prominent gereihte Kandidatin zumindest ungewöhnlich.

Diese unübersichtliche Lage in der ÖVP wurde auch noch sinnbildlich ergänzt: Mitten im Wahlkampf wurde zur Verwunderung mancher die Bundesparteizentrale großflächig umgebaut. Der alleinige Fokus auf die Kampagne wurde wohl auch dadurch nicht gerade erleichtert.

Dass es aufgrund der Überfülle an Köchen zu der einen oder anderen Streiterei ums Wahlkampfrezept kam, verwundert nicht. Bis zur letzten Plakatwelle, als die Agentur Michael Spindelegger als „Kanzler für Österreich" positionierte, dauerten die Streitigkeiten an. Das Generalsekretariat hatte bis zuletzt darauf gedrängt, den Wahlkampf auf einer negativen Note und mit einer starken Abgrenzung gegenüber Rot-Grün ausklingen zu lassen. Das Vizekanzleramt setzte sich schließlich zwar durch, aber auch die Parteizentrale durfte, unabhängig von der Agentur, einige Anti-Rot-Grün-Sujets affichieren.

Zweifelhaft waren beide Ansätze. Angesichts der Imagewerte des Spitzenkandidaten verwunderte eine Zuspitzung des Wahlkampfs auf ein Persönlichkeitsrennen im Stile der gänzlich anders positionierten deutschen Kanzlerin Angela Merkel. Genauso fehlte allerdings auch dem Szenario Rot-Grün die Schreckenskomponente von 2002.

Professionalisierung in Grün und Pink

Strategisch weit stringenter als das Team Stronach oder die ÖVP agierten im Wahlkampf 2013 Grüne und NEOS. Erstere riskierten mit einer emotional aufgeladenen Kampagne zwar böse Blicke einiger traditioneller Grün-Wähler. Mit der Fokussierung auf eines der dominanten innenpolitischen Themen der vergangenen Jahre, der Korruptionsbekämpfung, erarbeiteten sich die grünen Wahlkämpfer aber ein nachvollziehbares und ihnen klar zuordenbares Unterscheidungsmerkmal.

Auch wenn sich das Wachstum der Grünen am Wahltag in überschaubaren Grenzen hielt: Die Professionalisierung ihrer Kampagnenarbeit war eines der hervorstechendsten Merkmale des Wahlkampfs 2013. Die Grünen setzten erstmals nach langer Zeit wieder auf Emotion, ablesbar an der Bilderwelt der Kampagnensujets, und Innovation, etwa mit dem voll mit der Kampagnenbotschaft abgestimmten „Part of the Game"-Game. Strategisch versuchte man, etwa mit dem heiß diskutierten Slogan „Weniger belämmert als die anderen", erstmals auch in Richtung Protestwählerschichten vorzudringen. Während sich Ex-Parteichef Alexander Van der Bellen nur widerwillig für heraufdräuende TV-Debatten vorbereitet hatte, änderte sich das unter Eva Glawischnig fundamental. Die einzige Spitzenkandidatin im Rennen stellte sich wohl der intensivsten Debattenvorbereitung aller Parteien (siehe auch den Beitrag von Stefan Wallner).

Der grüne Standard 2013 erreichte dabei durchaus internationales Niveau: Vor den Debatten bildeten sich unter der Führung des Abgeordneten und grünen Mediensprechers Dieter Brosz und von Bundesgeschäftsführer Stefan Wallner zwei voneinander unabhängige Teams von Kampagnenmitarbeitern. Diese Teams gingen dann getrennte Wege: Das eine recherchierte Daten, Fakten und mögliche Angriffslinien zum politischen Gegner.

Das andere Team erarbeitete sich Positionen, mit denen der Gegner Glawischnigs in die (interne) Debatte ziehen konnte. Nach Abschluss der Recherchen wurden dann Briefings und nicht selten auch die für die Grünen 2013 stilbildenden (und von Jörg Haider abgeschauten) „Taferln" und Schaubilder entwickelt. Schließlich wurde die zu erwartende Debatte möglichst realitätsnah und mit einem echten Gegenüber für Glawischnig geprobt. Geschäftsführer Wallner gab dabei etwa ÖVP-Chef Spindelegger, der Wiener Klubobmann David Ellensohn mimte Heinz-Christian Strache, und zwar um einiges populistischer, als dieser dann in der echten TV-Debatte tatsächlich auftrat.

Bei den Debatten selbst und der medialen Berichterstattung zahlte sich diese Art der Vorbereitung aus. TV-Profi Hans Mahr nennt Glawischnig sogar den „heimlichen Star der Fernsehschlachten" (siehe seinen Beitrag in diesem Buch).

Das von den Grünen bereits besetzte Transparenzthema wollten ursprünglich auch die NEOS als zentrale Zuspitzung für ihren Anlauf aufs Parlament aufbauen. Nach einigen Kampagnenmonaten erschien der Einzug zu Beginn des Sommers 2013 aber trotz einer vorbildlich hochgezogenen Graswurzel-Kampagne noch unrealistisch. In den Umfragen waren die NEOS (noch) nirgendwo. Von den für den Einzug in den Nationalrat nötigen drei Ks – Kompetenzen, Kandidaten, Kohle – hatten sie nur auf der pekuniären Ebene genügend zu bieten.

Das änderte sich nach strategisch klugen Entscheidungen allerdings schlagartig. Natürlich profitierten die Newcomer auch von der implodierenden Kampagne Stronachs, den Positionierungsmängeln des BZÖ, der Schwäche der ÖVP und dem zu früh erreichten Kampagnenhöhepunkt der Grünen. Aber vieles war auch Eigenleistung: Auf der Kompetenz- und Inhaltsebene vollzogen die NEOS einen Schwenk weg von der alleinigen Transparenzbotschaft hin zur Positionierung als Partei der Jungen. Die NEOS sprachen fortan Themen an, die sich auch die Grünen nicht anzugreifen getrauten: etwa eine tiefgreifende Pensionsreform.

Das Manko eines zwar sehr engagierten, aber angesichts des TV-Wahlkampfs der Parlamentsparteien viel zu wenig bekannten und präsenten Spitzenmannes glich man spät, aber doch aus. Man traute sich mit Hans Peter Haselsteiner auf den letzten Metern einen neuen, „geheimen“ Spitzenkandidaten ins Rennen zu schicken – ein gelungener Coup. Damit erinnerte man ehemalige LIF-Wähler an die goldenen Zeiten einer Heide Schmidt. Und man zog mitten in der vom TV-Wahlkampf der Parlamentsparteien dominierten Intensivphase erhebliches Medienecho auf sich. Inhaltliche Gräben nahm man mit Haselsteiner zu Recht in Kauf.

Eine blassblaue Kampagnen-Schrift

Abgründe hatten sich auch für die Kampagnenverantwortlichen der Freiheitlichen aufgetan. Nachdem sich Generalsekretär und Kampagnenleiter Herbert Kickl jahrelang auf einen erwartbaren Showdown mit

Werner Faymann eingestellt und gefreut hatte, musste er plötzlich auf einen neu auftauchenden Herausforderer im Protestwählerlager, Frank Stronach, reagieren.

Das Dilemma dabei: Die FPÖ durfte es im Wahlkampf einerseits mit harten Botschaften nicht übertreiben. Schon andere Kampagnen hatten gezeigt, dass die FPÖ beim Auftauchen populistischer Alternativen Probleme bekommt. Dann sind Protestwähler bereit, die weniger aggressive Alternative zu wählen. Natürlich brauchte die Partei aber auch Aufmerksamkeit, um nicht im zufällig wieder erstandenen Kanzlerduell zwischen Rot und Schwarz ins Hintertreffen zu geraten.

Die Lösung war ein strategischer Mittelweg: Die FPÖ, die Partei mit dem wohl deutlichsten Markenkern aller Parteien, zitierte sich im Wahlkampf 2013 indirekt selbst. Sie machte zwar auf staatsmännisch, belebte ihr Leib-und-Seelen-Thema, die sogenannte Ausländerfrage, aber zumindest über die Bande. Statt Ausländerhass und Sprüchen über „Umvolkung“ oder Slogans wie „Daham statt Islam“ gab es diesmal geballte Inländerliebe. Die Botschaft war noch dieselbe, nur der Ton hatte sich geändert.

Die eingebaute Provokation – die Verwendung des christlich geprägten Begriffs „Nächstenliebe“ – ging zwar nur bedingt auf. Die evangelische und die katholische Kirche kritisierten zwar wie erwartet die sinnentstellende Verwendung des Begriffs. Die fortgesetzte bundesweite Empörungswelle blieb aber aus. Aus Sicht der aus dem Kanzlerrennen gedrängten FPÖ hatte die Kampagne mit halber Kraft trotzdem Sinn. Strache erreichte seine Zielgruppen, stieß aber jene, die er spätestens 2018 erreichen will, nicht vor den Kopf.

Die Import-Weltmeister

Eine Konstante blieb im freiheitlichen Wahlkampf 2013 bestehen: Die blauen Wahlkämpfer verzichteten auch diesmal auf externe Expertise. Egal, ob es um die Komposition von Kampagnensujets oder die Entwicklung von Botschaften ging, die FPÖ blieb ihrem Prinzip des Do-it-yourself treu.

Konträr agierten einige andere Parteien. Auch wenn die seit spätestens 1999 zumindest in der SPÖ bestehende Serie, externe Wahlkampfhelfer aus den USA zu engagieren[3], im eilig vom Zaun gebrochenen Wahlkampf 2008 gerissen war: Sich internationales Kampagnen-Know-how an Bord zu holen war auch 2013 en vogue. Die SPÖ verzichtete zwar, wie schon 2008, auf groß angelegte Hilfe ihres mehrfachen Kampagnenstrategen Stanley Greenberg. Und der Israeli Tal Silberstein, der in der Wahlschlacht 2006 eine entscheidende Rolle in der Sozialdemokratie gespielt hatte, war zwar während der Legislaturperiode sporadisch in Wien; vor allem in der ersten Hälfte des Jahres 2010, als es galt, das nach einigen Wahlschlappen angeschlagene Image des Kanzlers gerade im Vergleich zu Vizekanzler Josef Pröll aufzupolieren. Für den Intensivwahlkampf vertraute Kampagnenmanager Norbert Darabos aber vorwiegend auf heimische Experten, die mit den amerikanischen und israelischen Kampagnenprofis lange und intensiv gearbeitet hatten.

So holte er etwa Paul Pöchhacker in die Parteizentrale zurück. Pöchhacker hatte sich in früheren Wahlkämpfen bei Greenberg und Co. einiges in Sachen umfragegestützte Botschaftstests und den Einsatz von Fokusgruppen abgeschaut. Darabos' Einschätzung war, wohl auch mit einem Blick auf frühere, von US-Beratern arg strapazierte rote Kampagnenbudgets, dass Pöchhacker nun dasselbe leisten können müsse wie vordem Greenberg.

Zum jedenfalls in personeller Hinsicht neuen Exportland Nummer eins stieg im Wahlkampf 2013 Deutschland auf. Bei der SPÖ versuchte sich Elisabeth Wehling, eine Schülerin des demokratischen *framing*-Gurus George Lakoff, und konnte zumindest in der oberösterreichischen Landespartei Fuß fassen. Viel weiter gehend war allerdings das Engagement des der SPD nahestehenden Kampagnenexperten Frank Stauss (siehe das Interview mit ihm in diesem Buch). Der Chef der deutschen Agentur Butter hatte bislang die sozialdemokratischen Größen Deutschlands, von Ex-Kanzler Gerhard Schröder über Berlins Bürgermeister

[3] Für detaillierte Tätigkeitsbeschreibungen von Stanley Greenberg und seiner Teams für die SPÖ und eine Übersicht von US-Beratern, die für die SPÖ oder andere österreichische Parteien gearbeitet haben, siehe: Hofer, Thomas: Spin Doktoren in Österreich; Wien, 2005 und Hofer, Thomas: Der Triumph des Negative Campaigning, In: Hofer, Thomas und Barbara Tóth: Wahl 2006; Wien, 2006; S. 5–31.

Klaus Wowereit bis hin zu Hamburgs Stadtchef Olaf Scholz und die Ministerpräsidentin von Nordrhein-Westfalen Hannelore Kraft, beraten. Nun dockte er zur Überraschung vieler seiner Branchenkollegen bei den österreichischen Konservativen an.

Muster Merkel

Stauss brachte nicht nur seine Ausbildung in den Vereinigten Staaten mit, sondern auch verschiedene, schon in Deutschland getestete politische Slogans und Attribute. Während auch die SPÖ für eines ihrer zentralen Kampagnensujets einen ehemaligen Slogan Schröders, die „Politik der ruhigen Hand", abwandelte, griff Stauss gleich mehrfach auf den Kampagnenfundus seiner Heimat zurück. Die Negativkampagne gegen SPÖ-Vorsitzenden Werner Faymann und seine Forderung nach Vermögenssteuern lief unter dem Titel „Stoppt die Faymann-Steuern!" Stauss klaute dafür bei sich selbst: Im letzten Schröder-Wahlkampf 2005 hatte seine Agentur noch vor den christdemokratischen Steuertreibern gewarnt.[4] Der Slogan damals: „Merkelsteuer. Das wird teuer."

Stauss bewies bei seinen Exporten aber durchaus auch die Fähigkeit, über Parteigrenzen hinaus zu grasen. Denn die Anleihen bei der deutschen Kanzlerin waren in seinem Wahlkampf für die ÖVP nicht zu knapp. Das Schlussplakat für seinen ÖVP-Auftraggeber – „Michael Spindelegger. Kanzler für Österreich" – war der deutschen Zuspitzung für Angela Merkel – „Kanzlerin für Deutschland" – nicht unähnlich.

Schon Monate vor der Intensivphase hatte sich die ÖVP noch eine andere erfolgreiche Idee von Merkel abgeschaut. Unter dem wissenschaftlich-sperrigen Titel der „asymmetrischen Demobilisierung" ist ein Teil der Strategie der deutschen Kanzlerin in den vergangenen Jahren zusammengefasst worden. Sie hat Themen entweder klein gehalten oder sie der Opposition schlicht entwendet. Der Effekt:

---

[4] Während in Österreich gegen Vermögenssteuern argumentiert wurde, ging es in Deutschland 2005 um eine potenzielle Erhöhung der Mehrwertsteuer.

Die Wähler der Gegner wurden, ihre politischen Kernthemen betreffend, entemotionalisiert und damit demobilisiert.

Die ÖVP versuchte das auch, etwa beim Thema „Leistbares Wohnen". Mit diesem Vorstoß wollte man sich nicht nur gegen Vorwürfe, man sei eine „sozial kalte" Partei, immunisieren, sondern auch der SPÖ das Wasser abgraben. Das Problem an der Sache: Die ÖVP war nicht wie die CDU der dominierende Teil in einer (kleinen) Koalition mit der Sozialdemokratie in Opposition, sondern Juniorpartner der SPÖ. Merkels Trick funktioniert aber besser aus einer Position der Stärke oder allenfalls, wenn sich andere über Inhalte zerreiben und man sich selbst als über dem Streit stehend positionieren kann. Der für die SPÖ gefährlichere Teil der ÖVP-Strategie war so jene Neiddebatte, die die Volkspartei in den für die Sozialdemokraten essenziellen Gemeindebau trug. Mit der Diskussion über Wohlhabende im sozialen Wohnbau versuchte die ÖVP, die Demobilisierung der roten Kernwählerschichten zu befeuern.

Während Personal- und Sloganimporte aus Deutschland florierten, griffen die Parteien bei der filmischen Umsetzung ihrer Botschaften (wieder einmal) gern auf Vorbilder aus den USA zurück. Teilweise wurden Drehbücher für Spots von Vorbildern aus Übersee eins zu eins abgekupfert und Textpassagen direkt ins Deutsche übertragen.

Umgesetzt wurde das etwa beim wohl gelungensten Kampagnenstück des Team Stronach im gesamten Wahlkampf: Unter dem Titel „Nehmen wir unsere Zukunft selbst in die Hand. Jetzt!" hatte das Team einen einminütigen Spot gestaltet, der sich neben diversen Schaltungen auch zum YouTube-Hit entwickelte.

Unterlegt mit getragener Filmmusik und der Stimme von Jack Nicholsons deutschem Synchronsprecher, Joachim Kerzel, wurde der Spot zum Gegenteil dessen, was Stronach selbst im TV-Wahlkampf verkörperte: eine ruhige, überzeugend vorgetragene Argumentation für den Wandel im Land. Ein Plädoyer gegen Freunderlwirtschaft und Korruption. Und ein Lobpreis der Eigenverantwortung und Einsatzbereitschaft der Österreicherinnen und Österreicher. Der Spot überzeugte auch durch seine ruhige Kameraführung, inklusive emotionaler Nahaufnahmen von (arbeitenden) Menschen, Familien und deren Lebensumfeld. Und: Natürlich war da noch der Held und Hauptdarsteller, Frank Stronach, der weise und bedächtig die titelgebenden Abschlussworte vortragen durfte.

Gut geklaut

Aber: Es war eben alles nur geklaut. Denn die beschriebenen Szenen waren fast genau so schon einmal gedreht worden. Und zwar für einen viel beachteten Halbzeitspot zur amerikanischen Super Bowl 2012, bezahlt von der Chrysler Group als Dankeschön für und Erinnerung an die Rettung der US-Autoindustrie. Der Spot war fast ident aufgebaut, bot ähnlich emotionale Nahaufnahmen und getragene Worte. Die spätere Stronach-Rolle hatte Clint Eastwood gegeben.

So hoch angetragen hatten es die anderen Parteien zwar nicht, aber auch sie nahmen für ihre Kampagnenvideos gern Anleihen. Die ÖVP wählte für ihr Negativvideo zu den Faymann-Steuern einen Mix aus der Monty-Python-Ästhetik der Siebzigerjahre und animierten Videos der Demokraten aus dem Präsidentschaftswahljahr 2012.

SPÖ-Bundesgeschäftsführer Norbert Darabos versuchte dagegen, gleich einen neuen Begriff in die österreichische Kampagnenlandschaft einzuführen: den des „Flip-Floppers“. In der US-Wahlkampfwelt steht dieser für jemanden, der einen permanenten Zickzackkurs fährt und seine Meinung, je nach allgemeiner Stimmungslage, ändert. Durchsetzen konnte sich Darabos’ Wortimport allerdings nicht.

Dafür kopierte die SPÖ bei der von ÖVP-Wirtschaftsminister Mitterlehner wider Willen ins Spiel gebrachten Auseinandersetzung um den Zwölf-Stunden-Arbeitstag Spots von Barack Obamas Wiederwahlkampagne. Die Strategen des Präsidenten hatten etwa unter dem Titel „MittvMitt: The Story of Two Men Trapped in One Body“ beeindruckende Videodokumente zu den häufigen Meinungswechseln von Obamas Herausforderer Mitt Romney zusammengetragen. Die SPÖ musste es billiger geben und schaffte in ihrem Spot zu den ÖVP-Positionswechseln in Sachen Arbeitszeitflexibilisierung nur textlastige Gegenüberstellungen. Da half auch die musikalische Unterlegung mit Katy Perrys Hit „Hot and Cold“ nur bedingt.

Die auffällige Uninspiriertheit der SPÖ betreffend Negative Campaigning war eine der größeren Überraschungen des Wahlkampfs 2013. Noch im Jahr 2006 hatte die Partei – ebenfalls mit einem Bundesgeschäftsführer namens Norbert Darabos – einen der handwerklich ausgefeiltesten Negativwahlkämpfe der jüngeren Geschichte aufs Kampagnenparkett gezaubert und nicht zuletzt damit Wolfgang Schüssel entthront.

Diesmal hielt sich die Partei fast vornehm zurück. Gut: Man verwertete die aufgelegten Elfmeter der ÖVP – vom Zwölf-Stunden-Arbeitstag über die fortgesetzte Debatte zum Frauenpensionsalter bis hin zur Diskussion über den „abgesandelten“ Wirtschaftsstandort – und agierte mit den üblichen kleinen Fouls, etwa flächendeckend verwendeten Post-its, die vor einem „unsozialen“ Österreich warnten, sollte die ÖVP künftig das Sagen haben. Aber das fällt in der innenpolitischen Auseinandersetzung wohl unter „Business as usual“.

Vorwärts gegen die SPÖ

Kreativer legte es da diesmal schon die Volkspartei an. Nicht dass sie der SPÖ aus dem Jahr 2006 das Wasser hätte reichen können. Aber man investierte doch einiges in die Beantwortung der Frage, wie dem Koalitionspartner nachhaltig Schaden bei dessen Mobilisierungsversuchen zuzufügen sei. Begonnen hatten die Tricks des Juniorpartners rund um die Volksbefragung zur Wehrpflicht im Jänner 2013. Schon in dieser Zeit hatte das Generalsekretariat Mobilisierungstrupps zusammengestellt, die im direkten Wählerkontakt eingesetzt werden sollten. Der organisatorische Schwerpunkt lag bei der Jungen ÖVP, man war aber peinlich darum bemüht, nicht allzu viele Funktionäre mit einzubauen, um, sollten Aktionen auffliegen, sich keinen unangenehmen Medienanfragen stellen zu müssen.

Die Trupps, die in der Wehrpflicht-Kampagne noch unter der Arbeitsbezeichnung „Team Vorwärts“ firmierten, sollten dann – wohl wegen der sozialdemokratischen Prägung des Begriffs – im Nationalratswahlkampf unter dem Titel „Aufgehts-Team“ einerseits für gute Stimmung unter den eigenen Anhängern, andererseits allerdings auch für Aufregung beim Gegner sorgen.

In der Zeit vor der Volksbefragung versuchten die schwarzen „Below the line“-Truppen (siehe Beitrag Hannes Rauch) vor allem eines: die Spaltung der sozialdemokratischen Zielgruppen auf die Spitze zu treiben. Historisch waren die Rollen bei dieser verteidigungspolitischen Auseinandersetzung ja vertauscht. Während die ÖVP noch unter Wolfgang Schüssel in Richtung Professionalisierung des Heeres drängte, war die SPÖ aus historischen Gründen Verfechterin der Wehrpflicht. Das nutzte jetzt das „Team Vorwärts“: Gehüllt in knallrote Jacken und bewaffnet mit eindringlichen Bildern aus dem Bürgerkriegsjahr 1934, machten sich einige Aktivisten auf den Weg in den Gemeindebau und mobilisierten dort die Genossen – für die Beibehaltung der Wehrpflicht und gegen die aktuelle Linie ihrer Partei.

Kampagnentechnische Blutgrätschen wie diese wiederholten sich dann auch in der Endphase des Nationalratswahlkampfs. Die mantraartig von beiden Koalitionären vorgetragenen Warnungen vor Rot-Grün (ÖVP), etwa in Form von stilistisch eher schlichten Argumentationsfibeln für die eigenen Funktionäre, und Schwarz-Blau (SPÖ) bildeten da nur die öffentlich wahrnehmbare und wenig emotionalisierende Oberfläche.

Ein paar Ebenen drunter ging's weit munterer zu: Die Truppen der ÖVP verteilten etwa großflächig rote Türhänger (natürlich ohne Absender), die auf drohende Faymann-Steuern hinwiesen. Unter dem Titel „Sie sind reich?“ wurde da angeblich zu versteuernder Besitz angeführt: das Auto, die Lebensversicherung, der Schmuck der verstorbenen Oma oder der Bausparvertrag. Zudem affichierten die schwarzen Teams Tage vor der Wahl rote und mit SPÖ-Logo versehene Plakate, auf denen schlicht „Gewonnen – danke“ zu lesen war. Das hatte tatsächlich erboste Anrufe von Genossen in der SPÖ-Zentrale zur Folge. Tenor der Beschwerden: Die zur Schau gestellte Selbstzufriedenheit der eigenen Partei sei wenige Tage vor der Wahl wenig hilfreich. Man solle sich gefälligst weniger siegessicher geben. Aus Sicht der ÖVP war damit das

Ziel der Aktion, Unruhe und Verwirrung innerhalb der SPÖ zu stiften, erreicht.

Einige geplante Giftpfeile blieben dagegen im Köcher. Die Parteizentrale hatte in ihrer Kampagnenplanung wenige Wochen vor dem Wahltag in der sogenannten Inseratenaffäre Offensiven gegen SP-Größen wie Kanzler Faymann oder Infrastrukturministerin Doris Bures angedacht.[5] Dabei hatte man auf Insiderwissen aus dem von der ÖVP mit Beatrix Karl besetzten Justizministerium gehofft. Allein: Karl lieferte die gewünschten Details aus den Ermittlungen nicht.

Einen Angriff gegen den auf den letzten Metern von den NEOS präsentierten möglichen Minister Hans Peter Haselsteiner verkniff sich die ÖVP: Vom großzügigen Gönner des Liberalen Forums (und somit in diesem Wahlkampf auch der NEOS) war auch in der ÖVP eine – an der Deklarationsgrenze von 3.500 Euro gebliebene – Spende eingelangt.[6] Lange überlegten die schwarzen Strategen, ob sie diese Zuwendung veröffentlichen und Haselsteiner so Doppelmoral unterstellen sollten. Schließlich fiel die Entscheidung gegen eine Veröffentlichung. Man wollte den NEOS schlicht nicht noch mehr medialen Raum bieten, als die sich mit der Präsentation Haselsteiners ohnehin schon erkämpft hatten.

Grüner Humor

Einen etwas anderen Ansatz in Sachen Negativwahlkampf lieferten die Grünen. Auch abseits der Selbstironie der „Belämmert"-Plakate lenkten sie mit ihrem augenzwinkernden Stil die Aufmerksamkeit auf sich. Ihre Nationalratswahlkampagne war zwar, sowohl was die eigene Par-

5 Die Verfahren wurden wenige Wochen nach der Nationalratswahl eingestellt.

6 Nach Recherchen des Autors ging diese Spende des Privatmannes Haselsteiner Ende April 2013 ein. Hans Peter Haselsteiner, vom Autor auf die Zuwendung angesprochen, wollte diese weder bestätigen noch dementieren. Haselsteiner: „Ich habe wissentlich ausschließlich die Liberalen unterstützt. Was nicht ausschließt, dass ich irgendeinem Spendenaufruf der ÖVP oder einer ÖVP-nahen Organisation nachgekommen bin."

teihistorie als auch den direkten Parteienvergleich im Jahr 2013 angeht, eine der negativsten. Doch dass die teils heftigen Negativbotschaften immer wieder mit Humor vorgetragen wurden, machte sie vergleichsweise leicht rezipierbar. Der grüne Zugang befolgte so einen der ehernen Grundsätze des Negative Campaigning: Gibt man sich selbst als Absender eines Angriffs zu erkennen – und das machten die Grünen –, sollte man die Attacke nie zu brutal erscheinen lassen, sondern durch die Art der Darstellung leicht abschwächen.

Genau das passierte. Höhepunkt dieses Kampagnenstrangs waren wohl die Animationsfilmchen, die die Grünen den Spitzenkandidaten einiger anderer Parteien widmeten. In diesen Spots – allesamt Hits auf YouTube – wurden die gegnerischen Parteichefs als Kinder dargestellt, jeweils mit ihren Unarten: Werner Faymann als feiger Knabe, der sich ohne Josef (Ostermayer) und Laura (Rudas) gar nichts traut. Michael Spindelegger als kleiner Streber, der sich vor Bienen fürchtet und schon als Bub Frauen an den Herd verbannen will. Heinz-Christian Strache als kleiner Rabauke, der keine fremden Kinder mag. Und Frank Stronach als einer, der sich schon als Kind gern selber reden hört und keinen Widerspruch duldet.

Die Art der Darstellung war milde, der Inhalt der Vorhaltungen keineswegs. Denn natürlich wurde Faymann Feigheit, Spindelegger Frauenfeindlichkeit, Strache Rechtsextremismus und Stronach diktatorisches Verhalten unterstellt. Zum Problem für die Grünen wurden gegen Ende des Wahlkampfs aber just jene, die sie in ihrer Negativkampagne ausgespart hatten: die NEOS. Während des Sommers hatte man in der Kampagnenzentrale noch diskutiert, ob man auch die aus Sicht der grünen Führung problematischen Positionen der NEOS thematisieren sollte. Die Entscheidung war schließlich gegen eine „Aufwertung" der Newcomer gefallen.

Ähnlich vom Zugang, aber forscher in der Art der Darstellung gingen die Freiheitlichen an die Fremdpositionierung ihrer Gegner heran. Neben schon bekannten Negativ-Formaten, wie dem auf jüngere Zielgruppen zugeschnittenen HC-Man-Comic, setzte man diesmal vor allem auf kritische Beiträge im FPÖ-TV oder eigene Clips. Neben der SPÖ dabei besonders in der Kritik: die Grünen. In einem Spot wurden sie etwa als Benzinpreistreiber, nervtötende Hüter der politischen Korrektheit und Peiniger heimischer Hackler dargestellt, weil sie diese angeblich zu Türkischkursen verpflichten wollen.

Krieg der Studien

Den Spielarten des Negativwahlkampfs waren 2013 jedenfalls kaum Grenzen gesetzt. Dass Negative Campaigning aber immer auch die Gefahr birgt, sich gegen den Absender zu wenden, musste die ÖVP in diesem Wahlkampf erfahren. Wie auch die SPÖ hatte die Volkspartei darauf gesetzt, ihre Argumentation mit unangreifbaren Studien zu untermauern. In beiden Fällen gelang das nicht wie gewünscht. Auf sozialdemokratischer Seite erregte zwar eine Studie der Universität Linz, im Auftrag der Arbeiterkammern Wien und Oberösterreich, zur Vermögensverteilung in Österreich einiges Aufsehen. Medial standen dann aber auch Zweifel an der Zulässigkeit der Schlüsse und die angebliche Parteinähe von Studienautoren im Mittelpunkt des Interesses.

Im Fall der ÖVP ging der Schuss überhaupt nach hinten los. Eine angebliche Studie des Finanzministeriums, wonach in Österreich einigen Osteuropa-Zentralen multinationaler Konzerne die Schließung drohe, erwies sich als Bumerang. Die Studie wurde nicht nur unter Verschluss gehalten – mutmaßlich betroffene Unternehmen dementierten die ihnen unterstellten Absichten auch noch umgehend. So wurde der Vorstoß der ÖVP, der die Notwendigkeit weitgehender wirtschaftspolitischer Maßnahmen untermauern sollte, zum PR-Desaster. Die Finanzministerin übernahm nach außen hin für die medial nur „Fekter-Studie" genannten Offensive zwar die Verantwortung, kommunizierte aber parteiintern offensiv den aus ihrer Sicht wahren Erfinder der Studie: einen engen Mitarbeiter von Vizekanzler Spindelegger. Der gab in Parteikreisen zwar zu, dass sein Chef in einem „Krone"-Gespräch Zahlen aus einer Studie der Industriellenvereinigung zitiert hatte. Die hatten seiner Darstellung nach aber nichts mit den späteren Übertreibungen aus dem Finanzressort zu tun.

Thomas HOFER

SCHWACHE DEFENSIVE

Die Verwirrung um die „Fekter-Studie“ war im Wahlkampf 2013 nur ein Beispiel dafür, wie die ÖVP in der Kategorie Fehlervermeidung versagte. Während des vorletzten Kampagnenmonats August hatte man dem Koalitionspartner SPÖ eine Auflage nach der anderen geliefert. Erst hatte man das zielgruppenspezifisch schwierige Thema der vorzeitigen Anhebung des Frauenpensionsalters aufs Tapet gebracht. Dann bot man mit missverständlichen Formulierungen einigen Medien die Chance, das Thema Arbeitszeitflexibilisierung gegen die Volkspartei zu verwenden und im Sinne eines generellen Zwölf-Stunden-Arbeitstags auszulegen. So war die ÖVP über weite Strecken des Wahlkampfs eher damit beschäftigt, sich zu rechtfertigen als selbst thematisch in die Offensive zu gelangen.

Nicht dass andere Parteien nicht auch Fehler gemacht hätten. Der SPÖ unterliefen gleich mehrere: In Oberösterreich durfte sich etwa ein öffentlich spektakulär gescheiterter Finanzstadtrat wenige Tage vor der Wahl über seine Rückkehr in die Gebietskrankenkasse freuen. Erst nach heftigen Protesten wurde der Mann wieder aus dem Verkehr gezogen.

Über Monate hinweg hatte die Sozialdemokratie auch unterschiedliche Zahlen genannt, ab welcher Höhe die von ihr geplante Vermögensbesteuerung zu greifen beginnen würde. Aus dem Gewerkschaftsbund war mit 150.000 Euro eine auch für weite Teile des Mittelstands bedrohlich niedrige Zahl kommuniziert worden. Doch im Gegensatz zur ÖVP griff bei der Kanzlerpartei das Krisenmanagement. Am ÖGB-Kongress wenige Monate vor der Wahl war von der ursprünglichen Festlegung plötzlich nichts mehr zu hören. Die Partei schwenkte überhaupt auf den für den Mittelstand harmlosen Terminus „Millionärssteuern“ ein.

Wenig Kraut war in der SPÖ allerdings gegen das PR-Chaos rund um das Provisorium der Fußgängerzone in der Mariahilfer Straße in Wien gewachsen. Just wenige Wochen vor der Wahl hatte man die Testphase gestartet. Wie schon früher beim Thema Parkraumbewirtschaftung im Westen Wiens war die SPÖ in dieser Frage Passagier und gezwungen, den Aktionen des grünen Koalitionspartners in Wien zuzuschauen. Die Rechnung bekamen die Genossen am Wahltag mit schwachen Ergebnissen in einigen der von den verkehrspolitischen Entscheidungen betroffenen Bezirken zu spüren.

Einen zweiten, diesmal gewollten Schlag versetzte der SPÖ die gut organisierte *opposition research*-Abteilung der Bundesgrünen. Die parteiinternen Gegnerbeobachter hatten Eva Glawischnig für ihre TV-Debatte mit Kanzler Faymann dessen aktuelles Plakat im Miniaturformat mitgegeben. Darauf hervorgehoben: das Impressum, das unzulässigerweise den SP-Parlamentsklub als Auftraggeber auswies. Die Debatte um die Rechtmäßigkeit der Bezahlung durch den Klub trieb die Medien wohl mehr um als die roten Kernwähler. Aber die Grünen hatten einen Treffer gelandet, auch wenn es mit der Transparenz auf den eigenen Sujets nicht weit her war.

Zumindest schafften es die Grünen mit ihren Vorstößen aber, die aus Deutschland überschwappende Debatte um die grüne „Verbotskultur" halbwegs in Grenzen zu halten. Jedes Mal, wenn in TV-Debatten die Sprache auf den in Deutschland diskutierten verpflichtenden Veggie-Day kam, kehrte Spitzenkandidatin Glawischnig geschickt zurück zum Kernthema Korruptionsbekämpfung.

Auch die NEOS verdienten sich in der Kategorie Fehlervermeidung, in der sich jede Kampagne beweisen muss, Sporen. Gegen Ende des Wahlkampfs waren im innersten Kreis der Partei einige Konfliktlinien aufgebrochen. Dennoch schaffte es keiner der Dispute an die Öffentlichkeit und fügte der jungen Partei so auch keinen Schaden zu. Potenzial dafür wäre aber durchaus vorhanden gewesen.

Haselsteiners Stronachiade

Mit verantwortlich dafür war Financier Haselsteiner. Dieser hatte sich, teils lautstark, immer wieder in die operative Umsetzung der Kampagne eingebracht und etwa auf die – durchaus nötige – Zuspitzung der Kampagnenslogans gedrängt. In einem Meeting des Führungsteams war es aber auch zu einer brenzligen Situation gekommen. Spitzenkandidat Matthias Strolz hatte in Anwesenheit Haselsteiners noch einmal in groben Umrissen die Botschaften für die finale Phase referiert. Darunter fand sich wenig überraschend auch das klare Nein der NEOS zu Steuererhöhungen im Allgemeinen und Vermögenssteuern im Besonderen. Für Haselsteiner, der öffentlich mehrfach für eine weit höhere Besteuerung von Vermögenden plädiert hatte, war das offenkundig zu viel. In einer von einigen Teilnehmern als solche wahrgenommenen „Stronachiade“ replizierte Haselsteiner sinngemäß so: Er wolle bei den NEOS ja beileibe nicht Frank Stronachs „goldene Regel“ etablieren, wonach der, der das Gold habe, die Regeln mache. Doch er erlaube sich darauf hinzuweisen, dass Gönner schon das Recht haben müssten, Einfluss auf die Parteilinie zu nehmen. Einige Führungskräfte der NEOS verließen das Meeting später eher irritiert, blieben aber diszipliniert: In die Medien schaffte es Haselsteiners Beitrag zur innenparteilichen Basisdemokratie nicht.[7]

Disziplin in Pink

Die Disziplin der pinken Repräsentanten war in all ihren Kommunikationsaktivitäten wahrnehmbar. Positive Stimmung und den Glauben an sich selbst zu verbreiten, war von Anfang an die Losung des Wahlkampfs, und zwar auch und gerade in den für ihren Aufstieg zentralen sozialen Netzwerken.

Die neue Partei schaffte es auch, eine von Beginn an wahrscheinliche und für die NEOS unangenehme Zuspitzung in der Schlussphase des Wahlkampfs zu umgehen: Allein aufgrund der Vielzahl an TV-Debatten der Parlamentsparteien drohte der Nationalratswahlkampf 2013 zu einem reinen Air War, einer medialen Materialschlacht der Parteien zu verkommen. Denn: Seit 1994 die Direktduelle aller Kandidaten eingeführt wurden, war noch kein Wahlkampf derart von TV-Duellen domi-

---

7 Haselsteiner bestreitet im Gegensatz zu anderen Parteivertretern eine solche Begebenheit. Er meinte gegenüber dem Autor: „Ich habe mehrfach festgehalten, dass die ‚goldene Regel‘ bei mir nicht gilt. Mitspracherecht hat bei NEOS beziehungsweise dem LIF jedes Mitglied beziehungsweise jede Partnerin, wenn es um ein gemeinsames Projekt geht.“

niert. Die NEOS mussten dagegen auf die Vorzüge des Ground War vertrauen, der Direktkommunikation mit vielversprechenden Zielgruppen.

Im Scheinwerferlicht der TV-Studios waren die Anstrengungen der Parteien im direkten Wählerkontakt diesmal fast untergegangen. Aber gerade hier schaffen manche politische Kommunikatoren mittlerweile Bemerkenswertes und umgehen den Filter der klassischen Medien. Die FPÖ etwa hatte schon lange vor der Intensivphase des Wahlkampfs nicht nur ihren Parteichef als unangefochtenen politischen Facebook-Star des Landes etabliert, sondern mit dem FPÖ-TV auch einen eigenen Infokanal in Richtung Kernzielgruppen etabliert. Für breitere Wählerschichten peinliche Inszenierungen wie die x-te Auflage eines HC-Rap ergänzten das Portefeuille.

Back to the Roots?

Die in den USA zu beobachtende Hinwendung zum klassischen Häuserwahlkampf war 2013 auch in Österreich gängige Praxis. Gerade organisatorisch bestens bestallte Organisationen – wie die Landesparteien der ÖVP in Nieder- und Oberösterreich oder jene der SPÖ in Wien und im Burgenland – setzten auf den klassischen Straßen- und Häuserwahlkampf. Doch das medial viel zitierte wahlkampftechnische „Back to the Roots“ greift in der Erklärung moderner Wahlkämpfe viel zu kurz. Denn: Es gibt zwar eine Rückbesinnung auf klassische Kampagnenmethodik. Diese wird aber vor allem mit den technischen Möglichkeiten des 21. Jahrhunderts zur wirklich scharfen Waffe.

Vor diesem Hintergrund kann man dem österreichischen Nationalratswahlkampf 2013, gerade im Vergleich zu seinem innovationsschwachen Vorgänger aus dem Jahr 2008, eines nicht nachsagen: dass er keine kampagnentechnischen Neuerungen gebracht hätte.

Erstmals in der Geschichte gab es zumindest in Ansätzen einen echten Internetwahlkampf (siehe Beitrag von Ingrid Brodnig). Nicht alle Parteien hatten 2013 schon verstanden, dass sich die Dialogorientierung dieser Netzwerke auch in der (dafür zuständigen) Kampagne(nabteilung) spiegeln muss. Gerade die Wahlkampfleiter der Grünen und der NEOS stellten aber einen nicht zu knappen Anteil der vorhandenen Ressourcen auf die Wähleransprache übers Netz ab.

Von der Öffentlichkeit weitgehend unbemerkt brachte das Wahljahr 2013 in Österreich auch einen weiteren Wahlkampfimport aus Übersee. Erstmals in deutschsprachigen Kampagnen kam nämlich die durch die Präsidentschaftswahlkämpfe Barack Obamas 2008 und 2012 berühmt gewordene Mobilisierungsdatenbank des US-Unternehmens Blue State Digital (BSD) zur Anwendung.

Rund um den mittlerweile abgewanderten Thomas Gensemer hatten einige frühere Mitarbeiter der ersten professionellen politischen Onlinekampagne überhaupt – Howard Deans letztlich vergeblichen Anlauf zur Nominierung für das demokratische Präsidentschaftsticket 2004 – nach erfolgreicher Arbeit für Barack Obama ihr Rezept auch international vermarktet.

Auch österreichische Parteien waren auf Blue State Digital aufmerksam geworden. Die Grünen hatten früh ein Treffen mit den Amerikanern arrangiert, aus finanziellen und rechtlichen[8] Gründen aber bald Abstand von einer direkten Zusammenarbeit genommen. Sie versuchten, in ihrem Hauptquartier einige der Hauptwerkzeuge von BSD in Eigenregie nachzubauen.

Der direkte Import von BSD fand in Österreich über einen anderen Kanal, die Beratungsagentur des früheren ÖVP-Mitarbeiters Philipp Maderthaner, statt. Der erste österreichische Abnehmer des intelligenten Datenbanksystems, bei dem alle möglichen Kampagnenaktivitäten – von offline über E-Mail bis hin zu den sozialen Netzwerken – die Zielgruppenarbeit der Kampagne unterstützen, war auf Landesebene zu finden: Es war die niederösterreichische ÖVP, die sich nicht lumpen ließ und ihrem Ruf als professionelle und innovative Wahlkampfmaschinerie alle Ehre machte.

Gerade in einem mit dem erstmaligen Antreten von Frank Stronach sehr zugespitzten Landtagswahlkampf erwies sich die US-Anwendung als zielführend. Im Mobilisierungsrennen zum Halten der Fünfzig-Prozent-Marke konnte die Volkspartei tatsächlich jede Stimme brau-

8 Zum Zeitpunkt des Kontakts war Blue State Digital dem Safe-Harbor-Abkommen zwischen der EU und den USA noch nicht beigetreten.

chen. Vom „Wahlwecker" bis zur „Erwinize Me"-App, bei der sich jeder digital die markante Frisur von Landeshauptmann Erwin Pröll verpassen konnte, förderten verschiedene Aktivitäten für die Volkspartei wertvolle Daten zutage. Am Ende standen ausführliche und für die Kampagnenleitung aufschlussreiche Aktivistenprofile. Die Datenbank spuckte nicht nur aus, wer wann welche E-Mails des Kandidaten geöffnet und gelesen hatte. Sie verriet auch, ob die Aktivisten eigene Aktionen gesetzt hatten, also etwa Leserbriefe verfasst oder Kampagnenbotschaften via Facebook verbreitet hatten. Solche Informationen dienten dem Wahlkampfteam als Basis für weitere Mobilisierungsschritte.

Im Nationalratswahlkampf wollte sich die ÖVP-Bundespartei die Lizenzgebühren für Blue State Digital zwar nicht leisten. Dennoch kam das Dialogmarketing-System in einer ÖVP-Subkampagne zum Einsatz: im Wahlkampf von Sebastian Kurz. Der Integrationsstaatssekretär war sein Unterfangen, möglichst viele Vorzugsstimmen zu ergattern, sehr professionell angegangen. Kurz nutzte verschiedene Ansätze, um seine Wahldatenbank rasch aufzufüllen. Das „Team Kurz" hatte in Wien etwa alle ÖVP-Mitglieder angerufen und um Unterstützung gebeten. Diese Form des Phonebankings nutzen zwar auch andere Politiker und Parteien. Kurz imitierte dabei aber eben das große Vorbild Barack Obama.

Die Anrufe und die dabei gewonnenen Erkenntnisse wurden in der kampagneneigenen Datenbank gespiegelt und für weitere Aktivitäten genutzt. Dasselbe geschah auch beim E-Mail-Marketing, den Hausbesuchen oder zahlreichen, auch vorgeblich unpolitischen, Aktivitäten auf Facebook. Immer gab es einen Info-Rückfluss an die Datenbank. Die Kampagne von Sebastian Kurz lernte ihre potenziellen Wähler also umso besser kennen, je länger der Wahlkampf dauerte und je mehr Aktivitäten die Sympathisanten setzten. Am Ende des Wahlkampfs waren so immerhin rund 40.000 qualitativ hochwertige Datensätze – auch zur potenziellen Verwertung für kommende Kampagnen – zusammengekommen.

Auch ein weiteres Obama-typisches Werkzeug verwendete der Staatssekretär. Wie bei Obamas revolutionären Kampagnen gab Kurz ein Stück seiner Steuerungskompetenz an seine Unterstützer ab und setzte auf deren Eigeninitiative. So wie man bei Obama eigene

Fundraising-Seiten kreieren und mit anderen Spendensammlern in Wettbewerb treten konnte, gab es bei Kurz die Möglichkeit, eigene Personenkomitees für den Shootingstar der ÖVP zu gründen. All das zahlte schließlich auf Kurz' Vorzugsstimmenkonto ein.

Am Ende stand der Staatssekretär zwar wie seine gesamte Partei geschlagen auf dem Feld, immerhin konnte er sich aber mit dem besten Vorzugsstimmen-Ergebnis aller Kandidaten trösten. Allein über die Bundesliste verbuchte Kurz mehr als 35.000 persönliche Stimmen, einige Tausend mehr als die nächstplatzierten Parteichefs Heinz-Christian Strache (FPÖ), Michael Spindelegger (ÖVP), Werner Faymann (SPÖ) und Eva Glawischnig (Grüne).

Es wäre aber wohl nicht die ÖVP, hätte man nicht auch dieses Ergebnis gegen den Initiator ausgelegt. Kurz sei zwar umtriebig gewesen, hieß es von führender Stelle in der Partei, aber zu welchem Preis? Süffisant wurde dann auf die Kosten von Kurz' Kampagne verwiesen: Auf mehr als eine halbe Million Euro hatten sich die diversen Aktivitäten des Staatssekretärs offenbar summiert. Gezahlt hatte das natürlich die ÖVP. Ein Vorstandsmitglied der Volkspartei dazu: „Das Ganze war leider sehr abgekoppelt von der Partei. Und Neuerungen hin oder her, wenn man sich ausrechnet, wie viel jede Vorzugsstimme von Kurz gekostet hat, war das nicht berauschend.“ Hätte es eines weiteren Beweises für die Inkompatibilität der Volkspartei 2013 mit ihrem Slogan „Willkommen Zukunft“ bedurft, in der mangelnden Akzeptanz der innovativen Mobilisierungskampagne findet man ihn.

Ausgewählte Literatur

Ansolabehere, Stephen und Shanto Iyengar: Going Negative: How Attack Ads Shrink and Polarize the Electorate. New York, 1995.

Brader, Ted: Campaigning for Hearts and Minds. How Emotional Appeals in Political Ads Work. Chicago, 2006.

Carville, James und Paul Begala: Buck Up, Suck Up… and Come Back When You Foul Up. 12 Winning Secrets from the War Room. New York, 2002.

Geer, John G.: In Defense of Negativity. Attack Ads in Presidential Campaigns. Chicago, 2006.

Hofer, Thomas: Fighting Emotions. A Challenge for Politicians and Businesses, in: Hofinger, Christoph und Gerlinde Manz-Christ (eds.): Emotions in Politics and Campaigning. Sydney, 2011.

Hofer, Thomas: Die Tricks der Politiker. Wien, 2010.

Hofer, Thomas: Die Kampagnen machten den Unterschied, in: Hofer, Thomas und Barbara Tóth (Hrsg.): Wahl 2008. Strategien, Sieger, Sensationen. Wien, 2008, S. 10–31.

Hofer, Thomas: Der Triumph des Negative Campaigning, in: Hofer, Thomas und Barbara Tóth (Hrsg.): Wahl 2006. Kanzler, Kampagnen, Kapriolen. Analysen zur Nationalratswahl. Wien, 2006, S. 5–31.

Hofer, Thomas: Spin Doktoren in Österreich. Die Praxis amerikanischer Wahlkampfberater. Was sie können, wen sie beraten, wie sie arbeiten. Wien, 2005.

Issenberg, Sasha: The Victory Lab: The Secret Science of Winning Elections. New York, 2012.

Lakoff, George: The Political Mind: Why You Can't Understand 21st-Century American Politics with an 18th-Century Brain, New York, 2008.

Luntz, Frank: Words That Work. It's Not What You Say, It's What People Hear. New York, 2007.

Mark, David: Going Dirty. The Art of Negative Campaigning. Lanham, 2006.

Plouffe, David: The Audacity to Win. The Inside Story and Lessons of Barack Obama's Historic Victory. New York, 2009.

Roggenkamp, Klas und Sebastian Schmidtsdorf (Hrsg.): #BTW13. Bundestagswahl 2013 – Themen, Tools, Wahlkampf. Berlin, 2013.

Sickinger, Hubert: Politisches Geld. Parteienfinanzierung und öffentliche Kontrolle in Österreich. Wien, 2013.

Silver, Nate: The Signal and the Noise. Why So Many Predictions Fail – But Some Don't. New York, 2012.

Stauss, Frank: Höllenritt Wahlkampf. Ein Insider-Bericht. München, 2013.

Westen, Drew: The Political Brain. The Role of Emotion in Deciding the Fate of the Nation. New York, 2007.

II

Ein durch und durch roter Wahlkampf

Die SPÖ hatte *ein* Ziel: stimmenstärkste Partei zu werden, um das Land auch die kommenden fünf Jahre sozialdemokratisch gestalten zu können. Das Vorhaben wurde erreicht: Obwohl die ÖVP monatelang vom ersten Platz und einem Kanzlerwechsel geträumt hat, wurde die Sozialdemokratie – trotz eines schmerzlichen Minus – abermals stärkste politische Kraft im Land und erhielt damit den Auftrag der Wählerinnen und Wähler, eine Regierung zu bilden.

Stefan Hirsch, SPÖ

Mit dem Wechsel aus dem Verteidigungsministerium in der Rossauer Kaserne in die SPÖ-Parteizentrale in der Löwelstraße begann für Norbert Darabos die Mission „Wiederwahl". Anfang März 2013, also sieben Monate vor dem Urnengang, entschied Bundeskanzler und Parteivorsitzender Werner Faymann, die SPÖ mittels einer Regierungsumbildung für die Nationalratswahl neu aufzustellen. Darabos legte sein Amt als Verteidigungsminister zurück, um als Bundesgeschäftsführer die Leitung des Wahlkampfes zu übernehmen. Sein Nachfolger wurde der steirische Gewerkschafter Gerald Klug, der bisherige SPÖ-Fraktionsvorsitzende im Bundesrat.

Dieser Schachzug Faymanns war strategisch geplant: Die Zukunft der Sicherheitspolitik und des Heeres war nicht zuletzt durch die Volksbefragung zur Wehrpflicht immer wieder Streitthema in der Koalition. Dieser Konflikt musste kalmiert werden, was Klug auch durchaus gelang. Darüber hinaus galt es die wichtige Parlamentswahl Ende September vorzubereiten, der SPÖ ging es darum, Erster in der Regierung zu sein und ihr eine sozialdemokratische Richtung zu geben. Darabos war als Wahlkampfleiter die logische Besetzung: 2000 machte er Hans Niessl zum Landeshauptmann im Burgenland, 2004 leitete er den Bundespräsidentschaftswahlkampf für Heinz Fischer und 2006 war er maßgeblich verantwortlich, dass die SPÖ wieder Platz eins erreichen und den Bundeskanzler stellen konnte. „Die Sozialdemokratie in der Regierung ist unverzichtbar für Österreich – und zwar als führende und stärkste Kraft", sagte Darabos bei Bekanntgabe seines Wechsels. „Es gilt die Unterscheidungsmerkmale in der politischen Auseinandersetzung klarzumachen."

Den Kern der Marke SPÖ herausarbeiten

Da sich Norbert Darabos nicht ausschließlich auf sein Bauchgefühl verlässt, gab er am ersten Arbeitstag in seiner neuen Funktion, es war der 11. März, eine großangelegte empirische Untersuchung in Auftrag. Bei der Studie ging es um die Unterscheidungsmerkmale der Parteien. Die Ergebnisse sollten die Grundlage für die Ausarbeitung der Wahlkampfstrategie liefern. 1.250 Österreicherinnen und Österreichern ab 16 Jahre wurden befragt, es war also eine repräsentative Untersuchung. Es galt herauszufinden, wie es nun tatsächlich um die Kernkompetenzen der Sozialdemokratie bestellt ist. Welche Themen sind am wichtigsten? Wofür steht die SPÖ nach Meinung der österreichischen Bevölkerung? Trauen die Menschen in Österreich der SPÖ zu, in den für sie wichtigen Politikfeldern gute Arbeit zu leisten? – das waren die zentralen Fragen.

Die Ergebnisse lagen der Parteizentrale Anfang April vor, und sie boten durchaus Anlass, selbstbewusst und optimistisch in die Wahlauseinandersetzung zu gehen. Keine andere Partei hat in den Bereichen, von denen Menschen am meisten betroffen sind und womit sie sich am häufigsten beschäftigen, eine so hohe Kompetenzzuschreibung wie die Sozialdemokratie. Spontan, also ohne Antwortvorgabe durch den Befrager, bewerteten 42 Prozent der befragten Österreicherinnen und Österreicher Arbeitslosigkeit als das wichtigste Thema. 2008, also noch vor Ausbruch der größten Finanz- und Wirtschaftskrise in Europa seit den 1930er-Jahren, waren es lediglich fünf Prozent, die dieses Thema als wichtig eingestuft hatten. Dass die SPÖ für eine breite Mehrheit die höchste Lösungskompetenz in diesem für die Menschen wichtigsten Themenbereich besitzt, belegt folgende Zahl: 39 Prozent der österreichischen Bevölkerung traut der SPÖ am ehesten zu, für Arbeitsplätze zu sorgen. Erst 13 Prozentpunkte dahinter rangiert die ÖVP. Als zweites SPÖ-Kernthema mit hoher Relevanz sticht Gesundheit und Pflege hervor. 38 Prozent der Befragten schreiben der SPÖ die höchste Kompetenz zu, der ÖVP nur 22 Prozent. Sehr hohe Relevanz hat auch das Thema Teuerung. Ein Drittel der Befragten nennt Preissteigerungen spontan als besonders wichtig, allen voran die Wähler von SPÖ und ÖVP. Beim Thema Pensionen zeigt sich ein klares Altersgefälle. Für ältere Menschen zentral und lebenswichtig, spielt es bei Menschen unter vierzig eine untergeordnete Rolle. Die SPÖ ist bei der Alterssicherung jedenfalls klarer Themenführer. Bildung bewerten drei Viertel der Befragten als sehr wichtig, allerdings wird das Thema spontan vergleichsweise selten genannt. Das Patt zwischen den Koalitionsparteien spiegelt sich, mit Vorteilen für die SPÖ (35:28), auch in der Kompetenzfrage wider, die Opposition kann dabei nicht punkten.

Die Studie bestätigte die Kompetenz der SPÖ in jenen Themenbereichen, die seit jeher zentraler Bestandteil unserer Programmatik und damit unseres Selbstverständnisses sind: Der Kern der Marke SPÖ oder „die DNA“, wie Kommunikationsexperte und Werber Jan Mariusz Demner dazu sagte, besteht aus Arbeitsmarktpolitik. Dieses sozialdemokratische Kernthema musste noch in der frühen Phase des Wahlkampfes besetzt werden. Darüber hinaus musste klargemacht werden, dass die SPÖ darauf achtet, dass das Leben leistbar bleibt. Die Kernthemen Arbeit, Pension, Bildung und Wohnen (= Teuerung) bildeten fortan die thematische Grundlage für unseren Wahlkampf. Die Formel lautete: Wenn wir es schaffen, den Kern der Marke SPÖ herauszuarbeiten und die Kernthemen erfolgreich zu besetzen, würden wir die SPÖ-Wähler an uns binden und so die Wahlen gewinnen. Für die Wahlkampfleitung war es daher von Anfang an äußerst wichtig, inhaltlich stringent und kohärent zu bleiben und keinen Millimeter von dieser Linie abzuweichen.

Ein Versuch der Demobilisierung scheitert

Mit der Mai-Kampagne „SPÖ. Die Partei der Arbeit.“ starteten wir in die Vorwahlkampfphase. Die weiteren Slogans, die vor dem Hintergrund der aus der Gerechtigkeitskampagne der SPÖ bekannten roten Fahne platziert wurden, lauteten „Arbeit, von der man leben kann.“ und „Mieten, die man sich leisten kann.“. Auf Plakaten, in Inseraten sowie in Radio- und TV-Spots positionierten wir die SPÖ als jene Partei, die für Arbeitsplätze steht und für leistbares Wohnen sorgt. Der dadurch ausgelöste Motivationsschub bei unseren Basisfunktionären in den Ortsparteien und Sektionen war dabei ein durchaus gewollter „Side-Effect“.

Maßnahmenvorschläge der SPÖ für leistbares Wohnen waren wesentlicher Teil dieser Vorwahlkampagne. Deren Präsentation wurde notwendig, nachdem die ÖVP versucht hatte, in das sozialdemokratische Kernthema Wohnen vorzudringen. Das Bestreben der ÖVP, mittels Ansagen in diesem Bereich Wähler der SPÖ zu demobilisieren, misslang. Indem der Bundeskanzler und Parteivorsitzende Werner Faymann bei einem gemeinsamen Vorstoß mit allen SPÖ-Landeshauptleuten ein Sieben-Punkte-Programm für leistbares Wohnen vorstellte, entzog er der Volkspartei das Thema wieder. Laut einer Umfrage des Meinungsforschungsinstitutes Karmasin baute die SPÖ ihre Themenkompetenz (Welche Partei sorgt Ihrer Meinung nach am ehesten für leistbares Wohnen?) von Anfang April bis Ende Mai um fünf Prozentpunkte aus – von 34 auf 39 Prozent. Die ÖVP baute sogar ab: Waren im April 16 Prozent der Bevölkerung der Meinung, dass die ÖVP am ehesten für leistbares Wohnen sorgen würde, waren es im Mai nur noch zehn Prozent. Möglicherweise lag es daran, dass der ÖVP hier völlig die Glaubwürdigkeit fehlte. Hinzu kam, dass der niederösterreichische Landeshauptmann Erwin Pröll eine von ÖVP-Obmann Michael Spindelegger tags zuvor geforderte Zweckwidmung der Wohnbauförderung in den Ländern ablehnte.

Erfolgreiches Krisenmanagement als inhaltliche Klammer

Die Kernthemen wurden besetzt, die Themenkompetenz der Partei gefestigt und ein erster inhaltlicher Angriff der ÖVP konnte abgewehrt werden. Erfolgreiche Kommunikation heißt aber immer auch „eine Geschichte erzählen“. Das Storytelling unseres Wahlkampfes musste eine „runde Sache“ sein. Es beinhaltete einen Hauptcharakter und einen Plot.

Hauptakteur der Kampagne war natürlich der amtierende Bundeskanzler Werner Faymann. Während die Herausforderer-Partei ihren Spitzenkandidaten erst vier Wochen vor dem Urnengang in ihre werbliche Kampagne eingliederte, haben wir das bereits sehr früh getan. Das hatte einen wesentlichen Grund: Der Bundeskanzler hatte in der sogenannten Kanzlerdirektfrage Werte, die über jenen der Partei lagen. Im März lag Faymann in der Kanzlerfrage mit 33 Prozent um fünf Prozent über den Daten der Partei (beides Gallup, N = 400). Es gelang unserem Spitzenkandidaten auch, sukzessive zuzulegen und einen leichten Kanzlerbonus zu entwickeln. Die Daten der Gallup-Umfrage im Zeitverlauf machen das deutlich: Ende Juli lag Werner Faymann bei 34 Prozent, Spindelegger bei lediglich 21 Prozent. Ende August ergab die Kanzlerfrage 36 Prozent bei Faymann, zwanzig Prozent bei Spindelegger. Anfang September legte Faymann noch einmal zu und kam auf 44 Prozentpunkte. Hier spielte mit Sicherheit seine starke Medienpräsenz in den Monaten August und September eine Rolle, auch bedingt durch die souveränen Auftritte in den zahlreichen Fernsehduellen. In Österreich ist es unter den Umfrageinstituten üblich, bei der Kanzlerfrage die Spitzenkandidaten aller Parlamentsparteien gestützt abzufragen. Vor diesem Hintergrund können sich die Prozentzahlen durchaus sehen lassen. Einige Medien in Österreich sprachen Faymann einen Kanzlerbonus ab, indem sie die Prozentzahlen mit jenen von Deutschlands Kanzlerin Merkel verglichen. Dieser Vergleich hinkt: In unserem Nachbarland werden meist nur die Spitzenkandidaten der beiden größten Parteien abgefragt, also Merkel als Amtsinhaberin versus Steinbrück als Herausforderer. Bei einer Umfrage zur Direktwahl des Bundeskanzlers von FORSA vom 10. September 2013 kommt Kanzlerin Merkel auf 53 Prozent. Mitte Juli ergab eine Karmasin-Umfrage, in der wie in Deutschland lediglich Amtsinhaber und Herausforderer abgefragt wurden, einen Wert von 58 Prozent für Faymann, also ein durchaus vergleichbarer Wert.

Der Plot sah folgendermaßen aus: Während andere Länder mit erheblichen Schwierigkeiten und sozialen Unruhen aufgrund eines extremen Auseinanderdriftens von Arm und Reich zu kämpfen haben, steht Österreich – trotz einer der größten Wirtschafts- und Finanzkrisen in der Geschichte Europas – vergleichsweise sehr gut da. SPÖ-Regierungschef Werner Faymann war umsichtig und hat Österreich gut durch die Krise geführt.

Dass Österreich im EU-Vergleich die niedrigste Arbeitslosenquote und die niedrigste Jugendarbeitslosigkeit aufweist, ist ein Erfolg, der die inhaltliche Klammer unseres Wahlkampfes bilden sollte. In der nächsten Plakat- und Inseratenserie galt es daher, diese Botschaft kampagnentauglich auf wenige Worte zusammenzufassen. Mit dem Slogan „Stürmische Zeiten. Sichere Hand.“ ist dies der beratenden Werbeagentur zweifellos gelungen. Diverse Medien zogen Vergleiche mit Gerhard Schröder und François Mitterrand. Der ehemalige französische Präsident reüssierte Anfang der 1980er-Jahre mit dem Slogan „La force tranquille“ (Die ruhige Kraft). Der deutsche Bundeskanzler Gerhard Schröder formulierte im Jahr 2000 den Grundsatz seiner Wirtschaftspolitik mit „Die Politik der ruhigen Hand“. Der deutsche Kanzler sagte damals: „Ruhige Hand heißt, der Hektik der gedruckten Meinung nicht politische Hektik folgen zu lassen.“

Dass nach der Präsentation des Sujets landauf, landab darüber gesprochen wurde, dass am Plakat ja nicht einmal eine Hand zu sehen sei, amüsierte uns in der Parteizentrale. Die von sogenannten „Werbeprofis“ angeprangerte Text-Bild-Schere, weil zwar Faymanns Kopf, aber nirgendwo eine Hand zu sehen ist, hatte uns in keinster Weise beunruhigt. Ganz im Gegenteil: Norbert Darabos sagte damals in einer der täglich um 8.30 Uhr in der Wahlkampfzentrale abgehaltenen Lagebesprechungen: „Wenn über das Plakat gesprochen und diskutiert wird, hat es zweifellos seine Wirkung erzielt.“

Zu diesem Postulat passt eine Anekdote: Auch im burgenländischen Landtagswahlkampf des Jahres 2000 war ein Plakat in aller Munde. Obwohl Spitzenkandidat Hans Niessl, der damalige Klubobmann und neue Landesparteichef, mit erheblichen Bekanntheitsproblemen zu kämpfen hatte, ließ der junge Landesparteigeschäftsführer Norbert Darabos zur Verwunderung vieler Genossinnen und Genossen Niessl als „Kicker“ plakatieren. Er wurde als Fußballer in Szene gesetzt, der einen Seitfallzieher macht. Bei diesem selbst für Profis schwierigen Schuss übernimmt der Spieler den Ball aus der Luft und landet dabei seitlich. Das Gesicht Niessls war nicht gut erkennbar. Die Folge: Sowohl Medien als auch Bevölkerung fragten sich, ob das wirklich der SPÖ-Spitzenkandidat am Plakat sei. Dieser könne – in seinem Alter – doch wohl kaum einen solchen Seitfallzieher machen. Oder vielleicht doch? Die Bekanntheit Niessl stieg binnen weniger Wochen stark an. Das Problem war behoben. Und Niessl wurde bekanntlich zum Landeshauptmann gewählt.

Die Arbeitsmarktsituation im Juni, inmitten des medial aufgeheizten Wahlkampfes, erforderte das Krisenmanagement von Werner Faymann und seines Regierungsteams, allen voran von Arbeits- und Sozialminister Rudolf Hundstorfer. Der große Baukonzern Alpine ging insolvent, 4.900 Mitarbeiter standen vor dem Nichts. Die Pleite drohte Österreichs Wirtschaft in die Rezession zu reißen. Die Regierung entschloss sich, der Bauwirtschaft des Landes mit einem milliardenschweren Ausgabenprogramm auf die Beine zu helfen. Der Beschluss untermauerte die Kompetenz der SPÖ in der Arbeitsmarktpolitik. Nur zwei Tage nachdem ÖVP-Obmann und Vizekanzler Michael Spindelegger die Notwendigkeit eines großen Konjunkturpakets in Abrede stellte und von hundert

Millionen Euro sprach, die man als Ankurbelung der Bauwirtschaft bereitstellen sollte, gelang es Bundeskanzler Werner Faymann und Sozialminister Rudolf Hundstorfer, einen großen Wurf in den Verhandlungen mit dem Koalitionspartner durchzusetzen. Aus hundert Millionen wurde ein 1,5 Milliarden Euro schweres Konjunkturpaket.

Hinzu kam, dass die ÖVP einige Wochen davor vorschlug, Beitragskürzungen beim Insolvenz-Entgelt-Fonds, dem „Pleite-Hilfs-Fonds", vorzunehmen. Aus diesem Fonds werden ausstehende Lohn- und Abfertigungszahlungen der von Pleiten betroffenen Arbeitnehmerinnen und Arbeitnehmern beglichen. Dieser ÖVP-Vorschlag kam rund um die Causa Alpine gar nicht gut an, die Volkspartei zog ihn daher wieder zurück bzw. gab an, missverstanden worden zu sein.

Die „aufgelegten Elfmeter" verwerten

Die ÖVP-Forderung nach einer Flexibilisierung der Arbeitszeiten, Stichwort Zwölf-Stunden-Arbeitstag, die Diskussion um die frühzeitige Anhebung des Frauenpensionsantrittsalters sowie der „Abgesandelt"-Sager von ÖVP-Vorstandsmitglied und Wirtschaftskammerpräsident Christoph Leitl waren die bestimmenden medialen Themen im Monat August. Wir machten in unzähligen Pressekonferenzen, Presseaussendungen und Interviews von unterschiedlichen Akteuren vom Kanzler abwärts klar, dass mit uns als Sozialdemokratie eine Aushöhlung der Arbeitnehmerrechte und des Arbeitnehmerschutzes und eine Verunsicherung von hunderttausenden Frauen nicht infrage kommen. Das Schlechtreden des Wirtschaftsstandorts prangerten wir als Österreich-Bashing an. Wir konnten dadurch unser Parteienprofil weiter schärfen und klar zum Ausdruck bringen, wogegen wir als Sozialdemokratie ankämpfen. All diese „Vorlagen" oder „aufgelegten Elfmeter", wie ein innenpolitischer Kommentator schrieb, gaben uns die Möglichkeit, den Menschen in Österreich zu signalisieren: Auf Werner Faymann und die SPÖ ist Verlass, dass es zu keiner Schlechterstellung von Arbeitnehmerinnen und Arbeitnehmern und von Frauen kommt. Das Schlechtreden des Standortes wiederum half uns, noch einmal deutlich zu machen, dass Österreich im internationalen Vergleich gut dasteht, eine Folge der Arbeit der Menschen in diesem Land und der von Werner Faymann geführten Bundesregierung.

Die Renaissance des „Haider-Taferls“

Noch nie in der Geschichte der Zweiten Republik absolvierte ein amtierender Bundeskanzler so viele TV-Konfrontationen im Vorfeld einer Wahl. Überlegungen, dass der Kanzler das eine oder andere „Zweier-Duell“ im ORF nicht bestreitet, hat es nie gegeben. Der Wahlkampfleitung war bewusst, dass dies als Diskussionsverweigerung ausgelegt werden würde. Dass durch das „Match“ mit dem Bundeskanzler Parteichefs von Oppositionsparteien, die um den Einzug in den Nationalrat zittern mussten, nur profitieren konnten, nahmen wir in Kauf. Kritik der Opposition an der Absenz bei der sogenannten „Elefantenrunde“ im ORF war Wahlkampfgetöse, denn die Spitzenkandidaten hatten jeweils etwa 45 Minuten, um mit dem Kanzler „im Ring“ Argumente auszutauschen.

Kommentatoren, Meinungsforscher und Politikberater beschieden Werner Faymann Souveränität bei seinen Fernsehauftritten. In Erinnerung bleibt der Disput mit BZÖ-Chef Josef Bucher in der Frage Hypo Alpe Adria. Der sonst eher gelassen wirkende Faymann schlug verbal auf den Tisch, weil Bucher der Regierung eine Mitschuld am Hypo-Desaster unterstellt hatte. Das war zu viel, war es doch das BZÖ in Kärnten, das als Landeshauptmannpartei hauptverantwortlich für das Hypo-Debakel zeichnete. „Ihre Ahnungslosigkeit ist ja atemberaubend“, warf ihm Faymann entgegen, „sie sind die größte Enttäuschung dieses Abends.“ Diese Emotionalität kam bei den SPÖ-Sympathisanten gut an, denn „unser Kanzler muss sich nicht alles gefallen lassen“.

Zwei Mal hatte die Partei nach einem TV-Duell viel Medienarbeit zu leisten: Nach dem „Glawischnig-Taferl“, das eines unserer Plakate mit dem Impressum des SPÖ-Parlamentsklubs zeigte, sowie nach dem „Strache-Taferl“, das ein angebliches SPÖ-Plakat in türkischer Sprache mit dem Konterfei Faymanns zum Inhalt hatte. Jörg Haider hatte einst in den 1990er-Jahren das berühmte „Taferl" zur Argumentationsunterstützung bei den TV-Konfrontationen „eingeführt", Grünen-Chefin Eva Glawischnig hatte sich offenbar wieder daran erinnert und in Jörg-Haider-Manier pro Fernsehauftritt einige solcher Anschauungsmittel in petto. Die mediale Diskussion um die – aus unserer Sicht legitime – Finanzierung von Plakaten durch den Parlamentsklub war nach einigen Tagen beendet und führte schlussendlich dazu, dass alle Parteien „in die Ziehung" kamen und beim Transparenz-Senat angezeigt wurden, inklusive der Grünen selbst, deren Plakate nicht einmal Impressa aufwiesen.

FPÖ-Chef Heinz-Christian Strache wiederum zog – wie zu erwarten – die Ausländerkarte. Einer der Gründe, wieso die SPÖ eine Koalition mit dieser rechtspopulistischen Partei ausschließt. Der SPÖ-Chef würde sich mit Slogans in türkischer Sprache plakatieren lassen, war sein Vorwurf. Das erachtete Werner Faymann als echte Provokation, weil Strache sehr wohl wusste, dass es sich dabei um keine SPÖ-Plakate handelte, sondern um eine private, gut gemeinte Eigeninitiative. Die SPÖ hatte diese Plakate bereits entfernen lassen und eine Klarstellung getroffen. Die Wahlkampfleitung konnte selbst angefertigte Werbematerialen nicht akzeptieren, vor allem wenn diese mit dem Bild des Spitzenkandidaten und mit dem SPÖ-Logo versehen sind. Nichtsdestotrotz hatte die FPÖ bereits wochenlang in Internetforen mit diesen angeblichen „offiziellen SPÖ-Plakaten" Stimmung gemacht – gegen die türkischstämmige Bevölkerung, gegen Ausländer im Allgemeinen und natürlich gegen die SPÖ. Was Faymann wirklich verärgerte, war Straches wiederholter Versuch der Polarisierung wider besseres Wissen.

Beide Debatten hatten keine Auswirkungen auf die SPÖ. Wir blieben auch nach diesen Diskussionen in den veröffentlichten Umfragen konstant in Führung. Am 14. September wies eine Karmasin-Umfrage in dem Wochenmagazin „profil" einen Vorsprung von drei Prozent zur ÖVP aus. Am 21. September in einer Umfrage des Meinungsforschungsinstituts OGM im „Kurier" kam die SPÖ auf 27 Prozent (unverändert im Vergleich zur OGM-Umfrage für den „Kurier" vom 31. August). Der FPÖ gelang es, aufgrund der schlechten TV-Performance von Frank Stronach Proteststimmen vom Team Stronach zurückzugewinnen, und steigerte sich bei OGM auf 21 Prozent, nachdem sie wochenlang leicht unter zwanzig Prozent gelegen war.

Der Wahlkampf geht ins Finale

Die dritte und letzte Plakat- und Inseratenwelle des Nationalratswahlkampfs der SPÖ stand unter dem Motto „Gemeinsam für Österreich.“. Die Sujets zeigen Bundeskanzler Werner Faymann vor rot-weiß-rotem Hintergrund. Das Plakat sollte noch einmal deutlich machen, dass die SPÖ die einzige Kraft ist, die für Stabilität steht und für ein Miteinander in schwierigen Zeiten einer noch nicht ausgestandenen Wirtschaftskrise in Europa. Faymann sei jener Kandidat, der das Land in den vergangenen fünf Jahren mit „sicherer und ruhiger Hand“ geführt habe, erklärte Darabos bei der Plakatpräsentation. Wir wollten natürlich auch den „Österreich-Begriff“, zusätzlich grafisch untermauert durch die rot-weiß-rote Fahne, besetzen. Der Zugang war logisch, da es zuvor eine tagelange Debatte um den „Abgesandelt“-Sager von Wirtschaftskammer-Präsident Leitl gegeben hatte. Die SPÖ und Kanzler Faymann hatten sich vehement dagegen verwehrt, „das Land und seine Leistungen schlechtzureden“.

Mitte September überraschte die SPÖ die Mitbewerber mit einem Vorstoß im Steuerbereich. Als angesehene Wirtschaftsforscher eine steuerliche Entlastung der kleinen und mittleren Einkommen anregten, entschied sich die SPÖ-Führung, das Detailkonzept für eine seit Monaten angedachte und auch im Wahlprogramm enthaltene Entlastung des Faktors Arbeit zu präsentieren. Die tagelange Diskussion darüber nahm den anderen Parteien Raum, ihre Anliegen und Ansagen in den Medien zu platzieren. Darüber hinaus war das Konzept zur Steuerentlastung die Antwort auf die von der ÖVP bereits seit Monaten propagierten „Faymann-Steuern“. Die vom Herausforderer gebrandmarkten „Faymann-Steuern“ waren also Millionärssteuern für das oberste Prozent der Bevölkerung, also jene, die mehr als 400 Milliarden Euro Vermögen auf sich vereinen, und eine steuerliche Entlastung der kleinen und mittleren Einkommen. Sie blieben dennoch bis zwei Tage vor dem Urnengang Gegenstand von Negative Campaigning der politischen Konkurrenz. Am Freitag und Samstag vor der Wahl wurden in weiten Teilen Österreichs Türhänger verteilt, die sinngemäß davor warnten, dass es Werner Faymann auf die Ohrringe der Großmutter abgesehen hätte.

RESÜMEE

Das Negative Campaigning half nichts. Die SPÖ erreichte den ersten Platz. Das Ergebnis kam nicht überraschend, spiegelte es doch im Großen und Ganzen die Umfragen wider: SPÖ 27 Prozent, ÖVP 24, FPÖ 21 (alle Ergebnisse gerundet). Das vorrangige Wahlziel wurde erreicht: Die SPÖ ist die Nummer eins in Österreich und die stärkste Partei. Dieser Erfolg ist nicht gering zu schätzen: Seit Ausbruch der globalen Finanz- und Wirtschaftskrise nach der Lehman-Pleite im Herbst 2008 haben in der Europäischen Union 27 nationale Wahlen stattgefunden. Zwanzig Regierungen wurden abgewählt, nur sieben bestätigt. Und noch nie hatten bei einer Nationalratswahl so viele Parteien eine reelle Chance, ins Parlament einzuziehen.

Trotz des Erreichens des ersten Platzes schmerzte natürlich das Minus von mehr als zwei Prozentpunkten. Viele in der Partei haben sich zumindest das Halten des Ergebnisses von 2008 erwartet, da die Stimmung innerhalb der Wahlbewegung eine durchwegs positive war. Die Landesorganisationen mobilisierten tausende Helferinnen und Helfer, die einen ambitionierten „Straßenwahlkampf" geführt hatten. Allein die Wiener SPÖ absolvierte mehr als 100.000 Hausbesuche. Die Motivation in der Partei war hoch wie schon lange nicht, auch weil Bundeskanzler Werner Faymann im Wahlkampf rund 15.000 Kilometer quer durch Österreich zurückgelegt und – vom Lehrling bis zum Pensionisten – viele tausende Menschen getroffen hatte.

Einfache Erklärungen für das Minus gibt es nicht. Die niedrige Wahlbeteiligung in Wien, der Stimmenverlust in der Steiermark und vor allem der Wechsel von 13,2 Prozent der SPÖ-Wähler (173.000) in das Nichtwählerlager (Wählerstromanalyse von Erich Neuwirth) müssen noch genauer analysiert werden. Dieser Umstand könnte ein Ausfluss der vielen Meinungsumfragen sein, die die SPÖ monatelang am sicheren ersten Platz ausgewiesen haben. Der von vielen herbeigeredete Stimmenverlust bei den Arbeitern hat so nicht stattgefunden: Eine repräsentative Befragung von Ecoquest, die im Nachrichtenmagazin „profil“ abgedruckt wurde, hat ergeben, dass die Arbeiter mehrheitlich SPÖ gewählt haben (36 Prozent). In diesem Bereich liegt die SPÖ somit weit vor der FPÖ (29 Prozent). 1999 kam die SPÖ bei den Arbeitern auf 35 Prozent, die FPÖ gar auf 47 Prozent (nachzulesen im Buch „Wahlverhalten in Bewegung – Analysen zur Nationalratswahl 2002“ von Plasser und Ulram). Das Wahlergebnis ist mit jenem von 1999 durchaus vergleichbar, da die FPÖ (1999: 26,9 Prozent; 2013: 20,5 Prozent) und die SPÖ (1999: 33,2 Prozent, 2013: 26,8 Prozent) jeweils in etwa gleich weit auseinanderlagen.

Einer Herausforderung, der wir uns zukünftig verstärkt zu stellen haben, ist sicherlich das Wählersegment der unter 29-Jährigen, also der Jugend. Dort liegt die SPÖ laut Ecoquest nur an vierter Stelle, hinter ÖVP, FPÖ und Grüne. Hier anzusetzen ist zweifellos essenziell notwendig, noch bedeutender aber wird es sein, das Vertrauen der Menschen in die Politik generell zu stärken – eine Aufgabe, die die SPÖ nicht alleine bewerkstelligen kann. Die Korruptionsfälle unter der schwarz-blauen Regierung, die bis heute Gegenstand der medialen Berichterstattung sind, und eine im zunehmenden Ausmaß vollzogene Verlagerung der politischen Auseinandersetzung in den Gerichtssaal schufen eine Vertrauenskrise in die Politik, die die Parteien der großen Koalition als „politisch Verantwortliche“ am stärksten zu spüren bekamen. Dadurch und durch das gelegentliche Austragen ideologischer Unterschiede der Regierungsparteien in der Öffentlichkeit, das vieles gemeinsam Erreichte überlagerte, wurde das Manövrieren und Navigieren des Schiffes Österreich durch eine der größten Wirtschaftskrisen seit den 1930er-Jahren, nicht belohnt. Oder anders ausgedrückt: Das Kommunizieren von Stabilität und Sicherheit, der Kampf gegen Krise und Rezession gelang nicht in ausreichendem Maß.

III

Denkzettel und Neuanfang

Ein Blick zurück: Hintergründe zu und Lehren aus der Nationalratswahl 2013. Warum nach der Wahl nicht vor der Wahl ist und was es zu bedenken gibt, wenn wir Österreich in den kommenden Jahren gestalten wollen.

Hannes RAUCH, ÖVP

Erst wird gewählt, dann wird gezählt, dann wird verhandelt. Am 29. September 2013 haben die Österreicherinnen und Österreicher gewählt. Und nach Auszählung der Stimmen steht fest: Die regierende „große Koalition" musste Verluste hinnehmen. Das gibt zu denken und macht eines völlig deutlich: Wir können nicht einfach zur Tagesordnung übergehen und so tun, als wäre nichts gewesen. Werner Faymann hat dieses Signal der Wählerinnen und Wähler nicht verstanden: Unmittelbar nach der ersten Hochrechnung hat er sich bereits wieder auf eine große Koalition alten Stils festgelegt. Als Volkspartei sind wir überzeugt: Wir brauchen eine klare Reformagenda und einen neuen Stil des Regierens. Nur so wird es möglich sein, die Menschen für unsere Politik zurückzugewinnen und die notwendigen Weichenstellungen für die Zukunft vorzunehmen. Bevor wir jedoch den Blick in die Zukunft richten, lohnt ein kleiner Schritt zurück, um die Hintergründe, den Verlauf und das Ergebnis der Wahl 2013 besser deuten zu können.

Hannes RAUCH, ÖVP

VOM MEDIALEN NACHRUF ZUM ERSTEN HERAUSFORDERER

Ab dem Spätherbst 2011 war die Ausgangslage für die Österreichische Volkspartei erdenklich schlecht. Korruptionsvorwürfe gegen einzelne Politiker, auch von der Volkspartei, haben der Politik insgesamt und auch der ÖVP einen schweren Imageschaden zugefügt. Vizekanzler und Bundesparteiobmann Michael Spindelegger hat zwar schnell reagiert und sowohl gesetzliche Maßnahmen umgesetzt als auch parteiinterne Konsequenzen gezogen (Verhaltenskodex mit klaren Konsequenzen und Ethikrat). In Umfragen lag die ÖVP dennoch hinter der FPÖ auf dem dritten Platz.[1] Das Kanzlerduell zwischen Werner Faymann und Heinz-Christian Strache schien ausgemachte Sache zu sein. Das Nachrichtenmagazin „News“ ließ sich im August 2012 dazu verleiten, einen Nachruf auf „Unsere ÖVP“ auf dem Titelblatt abzudrucken: „Die Verabschiedung findet bei der Nationalratswahl 2013 statt“ war auf dem „News“-Cover zu lesen. Doch von dieser Verabschiedung konnte ein Jahr später keine Rede mehr sein. Im Gegenteil: Die ÖVP hat es geschafft, aus einer schier ausweglosen Situation im Jahr 2012 zurück in die Position des ersten Herausforderers zu kommen.

Das ist grundsätzlich auf drei Faktoren zurückzuführen: Zum Ersten entstand im September 2012 mit dem Team Stronach eine neue politische Partei, die sich vehement im Segment der sogenannten Protestwähler breitmachte und somit im Stimmenteich der FPÖ zu fischen begann. Zwischenzeitlich lag das Team Stronach in Umfragen deutlich über zehn Prozent.[2] Zum Zweiten konnte die ÖVP sowohl in der Wehrpflicht-Volksbefragung als auch in einer Reihe von Landtagswahlen ihre Mobilisierungskraft unter Beweis stellen und zeigen, dass sie das Gewinnen nicht verlernt hat. Ein nicht zu unterschätzender Motivationsfaktor gerade für die eigenen Funktionäre, der sich auch in den Wochen vor der Nationalratswahl äußerte. Einen Kanzlerwahlkampf zu führen war daher auch die logische Konsequenz. Zum Dritten konnte die Volkspartei unter Bundesparteiobmann Michael Spindelegger durch

---

1 Vgl. z.B. profil, 7. Mai 2012.

2 Vgl. z.B. Der Standard, 11. März 2013.

harte Positionierungsarbeit den Markenkern der ÖVP zurück in den Vordergrund stellen. In zwei viel beachteten Österreich-Reden am 14. Mai 2012 und am 15. Mai 2013 (am Vortag bzw. am Jahrestag der Unterzeichnung des Staatsvertrags) hat Michael Spindelegger die programmatischen Pflöcke eingeschlagen: Wachstum, Wohlstand und Werte wie Tatkraft, Fleiß und Leistung machen die Volkspartei aus und sind die Voraussetzungen, mit denen wir die Zukunft gestalten können. Klare politische Forderungen wie ein Steuerfreibetrag von 7.000 Euro für jedes Kind, 420.000 neue Arbeitsplätze und die Beteiligung der Mitarbeiter am Unternehmenserfolg sind der Ausdruck dieses Selbstverständnisses. Vor diesem Hintergrund startete die Volkspartei im Spätsommer 2013 als erster Herausforderer in den Wahlkampf.

Der Wahlkampf – die Themen

Zwei Vorwürfe, mit denen die österreichische Politik immer wieder konfrontiert wird, sind zum einen ein vermeintlicher Stillstand der Regierungsarbeit und zum anderen eine attestierte Inhaltsleere des Wahlkampfes. Der erste, medial hartnäckig kolportierte Vorwurf, ist schlichtweg falsch. Die Krisenbewältigung, die Schuldenbremse, das Reformpaket 2012, der Ausbau der Kinderbetreuung, die Jungunternehmerfonds, die GmbH-Neu, die Neue Lehrerausbildung und die Reform der Verwaltungsgerichtsbarkeit sind nur einige der unzähligen Maßnahmen, die diese Bundesregierung in den vergangenen fünf Jahren auf den Weg gebracht hat. Die Handschrift der ÖVP ist dabei gut sichtbar. Von Stillstand kann also keine Rede sein.[3] Auch das zweite Argument wird mit Blick auf den Wahlkampf der ÖVP entkräftet: In einem 85 Seiten starken Zukunftsprogramm hat die Volkspartei wichtige Themen aufgegriffen und zukunftsweisende Antworten auf die Herausforderungen der Gegenwart gegeben. Bereits vor der Intensivphase des Wahlkampfes hat die ÖVP mit einem Programm zum leistbaren Leben und einem zum

[3] Vgl. hierzu auch den Kommentar von András Szigetvari, „Reformstau in Österreich? Medienblase“ Der Standard, 3. Oktober 2013.

leistbaren Wohnen die für viele Menschen zentralen Themen der Teuerung generell und des teuren Wohnraums im Besonderen aufgegriffen und Maßnahmen für Verbesserungen präsentiert.

Der eigentliche Wahlkampf war bestimmt von den Themen Wirtschaft und Arbeitsplätze, Steuern, Bildung und Pensionen. Ein deutliches Zeichen, dass sich die ÖVP mit ihren zentralen Themen durchsetzen konnte. Auch die Wählerinnen und Wähler der ÖVP sehen in diesen Themen die größte Kompetenz der Volkspartei: Wirtschaft (76 Prozent), gefolgt von Bildung und Schule (60 Prozent), Arbeitsplätze (58 Prozent) und Steuern (57 Prozent).[4] In unzähligen TV-Auftritten, sowohl im öffentlich-rechtlichen Fernsehen als auch in den privaten Fernsehanstalten, konnte Michael Spindelegger mit den Kernanliegen der ÖVP punkten und die klaren inhaltlichen Unterschiede zu den anderen Parteien hervorstreichen: mehr Eigeninitiative und weniger Bevormundung, mehr Freiheit und weniger Regeln, mehr Arbeitsplätze und weniger Steuern. Demgegenüber war der Wahlkampf der SPÖ tatsächlich inhaltsleer. Das Plakatieren von Schlagwörtern und das Wiederholen von klassenkämpferischen Parolen sollte der Mobilisierung einer roten Kernwählerschaft dienen, ist aber keine Politik für die Zukunft, sondern rückwärtsgewandt. Ein Umstand, der auch in den unzähligen TV-Diskussionen klar zum Ausdruck gekommen ist. Retro-Ideen geben keine Antworten auf die Herausforderungen von morgen. Symptomatisch war dann auch die Reaktion der SPÖ auf den höchst sinnvollen ÖVP-Vorschlag einer Arbeitszeitflexibilisierung. Anstatt dieses seit Jahren auch gewerkschaftlich getragene Thema ernst zu nehmen, wurde bewusst falsch interpretiert und wahlkampftechnisch instrumentalisiert. Die Zukunft lässt sich aber nicht mit parteipolitischen Reflexen und ideologischem Hickhack gestalten, sondern nur, wenn sinnvolle Maßnahmen auch umgesetzt werden.

4 Vgl. SORA, Wahltagsbefragung und Wählerstromanalyse Nationalratswahl 2013.

Der Wahlkampf – die Kampagne

Die Rahmenbedingungen für den Wahlkampf 2013 waren anders als in den Jahren davor. Zum ersten Mal kam bei einer Nationalratswahl die mit dem Parteiengesetz 2012 beschlossene Beschränkung der Wahlwerbungsausgaben in Höhe von sieben Millionen Euro zum Tragen. Für die Parteien bedeutete das eine deutliche Reduktion der Ausgaben im Vergleich zu früheren Wahlkämpfen. Während sich die ÖVP strikt an die neue gesetzliche Bestimmung gehalten hat, ist es höchst zweifelhaft, ob auch die SPÖ die neue Höchstgrenze respektiert hat. Dazu kommt, dass bereits während des Wahlkampfs der Vorwurf der illegalen Parteispende gegen die SPÖ erhoben wurde. Denn der SPÖ-Parlamentsklub hat die Wahlkampfplakate von Kanzler Werner Faymann finanziert. Das ist laut Parteiengesetz verboten und stellt eine Umgehung der Wahlkampfkostenobergrenze dar. Die endgültige Entscheidung liegt beim unabhängigen Parteien-Transparenz-Senat.

Der Wahlkampf der ÖVP war zukunftsorientiert. Die zentrale Botschaft „Willkommen Zukunft" ist Ausdruck einer modernen Politik, die die Zukunft als Chance begreift. In insgesamt drei Plakatwellen, die der ÖVP ein neues Gesicht verliehen haben, sollte genau dieser Anspruch verdeutlicht werden: Österreich ist ein Land der Weltoffenen, der Tatkräftigen, der Optimisten und der Entdecker. Mit ihnen und für sie wollen wir Politik machen. Demgegenüber standen die einfarbigen Schlagwortplakate der SPÖ, die zwar „Arbeit" plakatierte, aber keine sinnvollen Vorschläge präsentieren konnte, wie Arbeitsplätze geschaffen werden können. Flankiert wurden die drei Plakatwellen der ÖVP von Kino- und Radiospots, die den Aufbruch in eine neue Politik vermitteln sollten und gleichzeitig eine klare Abgrenzung zur rot-grünen Bevormundungs- und Belastungspolitik, wie sie etwa in Wien betrieben wird, beinhalteten. Die Abgrenzung zu Rot-Grün wurde zudem mit einer Neuauflage der Rot-Grün-Fibel aus dem Jahr 2012 sowie einem rot-grünen Plakatsujet in der Wahlkampf-Endphase in den Vordergrund gerückt. Als Reibebaum war Rot-Grün im Wahlkampf ein wichtiges Mobilisierungsmotiv.

Die Mobilisierung der Wählerinnen und Wähler erfolgte zudem *be-*

low the line – im direkten Gespräch, bei Veranstaltungen, durch zielgerichtete Briefe und Telefonaktionen. Das „Aufgehts-Team" – junge, motivierte Leute, die sich für die ÖVP engagieren wollten – leistete bei allen Veranstaltungen und Bundesländertagen tatkräftige Unterstützung und wurde so im Wahlkampf zum „siebten Bund" der Volkspartei. Zum Auftakt zur Intensivphase des ÖVP-Wahlkampfs in der Wiener Messe am 10. September 2013 kamen über 2.500 begeisterte Gäste. Ein künstlerisches Programm von traditionell bis modern und eine rund halbstündige Rede des ÖVP-Kanzlerkandidaten sorgten für einen gelungenen Start. Höhepunkt der parteiinternen Mobilisierungskampagne bildete die Bundesländertour von Bundesparteiobmann Michael Spindelegger in den Wochen vor der Wahl. In unzähligen Gesprächen bei Messen, Festen, Firmenbesuchen und vielen anderen Veranstaltungen im ganzen Bundesgebiet trat Michael Spindelegger mit den Bürgerinnen und Bürgern direkt ins Gespräch, um sie von den Positionen der Volkspartei zu überzeugen.

Parallel dazu war die ÖVP auch im virtuellen Raum verstärkt präsent: Eine rundum erneuerte Homepage und die intensive Auseinandersetzung mit den Anliegen der Bürgerinnen und Bürger auf Facebook und Twitter waren wichtige Wege, um besonders die jüngere Generation mit unseren Botschaften zu erreichen. Denn laut Umfragen ist für zwanzig Prozent der unter Dreißigjährigen das Internet bereits die wichtigste politische Informationsquelle.[5]

ERGEBNIS UND ANALYSE – WARUM ES DENNOCH NICHT GEREICHT HAT

Das Wahlergebnis ist eine Absage an die große Koalition alter Form. Die beiden Großparteien ÖVP und SPÖ verloren im Vergleich zu 2008 gemeinsam mehr als 315.000 Stimmen oder neun Mandate. Zwar gibt es noch immer eine Mehrheit für eine große Koalition, doch sollten

[5] Vgl. Fritz Plasser und Franz Sommer, Wahlverhalten auf den zweiten Blick. Markante Besonderheiten der Wahlentscheidung 2013.

die Zeichen nicht missverstanden werden. Diese Entwicklung zeigt sich auch darin, dass von einem Kanzlerbonus bei der Wahl 2013 keine Rede sein kann. Mit lediglich zehn Prozent war die Person Werner Faymann kaum ein Beweggrund für die Wählerinnen und Wähler der SPÖ, ihre Stimme der SPÖ zu geben.[6] Das wird auch deutlich, wenn man einen Blick auf die erhaltenen Vorzugsstimmen wirft: Faymann landete hier nur auf dem vierten Platz. ÖVP-Bundesparteiobmann Michael Spindelegger, der ebenso wie Faymann keinen Vorzugsstimmenwahlkampf führte, lag hier deutlich vor dem amtierenden Kanzler. Hoch waren die Verluste für die große Koalition in der Steiermark. Hier einen Zusammenhang mit den im Zuge der steirischen Reformpartnerschaft durchgeführten Gemeindefusionen herzustellen, greift allerdings zu kurz. Denn die Verluste waren auch in Gebieten, die nicht von Zusammenlegungen betroffen sind, durchaus deutlich. Zudem müssen auch der augenscheinliche Politikverdruss und die Unzufriedenheit der Wählerinnen und Wähler mit der Regierungsarbeit, die sich in der mit 74,9 Prozent historisch niedrigsten Wahlbeteiligung und der Stärkung der Protestpartei FPÖ manifestierten, zu denken geben.

Es kann auch kein Hehl daraus gemacht werden, dass die Volkspartei, obwohl sie weniger Stimmen verloren hat als die SPÖ, ihr selbstgestecktes Wahlziel nicht erreicht hat. Michael Spindelegger und die Volkspartei sind angetreten, um Erster zu werden und den Bundeskanzler der Republik Österreich zu stellen. Dieses Ziel konnte nicht erreicht werden. Dennoch war das Ergebnis unter den gegebenen Voraussetzungen respektabel: Im Lager rechts der Mitte gab es sowohl im Vergleich zur Wahl 2008 als auch im Vergleich zum linken Spektrum deutlich mehr Konkurrenz: Neben der FPÖ und dem BZÖ kandidierten bei der Nationalratswahl 2013 auch erstmals die beiden neuen Parteien, das Team Stronach und die NEOS. Während das Team Stronach laut Wählerstromanalyse den größten Zustrom vom BZÖ verzeichnete, verlor die ÖVP besonders stark an die NEOS (der größte Wählerabfluss aller Parlamentsparteien).[7] Gerade im urbanen Bereich scheinen sich viele bür-

6 Vgl. Ecoquest, DIE WAHLANALYSE 2013. Zentrale Ergebnisse der Wahltagsbefragung zur Nationalratswahl und langfristige Trends.

7 Vgl. SORA, Wahltagsbefragung und Wählerstromanalyse Nationalratswahl 2013.

gerliche Wähler gegen die ÖVP und für die neue Partei entschieden zu haben. In der Stadt Salzburg etwa, wo die ÖVP ein Minus von 3,2 Prozentpunkten hinnehmen musste, konnten die NEOS auf Anhieb 6,3 Prozent erreichen. Aus dieser Feststellung gilt es, für die Zukunft klar Lehren und Konsequenzen zu ziehen und das Angebot an bürgerliche urbane Wählerinnen und Wähler zu verbessern. Auch im Bundesland Vorarlberg ist ein starker Abfluss von der ÖVP in Richtung NEOS zu verzeichnen (ÖVP minus fünf Prozentpunkte, NEOS 13,1 Prozent). Als Grund für die Entscheidung für die NEOS geben fünfzig Prozent der Wählerinnen und Wähler „Protest“ an, was damit auch das mit Abstand stärkste Wahlmotiv für die NEOS war.[8] Der „Ärger über andere Parteien“ stand für 71 Prozent der NEOS-Wähler als Wahlentscheidung im Vordergrund (der höchste Wert aller Parteien). Lediglich 29 Prozent geben an, die NEOS aus „Zustimmung zur Partei“ zu wählen.[9] Das legt den Schluss nahe, dass es neben der FPÖ und dem Team Stronach mit den NEOS auch eine „bürgerliche Protestpartei“ gibt.

Die ÖVP steht für Zukunft. Das hat nicht nur der zukunftsorientierte Wahlkampf gezeigt. Auch das detaillierte Ergebnis lässt das klar erkennen, denn die ÖVP hat bei den Jungwählern die Nase vorn: 21 Prozent der unter Dreißigjährigen Wählerinnen und Wähler haben der ÖVP ihr Vertrauen geschenkt – damit liegt die ÖVP in dieser Altersgruppe vor allen anderen Parteien an erster Stelle.[10] Wir machen nicht nur Politik für junge Menschen. Junge Menschen machen Politik in der ÖVP. Und das kommt bei den Wählerinnen und Wählern gut an: Mehr als 35.000 Menschen haben Staatssekretär Sebastian Kurz, der auch einen Vorzugsstimmenwahlkampf geführt hat, ihre Vorzugsstimme gegeben. Wir sehen das als klaren Auftrag, auch in Zukunft auf die Jugend zu setzen und jungen Menschen in unserer Partei und in der Politik eine Chance zu geben.

---

8 Vgl. Ecoquest, DIE WAHLANALYSE 2013. Zentrale Ergebnisse der Wahltagsbefragung zur Nationalratswahl und langfristige Trends.

9 Vgl. Fritz Plasser und Franz Sommer, Wahlverhalten auf den zweiten Blick. Markante Besonderheiten der Wahlentscheidung 2013.

10 Vgl. Ecoquest, DIE WAHLANALYSE 2013. Zentrale Ergebnisse der Wahltagsbefragung zur Nationalratswahl und langfristige Trends.

Der Blick nach vorne

Das Ziel, Erster zu werden, konnte diesmal nicht erreicht werden. Doch wurde der Abstand zur SPÖ verringert. In den Wochen nach der Wahl geht es darum, eine neue Regierung für Österreich zu bilden. Eine neue Regierung, die sich Ziele setzt, Reformen anpackt und in Österreich einen Veränderungsschub schafft. Das Wahlergebnis zeigt, dass wir nicht zur Tagesordnung übergehen können. Diese Form des Regierens findet immer weniger Zustimmung. Es braucht einen neuen Stil in der Regierungsarbeit und eine Reformagenda, denn es gibt große Herausforderungen: Wie können wir das Wachstum ankurbeln und die Wirtschaft stärken, um mehr Arbeitsplätze zu schaffen? Wie können wir neue Steuern verhindern, ohne neue Schulden zu machen? Wie können wir die Familien noch besser als bisher unterstützen? Wie können wir unseren Kindern die beste Bildung ermöglichen? Wir brauchen eine Regierung, die Österreich voranbringt und die richtigen Antworten auf diese und viele andere große Zukunftsfragen geben kann. Der Erneuerung in der Regierung wird auch eine Erneuerung in der ÖVP gegenüberstehen müssen. Wir müssen die richtigen Konsequenzen aus dem Wahlergebnis ziehen. Jetzt gilt es in jedem Fall anzupacken und die Zukunft zu gestalten: die Zukunft Österreichs und die Zukunft der Österreichischen Volkspartei.

IV

Wohldosierte Langeweile: Der Wahlkampf der FPÖ 2013

Der Wahlkampf 2013 war unterwältigend spannend. Aber die FPÖ hat keine Fehler gemacht, und wer keine Fehler macht, wird befördert, zumindest im Rahmen der Unschärferelation.

Lothar HÖBELT

Am Anfang ein Geständnis: Mein persönliches Lieblingsplakat des Wahlkampfes 2013 ist natürlich das 009-Plakat mit der Silhouette Karl Schwarzenbergs – aber das wird nur in der Tschechischen Republik affichiert. In dem Fall stimmen politische und ästhetische Präferenzen sogar überein. In Österreich liegen sie weit auseinander: Das mit Abstand beste Plakat, das ich als nahezu genial einstufen würde, ist das Schäfchen-Poster der Grünen: „Nicht so belämmert wie die anderen". Es trifft die Stimmung der Wähler perfekt: Keine großen Erwartungen – natürlich sind alle Parteien und Politiker belämmert; aber die einen hoffentlich eine Spur weniger –, mit dem Argument kann man sich vielleicht gerade noch sehen lassen. Geholfen hat's den Grünen offenbar wenig. Reaktionäre wie ich würden sie ja ohnehin nicht wählen. Den eigenen Leuten hingegen war's offenbar zu witzig. Dabei richtete sich der Wahlkampf weder an die einen noch an die anderen. Sondern an die Sympathisanten, die zwar im einschlägigen Milieu beheimatet, aber eher apolitisch sind und allenfalls dann zur Wahl gehen, wenn sie subkutan den Eindruck vermittelt bekommen, daß die Stimmung gut ist. Um über Inhalte zu reden, bräuchte es Vorwahlen wie in den USA, wo zumindest ansatzweise noch um die Parteilinie gerungen wird.

Dabei war der Wahlkampf des Jahres 2013 zweifelsohne außerordentlich – nämlich außerordentlich langweilig. Rund zehn Tage vor der Wahl lautete die Spitzenmeldung des Nachrichtenblocks, den die Wiener Linien heimkehrenden Heurigenbesuchern offerieren, ein Wiener Krankenhaus habe einen neuen Büroturm eröffnet; verglichen damit waren die Interviews mit den Mähdrescher-Piloten, die spätsommerliche Ostblocksendungen zierten, von geradezu Hollywood-artiger Dramatik. Diese Langeweile kann durchaus Methode haben. Langeweile ließe sich ja auch so interpretieren, daß die Bürger offenbar keine gröberen Probleme plagen, die Regierung ihren Job also zur Zufriedenheit erledigt habe.

Die Kehrseite der Medaille freilich lautet: Wenn ohnehin keine größeren Änderungen zu erwarten stehen, wer geht dann überhaupt noch zur Wahl? Und das gilt auch, ja vielleicht sogar in erster Linie, für die Regierungsparteien: Um beim Heurigenjargon zu bleiben: Ein gutes Achtel der sozialdemokratischen Wähler vom letzten Mal blieb diesmal daheim. Diese Diagnose ist – abgesehen vom Überraschungserfolg der NEOS – das wahrscheinlich zentrale Ergebnis des Wahltages. Dieser Befund weist auf eine gewisse Schubumkehr von Klischees hin: Lange Zeit galten die Bürgerlichen als die potentiellen Wahlverweigerer; die Sozialisten als die disziplinierten Brigaden, die in Reih und Glied zur Urne pilgerten. Heute ist das anders: Die unzufriedenen ÖVPler wählten NEOS oder BZÖ, aber fuhren nicht einfach ins Grüne (weder wörtlich noch metaphorisch); unter den Arbeitern hingegen steigt die Zahl der Polit-Abstinenzler. Schon 1996 hatten Plasser & Ulram auf die Frage, wer denn nun wirklich die neue Arbeiterpartei sei, die salomonische Antwort parat: Ob das jetzt die SPÖ oder die FPÖ sei, darüber ließe sich anhand der Daten lange streiten; ganz sicher sei lediglich eines: Unter den Arbeitern von Wien seien die Nichtwähler die mit Abstand stärkste „Partei“. Daran dürfte sich bis heute nur insofern etwas geändert haben, als die demographische Entwicklung zu Lasten der SPÖ geht: Denn ihre Arbeiter sind im Kern Arbeiterpensionisten ...

Gerade deshalb sind die Wahlen ja ein wenig bunter geworden. Es handelt sich hauptsächlich nicht mehr darum, dem Gegner durch einschmeichelnde Annäherung perfiderweise Stimmen abspenstig zu machen; sondern es geht in erster Linie um die Mobilisierung der eigenen Wähler. Da ist Langeweile ein tendenziell gefährliches Stimmungsbarometer, gerade für eine Partei wie die FPÖ, aber auch für alle anderen Oppositionsparteien, die über keine so dichte Organisation verfügen wie die beiden Regierungsparteien. Jörg Haider hat in ähnlichen Situationen das Sommerloch meist dafür genützt, mit irgendwelchen gezielten Provokationen wochenlang medial die Szene zu beherrschen, was freilich stets eine gewisse Gratwanderung darstellte: Denn Furore machte er mit seinen „soundbites" ja nur dann, wenn sie im ersten Durchgang einmal tüchtig skandalisiert wurden; erst die „Nachbereitung", die raffinierte Reaktion auf die angesagte Empörung, der Kalt-Warm-Umgang mit den Kritikern, machte aus den umstrittenen Sagern einen Werbeerfolg. H.-C. Strache eignet sich von seinem Naturell her für derlei Manöver minder gut. Er verfügt nicht über die intellektuelle Bandbreite oder die gekonnte Unverfrorenheit seines Vorgängers, der mit großer Selbstverständlichkeit zuweilen auch veritable „Enten" in den Raum stellte.

Außerdem haben die Gegner gelernt: Die Broukals und Konsorten, die es sich zur Ehre anrechneten, die FPÖ immer wieder gerade an dem Punkt frontal anzugreifen, wo sie allen Umfragen zufolge eine Mehrheit hinter sich wusste, nämlich bei der Zuwanderungs- und Integrationsproblematik, sind von ihren Generalstäben aus der ersten Linie zurückgezogen worden. Sperrfeuer geschossen gegen eine Neuauflage von Schwarz-Blau wurde schon lange vor dem eigentlichen Wahlkampf mit dem Hochspielen tatsächlicher oder vermeintlicher Korruptionsfälle der Ära Schüssel. Nun wird zwar keiner wirklich annehmen, daß Haider, wenn er komplexe Finanztransaktionen anpeilte, ausgerechnet Strache zu Rate zog. Dennoch stellten diese Angriffe Strache vor ein Dilemma: Wie kann man Haiders Stimmen erben und sich gleichzeitig von seinem Erbe distanzieren? In dem Zusammenhang passierten dann dämliche Ausrutscher wie z.B. der Angriff auf Riess-Passer, die als Aushängeschild blauer Regierungskompetenz vielmehr geradezu eine Ikone der Partei darstellen müßte. Offenbar sitzen manche Knittelfeld-Komplexe da allzu tief. (Ebenso unsinnig, aber harmloser ist da im Vergleich noch die lauthals vor sich hergetragene Schüssel-Phobie: Denn vor der Wahl hat es ohnehin keinen Sinn, allzu laut über Koalitionsoptionen nachzudenken.)

Schließlich kommt dazu: Die letzten Jahrzehnte haben Rot und Schwarz hinreichend Gelegenheit gegeben, sich in der Rolle des nonchalanten Verlierers zu üben. Bei der FPÖ hingegen führen Verluste meist zu hysterischen Reaktionen: Man ist immer entweder himmelhochjauchzend oder zu Tode betrübt. Die Stronach-Erfolge und das Kärnten-Debakel im Frühjahr waren nahe daran, derlei Krämpfe auszulösen. In diesem Sinne muß man den Freiheitlichen das Kompliment zollen, sie haben die Nerven behalten und zugewartet, bis die Leichen ihrer Feinde den Fluß hinabtrieben. Stronach war anfangs populär, weil er garstig war zu der Berufsgruppe, deren Image noch unter demjenigen von Politikern rangiert: den Journalisten. Selbige revanchierten sich, auch wenn ihre Chefs – aus dem einen oder anderen, taktischen oder geschäftlichen, Grund – weiterhin das Team Stronach favorisierten. Die ursprüngliche klammheimliche Begeisterung für den Drachentöter aus Übersee ließ nach, sobald der putzig-skurrile Onkel Frank anstelle des Gottseibeiuns HC als Zwischenmahlzeit ein paar Thurnhers oder Wolfs zu sich nahm.

Schließlich verstand es die FPÖ, aus der Not eine Tugend zu machen, nämlich Langeweile als Zeichen der Mäßigung und Läuterung zu verkaufen. Dahinter muß keineswegs ein besonders gefinkelter Plan stehen, aber es ergab sich einfach so: Als Zutaten opferte man ein paar angebliche „Rechte". Nun ist Martin Graf zwar ein begnadeter Fettnäpfchentreter, dabei aber auch ein Rot-Blau-Fan, dem die ÖH die Aufhebung der Studiengebühren verdankt; da ließe sich lange rätseln, warum gerade er als Rechter gilt; aber der Glaube funktioniert schließlich nach dem Prinzip: Credo quia absurdum. Die Krönung der Empörung light schließlich war das Plakat mit der Nächstenliebe, das prompt die üblichen Verdächtigen auf den Plan rief, die vom Chor jedoch prompt im Stich gelassen wurden. Die Gratiszeitungen punkteten mit der Schlagzeile: „Skandal". Doch daneben urteilte der Herausgeber, es sei eigentlich gar kein Anlaß zur Aufregung vorhanden.

Der Rest der Plakate und Annoncen gruppierte sich um den Slogan von der Sozialen Heimatpartei, ein beliebter Topos, der recht geschickt einen Zielkonflikt kaschiert: Denn wer die Zuwanderung in die Sozialsysteme stoppen möchte, wäre – wie Köppel von der „Weltwoche" zu Recht argumentiert – gut beraten, diese allzu attraktiven Sozialsysteme nicht mit Zähnen und Klauen zu verteidigen, sondern zurückzufahren. Eine Unterscheidung (für Lateiner: Diskriminierung) nach Herkunft und Hintergrund der Empfänger aber stößt auf diverse praktische, rechtliche und pseudogrundrechtliche Hindernisse. Konkrete Ansagen der Sozialen Heimatpartei waren daher im Stil der Sozialdemokratie der Sechzigerjahre gehalten oder auch von Briefen an das Christkind. Der Erfolg ließe sich im Sinne der übergeordneten Fragestellung so charakterisieren: Präsenz ohne Provokation. Erfolg im klassischen Sinne hatte die Werbelinie übrigens offenbar nicht. Die SPÖ verlor kaum Wähler an die FPÖ (sondern nur massiv an die Nichtwähler). Die FPÖ gewann – ganz erwartungsgemäß, das war schon eine Woche nach der 2008er-Wahl abzusehen – in erster Linie ehemalige BZÖ-Wähler. Straches wohl beachtenswerteste Leistung in diesem Wahlkampf war, daß er – gegen die Instinkte der Blinddarmfraktion unter seinen Funktionären – in den „Duellen" mit Bucher und Stronach nicht nur Contenance bewahrte, sondern geradezu freundlich wirkte. Schließlich will er spätestens bei der nächsten Wahl deren Wähler erben. Da neue Gräben aufzureißen, wäre kontraproduktiv.

Stronach war schließlich auch in einer anderen Richtung die Kraft, die stets das Böse will und doch das Gute schafft. Er verdarb der FPÖ bis zu einem gewissen Grad die Lust an einem Europa-Wahlkampf. Denn Frank war auf diesem Gebiet einfach unschlagbar: HC kann noch so viele Professoren zitieren, die Rettungsschirme für Unsinn halten; als Währungsfachmann ist er nicht glaubhaft. Frank hingegen kann noch so viel Widersprüchliches von sich geben; selbst bei kabarettreifen Einlagen bleibt beim Zuseher nur hängen, von Wirtschaft müsse der Selfmademan doch wohl etwas verstehen. Von Vorteil war das deshalb, weil weder alle Blauen prinzipiell anti-EU sind, noch alle Schwarzen so EUphorisch, wie es ihnen die „Vollbluteuropäer“ aus den Kreisen der zu rettenden Banken suggerieren. Vor allem aber: Sogar diejenigen, die mit ihrer Parteiführung in dieser Frage übereinstimmen, sind Realisten genug, um zu wissen, daß es auf uns dabei nicht ankommt. Wenn die Bundesbank den Nord-Euro macht, sind wir dabei; wenn nicht, nicht. Aber fragen wird sie da vorher weder HC noch Herrn Spindelegger – und ehrlich gesagt kann man ihr das auch gar nicht verdenken.

Der Wähler ist nicht zuletzt deshalb so „wurschtig“, weil er spürt, daß unsere Politiker weit weniger entscheiden, als sie vorgeben. Er mag hoffen, daß sie die Gesetze, die sie beschlossen haben, zum Beispiel gegen Asylmissbrauch, endlich einmal auch tatsächlich durchführen; er möchte „die Linken“ weghaben oder fürchtet sich vor „den Rechten“; aber große Auftritte auf der Weltbühne verlangt er von seinen Beauftragten nicht. Allenfalls gute Nachbarschaft ist da angesagt, sprich: Solidarität mit Ungarn. Von Merkel reden wir besser nicht, warum soll man sich unnötig die Laune verderben. Und dort, wo wir zufällig vielleicht wirklich einmal gefragt werden, ist unser Verhandlungspotential am höchsten, wenn wir uns vorher nicht festgelegt haben. Ob wir hingegen für Russland oder die USA, Putin oder Obama schwärmen, ist für die Strategie der Supermächte ungefähr so bedeutsam wie die Debatten der Hochschülerschaftsausschüsse in den 1970er-Jahren, welche Bürgerkriegspartei in Angola nun eigentlich den Zuschlag verdient habe ...

Fazit: Der Wahlkampf der FPÖ war adäquat. Er hat nicht gestört – und er hat eine Abwärtsspirale verhindert, wie sie nach dem ersten veni, vidi, vici Stronachs viele erwarteten. Dazu kam ein Quentchen Fortune: Die letzten Wochen brachten ein Tief bei Stronach, das Strache zugute kam, und ein Hoch bei den NEOS, das ÖVP und Grüne schädigte. So war es die FPÖ, die von allen „Altparteien“ die größten Gewinne einfuhr. Außerdem entstehen die prägenden Eindrücke meist schon nach den ersten Hochrechnungen – als die FPÖ-Gewinne noch viel höher eingeschätzt wurden –, nicht nach dem Endergebnis, das erst Tage später feststeht.

Per saldo hat die Umverteilung der Stimmen fast ausschließlich unter den 15 Prozent der „Sonstigen“ stattgefunden: Aus elf Prozent Haider, zwei Prozent Dinkhauser und zwei Prozent Heidi wurden sechs Prozent Stronach, fünf Prozent Haselsteiner und (fast) vier Prozent Seppi Bucher. Was hingegen die Viererbande betrifft, wie sie im Säulenlogo des Parlaments farblich verankert ist, bewegten sich die Veränderungen innerhalb der demoskopischen Unschärferelation von zwei bis 2,5 Prozent. (Wenn man beckmesserisch sein will, gilt das auch für die drei Prozent der FPÖ: Davon entfallen nämlich rund 0,8 Prozent auf den „Zukauf“ des Kärntner BZÖ.)

Die große Chance für Strache und die FPÖ bietet sich 2018: Mag sein, daß ihr nach Haider und Stronach ein drittes Mal ein „Naturereignis“ in letzter Sekunde den großen Wahlerfolg streitig macht, aber allzu wahrscheinlich ist das nicht. Beim nächsten Mal wird HC ein wenig direkter auf die gut zehn Prozent der heimatlosen BZÖ- und Stronach-Wähler zugehen müssen. Wenn sie dann nach dem friedlichen Hinscheiden des BZÖ endlich auch die letzten Reste der Knittelfeld-Paranoia zu Grabe trägt, kann der FPÖ dann schon fast nichts mehr passieren.

V

2013: 5 Wahlen, 5 Wahlsiege – Österreichs Politlandkarte wird grüner

Mit fünf grünen Koalitionen in Landesregierungen und einem Erfolg bei den Nationalratswahlen haben die Grünen als Gestalter eine neue Rolle im politischen System in Österreich. Das breite Wachstum in allen Regionen als Ergebnis einer gemeinsamen Entwicklung ist ein starker Aufwind für die nächsten Jahren.

Stefan Wallner, Grüne

Generationswechsel – Aus Stagnation zu neuem Wachstum

Nach der enttäuschenden Nationalratswahl 2008 und dem Rücktritt von Alexander Van der Bellen als Bundessprecher prophezeiten viele Kommentatoren den Grünen herbe Verluste bei den kommenden Wahlen. Eva Glawischnig wurde als Parteichefin von den Medien mit wenig Vorschusszutrauen empfangen. Die ersten Wahlen nach dem Generationswechsel an der Spitze zeigten das fortgesetzt zwiespältige Bild der Jahre davor: Nach einem Wachstumssprung in zwei Stufen von 7,4 Prozent (NRW 1999) über 9,5 Prozent (2002) auf 11,5 Prozent (2006) zur Zeit der schwarz-blauen Rechtsregierung und ähnlichen Zuwächsen bei Landtagswahlen in diesem Zeitraum sowie dem Einzug in den Landtag im Burgenland (2000) und in Kärnten (2004) waren die Grünen in eine Phase der Stagnation geraten. Leichtes Wachstum oder Stabilität auf hohem Niveau in Großstädten waren begleitet von Verlusten im ländlichen Raum.

In Wien gelang es 2010 mit der Bildung einer rot-grünen Regierung, die Stimmung zu drehen. Nach jahrelanger, einsamer Vorreiterrolle Rudi Anschobers in Oberösterreich gab es mit Wien eine zweite grüne Koalitionsregierung.

ERWEITERUNG HEISST VERÄNDERUNG

Der Befund war klar: Die Grünen waren Weltmeister in parlamentarischer Sacharbeit und im Erarbeiten durchdachter politischer Konzepte. Zu wenig dieser demokratiepolitisch notwendigen Arbeit wurde aber in der Breite sichtbar. Um in eine neue Wachstumsphase zu kommen, mussten neue WählerInnengruppen angesprochen werden, die sich im alltäglichen Leben weniger intensiv mit Politik beschäftigen. Dazu bedurfte es einer grundlegenden Weiterentwicklung des grünen Politikstils und einer klareren Fokussierung der in die Breite kommunizierten Themen.

Die Veränderungsnotwendigkeit wurde also nicht in den inhaltlichen Schwerpunkten gesehen, sondern vor allem in der Frage, wie die Kommunikation und Kampagnisierung verbessert werden könnte. Eine Untersuchung des Grünpotenzials im Mai 2012 bestätigte diese Annahme: Das Bild der Grünen und die Erwartungen an die Partei sind im Kern, wie in den Erweiterungsgruppen, sehr konsistent: Umweltschutz, verantwortungsvoller Umgang mit Steuergeld und Korruptionsbekämpfung, das Vorantreiben von Bildungsreformen, Gleichbehandlung von Frauen und Männern und das entschiedene Eintreten für Menschenrechte.

Um mit diesen Themen neue Wählerschichten zu mobilisieren, ging es darum, diese emotionaler und bildhafter in die Lebensrealitäten der Erweiterungsgruppen zu übersetzen.

Die Grünen erfinden ihre Kommunikation neu

Im Februar 2011 holten die Grünen mit Martin Radjaby-Rasset einen Kommunikationsprofi von Ö3 als Kampagnenchef an Bord. Radjaby formte das Kommunikationsteam in der Bundespartei neu und war bei allen Landtagswahlen in die Kampagnensteuerung eingebunden. Gemeinsam mit einem Team von Kreativen und KundenberaterInnen der Agenturen Jung von Matt/Donau und Czerny Plakolm, unter ihnen Andreas Putz und Josef Koinig, wurden Weichenstellungen für grundlegende Veränderungen in der grünen Kommunikation vorgenommen.

Seit Sommer 2012 ist ein neues Corporate Design im österreichweiten Einsatz. Ein bundesweit einheitlicher Auftritt spart Kosten und erhöht die Wiedererkennbarkeit. Beginnend mit Sommer 2012 (Eva lädt ein – Sommertour 2012) war dieses Team bei allen vier Landtagswahlen und der Nationalratswahl im Einsatz. Aus fünf Wahlkämpfen wurde eine gemeinsame Kampagne.

Thematische Fokussierung: Saubere Umwelt – saubere Politik

Die Grünen legten mit ihrem 130 Seiten starken Wahlprogramm das umfassendste und konkreteste inhaltliche Werk aller Parteien vor. Doch mit klarem Fokus: Im Zentrum steht die Umweltkompetenz als klarer USP; die Korruptionsbekämpfung – spätestens seit dem von Gabi Moser geleiteten Korruptions-Untersuchungsausschuss – ist ebenfalls ein

Alleinstellungsmerkmal und ein stark mobilisierendes Thema in Erweiterungszielgruppen. Das dritte Thema, die Bildung, war die hoch bewertete Klammer über alle WählerInnen im grünen Erweiterungspotenzial, auch wenn sich hier – im Gegensatz zu den ersten beiden Feldern – mehrere Parteien zu positionieren versuchten. Im Sinne der lebensnäheren Kommunikation wurde von Eva Glawischnig dabei weniger die Systemfrage als die konkreten Probleme von Eltern und Kindern ins Zentrum gestellt: Schule ohne Angst, Rechtsanspruch auf einen Kinderbetreuungsplatz, Ganztagesbetreuung und daher keine tägliche Sorge der Eltern um Lernen und Hausaufgaben.

Das grüne Wirtschaftsprogramm (mit den Schwerpunkten KMU-Paket, bessere Rahmenbedingungen für Ein-Personen-Unternehmen und die grüne Energiewende als Jobmotor) war zu Beginn des Wahlkampfes zentral für die vor allem in der „Kronen Zeitung" geführte Debatte zwischen ÖVP und Grünen.

DIE LANDTAGSWAHLEN – MIT 4:0 ZUR NATIONALRATSWAHL

3. März – Kärnten und Niederösterreich: 13 Mal hatten die Freiheitlichen den Beschluss vorzeitiger Neuwahlen im Kärntner Landtag durch ihren Auszug blockiert, bis der Weg zu Neuwahlen frei war. Nach der Korruptionswelle der blau-schwarz-orangen „Raubritterära" stand das Land vor einem politischen Umbruch. Rolf Holub war als Untersuchungsausschussvorsitzender zentrale Person in der Aufdeckung der Hypo-Affäre. Mit „Regieren ohne Gier" haben Holub & Team den ersten grünen Erdrutschsieg in diesem Wahljahr eingefahren. Holubs Kommentar zum Ergebnis am Wahlabend: „Früher haben die Blauen immer gesagt: Mia san mia. Heute hat Kärnten geantwortet: Mia san mehr!" Eine einzige Stimme sicherte das letzte Mandat der Grünen, brachte eine rot-grüne Mehrheit im Landtag und mit der ÖVP eine Verfassungsmehrheit, die den Weg für große Reformen freimachte.

Im Schatten Kärntens gab es auch in Niederösterreich erfreuliche Zugewinne in allen Regionen. Trotz traditionell schwieriger Medienlandschaft und Fokussierung der Berichterstattung auf das Testosteronmatch Pröll – Stronach war Madeleine Petrovic mit der Konzentration auf die niederösterreichische Hypo-Affäre sowie dem 365-Euro-Jahresticket ein Erfolg gelungen. Der Landesregierungssitz wurde nur knapp verpasst.

28. April – Tirol wird grüner: Nach der erfolgreichen Innsbruck-Wahl im Jahr 2012 war Tirol das nächste Bundesland mit einer möglichen grünen Regierungsbeteiligung. Dabei standen die Grünen vor zwei Herausforderungen: Zum einen gab es elf antretende Listen, zum anderen musste nach dem Generationswechsel von Georg Willi zu Ingrid Felipe das Bild der Spitzenkandidatin im Wahlkampf erst geprägt werden. Die Tiroler Grünen stellten Umwelt- und Naturschutz ins Zentrum ihrer Wahlkampagne („Damit Tirol grün bleibt") und integrierten dabei auch das Korruptionsthema („Wir schützen Adler, keine Profitgeier", „Seilschaften am Berg, aber nicht in der Politik"). Der Wahlerfolg mit 12,6 Prozent öffnete den Weg zur nächsten Regierungsbeteiligung. Mit Pilotprojekten zur gemeinsamen Schule gelang es den Tiroler Grünen (wie wenige Wochen später auch in Salzburg) zudem ein wichtiges bildungspolitisches Thema, das als wesentliches Feld der Auseinandersetzung mit der ÖVP im Nationalratswahlkampf eine zentrale Rolle spielen sollte, im Koalitionsübereinkommen zu verankern.

5. Mai – Salzburger Erdrutschsieg der Grünen: Auch die Salzburger Grünen gingen nach einem Generationswechsel mit einer neuen, ein Jahr vor der Wahl noch wenig bekannten Spitzenkandidatin in die Wahlvorbereitungen. Die Finanzaffäre führte zu vorgezogenen Wahlen und Astrid Rössler wurde durch die Leitung des Untersuchungsausschusses zur zentralen politischen Figur der klaren und sachlichen Aufklärung der Malversationen. Abermals stand das Thema Korruptions- und Spekulationsbekämpfung im Zentrum der Kampagne (Slogans: „Finanz-Chaos – Es gilt die Unfähigkeitsvermutung", „Wir pflanzen Bio, keine Leut").

Wie in den Landtagswahlen zuvor gelang eine Mobilisierung im Straßenwahlkampf und in allen Regionen des Landes, wie sie bisher bei grünen Wahlkämpfen nie erreicht worden war. Gemeinsam mit dem starken Medienwahlkampf von Astrid Rössler war das die Grundlage für ein Traumergebnis von 20,2 Prozent und in der Folge der fünften grünen Regierungsbeteiligung

DIE KAMPAGNE 2013 – VIER SÄULEN ZUM ERFOLG

1. EMOTIONALE PLAKATSUJETS

Im Rahmen der Nationalratswahlkampagne stand die Sichtbarkeit der Grünen im Vordergrund. Daher lag die Konzentration auf Plakat, Online und Inseraten. Erstmals wurden drei Plakat-Wellen affichiert. Pro Welle gab es drei Sujets, die sich bis zur dritten Welle in der Anzahl auf insgesamt 5.200 16-Bogen-Flächen, 2.200 Citylights und Bahnhofsplakate und 12.000 Kleinflächensujets steigerten.

In der ersten Welle wurden Emotionen angesprochen, die in tausenden Gesprächen auf der Straße artikuliert worden waren:

1. Das Gefühl, belogen und bestohlen worden zu sein („Wer einmal stiehlt, den wählt man nicht“).
2. Die Verärgerung über eine Regierung, die über jede Kleinigkeit streitet („Genug gestritten“).
3. Der Politfrust gegenüber allen Parteien, verbunden mit der Anerkennung, dass Grüne nicht korrupt sind und die Aufklärung vorantreiben. Für diese Gruppe stellt Grün-Wählen eine Alternative zum Nichtwählen dar („Weniger belämmert als die anderen“).

Nach der polarisierenden ersten Plakatwelle wurde in der zweiten Plakatwelle der Themenrahmen unter dem Motto „Saubere Umwelt. Saubere Politik“ abgesteckt: neues nachhaltiges Wirtschaften („Wirtschaft geht auch ohne Freunderl“), die beiden Kernthemen der Kampagne („Wir pflanzen Bio, keine Leute“) und das Thema Bildung („Österreich braucht mehr Bildunk“). Spitzenkandidatin Eva Glawischnig wurde in der Kampagne auf Augenhöhe zusammen mit Menschen gezeigt.

Im Vordergrund standen das Gemeinsame und die Zuversicht, die Welt ein Stück weit zum Positiven verändern zu können. Die Kompetenz- und Sympathiewerte der Spitzenkandidatin hatten sich seit 2012 hervorragend entwickelt, beispielsweise wurde zuletzt am 27. August 2013 in der „ZiB“ eine Befragung unter tausend Leuten veröffentlicht, wo die SpitzenkandidatInnen ungestützt bewertet wurden. Dabei erhielt Glawischnig als einzige Spitzenkandidatin drei positive Eigenschaften als top genannte Werte: kämpferisch, engagiert, sympathisch. Andere Befragungen zeigen ein ähnliches Bild. Die dritte Plakat-Welle setzte im Wahlkampffinale voll auf Eva Glawischnig. Die Sujets zeigen die Spitzenkandidatin besonders nah und fokussieren auf die Kernaussage des grünen Nationalratswahlkampfs: SAUBERE UMWELT. SAUBERE POLITIK. GEMEINSAM SCHAFFEN WIR DAS. Fotograf Wolfgang Zajc zeigte Eva Glawischnig so, wie sie im persönlichen Kontakt ist: engagiert, natürlich, sympathisch.

2. Alle Grünen auf der Strasse

Alle Landtagswahlkämpfe waren stark von Straßenaktivitäten geprägt. Der gemeinsame Aufschlag war die Sommertour 2012, wo Eva Glawischnig sieben Wochen lang quer durch Österreich tourte. Mit der Biotour im Mai 2013 und der Wahlkampftour im September war Eva Glawischnig das dritte Mal in Serie in ganz Österreich unterwegs. Dieses niederschwellige Dialogangebot, das „Ins-Gespräch-Kommen“ und Eingehen auf die Themen der Bürgerinnen und Bürger war prägend für alle Wahlkampfaktivitäten der Grünen 2013.

3. Innovation im Onlinebereich

Die Grünen wollen wachsen und machten daher neben ihrer vielfältigen inhaltlichen Arbeit innovative Kommunikationsangebote an neue, vor allem junge Zielgruppen.

Politische Satire ist ein Kommunikationsmittel, um Zielgruppen zu erreichen, die politikferner sind. Wahlkampf darf und soll auch Spaß machen. Insgesamt wurden fünf „Kinder, Kinder"-Videos lanciert, die insgesamt über 1,2 Millionen Mal auf YouTube gesehen wurden.

Pünktlich zur nächsten Runde des Telekom-Prozesses lancierten die Grünen Anfang August ein Onlinespiel und stellten einmal mehr das Thema Korruption in den Fokus. Das „Part-of-the-Game-Game" erinnert augenzwinkernd an die großen Korruptionsfälle der vergangenen Jahre. Innerhalb weniger Stunden war es Nummer eins bei den Downloads im österreichischen App-Store.

Die Grünen haben in der Vorbereitung der Nationalratswahlen ein Onlinecampaigningtool nach US-amerikanischem Vorbild entwickelt. Grundidee ist der laufende Dialog mit UserInnen und die vorausschauende Planung von Minikampagnen.

Insgesamt erreichten mehr als vier Millionen Mails die grünen SympathisantInnen.

Die Grünen starteten erstmals bei einer Nationalratswahl das Projekt „3 Tage wach". Dabei wurden ganz nach dem Motto „Noch Fragen?" in den letzten 72 Stunden bis zum Schließen der Wahllokale rund um die Uhr online über 2.500 BürgerInnen-Fragen beantwortet. Live vom Donauturm wurde ein Videostream (bis zu 4.000 parallele Zugriffe!) produziert, wo einerseits das Beantworten der Fragen in Echtzeit mitverfolgt werden konnte, andererseits vor Ort Interviews mit grünen PolitikerInnen und Gästen stattfanden.

4. Am Weg zur Nummer eins bei den Jungen

Eines der ambitionierten Wahlziele der Grünen: erstmals Nummer eins bei den Jungen zu werden. Die JugendkandidatInnen tourten gemeinsam mit AktivistInnen durch alle Bundesländer. Erstmals standen auch Festivals (z.B. Lake Festival, CRO Open Air, Two days a Week etc.) sowie Volksfeste (Wiener Wiesn, Bleiburger Wiesenmarkt, Rieder Volksfest etc.) und Großraumdiscos (z. B. Praterdome in Wien) auf der Agenda. Das Ziel waren 500.000 Direktkontakte mit der Zielgruppe.

Ziel war es, nicht nur grünnahe Junge, sondern auch Menschen anzusprechen, die bisher noch nicht Grün, sondern etwa auch FPÖ gewählt hatten.

In einer überraschenden Aufmachung versuchten die Grünen mit ihrem Jugendmagazin „EVA. Das grüne Mädchenmagazin. Auch für Jungs“ die ErstwählerInnen abseits des WWW anzusprechen. Viele Farben, viele Bilder – etwa Eva Glawischnig im Dirndl oder David Alaba – sollten die Jugendlichen für Grün interessieren. Klassische grüne Themen wie Tierschutz, Antikorruption und Ökologie kamen dabei nicht zu kurz. So wurde beispielsweise gefragt: „Wie öko ist deine Maturareise“? Das Magazin wurde in einer Auflage von 200.000 Stück österreichweit an ErstwählerInnen verteilt.

Der „Eva-Faktor“ – Die TV-Konfrontationen als zentrale Wahlkampfarena

Die TV-Konfrontationen spielten bei dieser Wahl stärker als bei allen bisherigen Wahlen eine ausschlaggebende Rolle. Durch sechs im Nationalrat vertretene Parteien und das vom ORF konsequent durchgezogene Format „Jeder gegen jeden“ gab es alleine im ORF 15 Zweierkonfrontationen. Mit den Elefantenrunden und den Wahlformaten im Privat-TV hatten die SpitzenkandidatInnen im Wahlkampf zirka zehn große TV-Auftritte. Eine Herausforderung für die SpitzenpolitikerInnen, ein breites Angebot für die WählerInnen, das sehr gut angenommen wurde, wie die hohen Quoten zeigen. Und sicher auch mit Ursache für die entgegen den Erwartungen hohe Wahlbeteiligung.

Die Grünen gingen neue Wege in der professionellen Vorbereitung für die TV-Konfrontationen. Hauptziel war, ausgehend von den hervorragenden persönlichen Umfragewerten Eva Glawischnigs, im Fernsehen besonders neue, vor allem weibliche Zielgruppen anzusprechen und inhaltlich durch konsequentes Fokussieren auf die grünen Hauptthemen im eigenen Kompetenzfeld zu punkten. Zweites Ziel war die interne und externe Mobilisierung durch positive Nachberichterstattung anzutreiben. Beides ist gelungen. Eva Glawischnig ist – neben Werner Faymann – als klare Siegerin aus den TV-Duellen hervorgegangen.

Die Vorbereitung der TV-Duelle erfolgte unter der Gesamtkoordination von Kommunikationschef Oliver Korschil in zwei unabhängig voneinander arbeitenden Teams. Ein Team um Eva Glawischnig, unter der Leitung von Dieter Brosz, entwickelte auf Basis umfangreicher Vorrecherchen Strategien, inhaltliche Schwerpunktsetzung, Angriffslinien und Story-Telling für die einzelnen Duelle. Ein zweites Team, geleitet von Stefan Wallner, bereitete die – aus den grünen Reihen kommenden – Sparringpartner für die harten Trainings der einzelnen Duelle vor.

Als wesentliches Element wurden in den TV-Konfrontationen Visualisierungen eingesetzt (Stichwort Taferl), mit denen Glawischnig in den Duellen überraschen konnte: Der blaue Korruptions-Tischkalender mit Straches Freunden, das SPÖ-Plakat mit der illegalen Finanzierung aus den Mitteln für parlamentarische Arbeit, Spindeleggers freundschaftlicher Handschlag mit Gaddafi, die beiden Pappkameraden als Vertreter für die kneifenden Spindelegger und Faymann als Tischaufsteller bei der Elefantenrunde. Sie gehörten zu den prägenden Bildern der TV-Konfrontationen.

Eva Glawischnigs erstes TV-Duell gegen FPÖ-Chef Strache, aus dem sie übereinstimmend als klare Gewinnerin hervorging, war entscheidend für den Respekt vor Eva Glawischnig, die als neue Spitzenkandidatin davor ein unbeschriebenes Blatt bei TV-Konfrontationen war.

HOCH GESTECKTE ZIELE – LANGE IN REICHWEITE

Die Grünen hatten sich – basierend auf die erfolgreichen Landtagswahlen – drei hohe Ziele gesetzt:

NUMMER EINS BEI DEN JUNGEN

Dieses Ziel konnten die Grünen erreichen, nicht zuletzt durch eine starke Jugendkampagne, die mit innovativen Formaten junge WählerInnen in ihren Lebenswelten angesprochen hat. Laut Wahltagsbefragungen von SORA und Hajek liegen die Grünen bei den unter Dreißigjährigen Kopf an Kopf mit der FPÖ auf Platz eins.

DAS BRECHEN DER ROT-SCHWARZEN MEHRHEIT:

SPÖ und ÖVP mussten deutliche Verluste hinnehmen. Konnte man 2006 angesichts von siebzig Prozent der Stimmen zu Recht noch von einer großen Koalition sprechen, sind es nunmehr 50,8 Prozent, die für weitere fünf Jahre eine dünne Mehrheit ergeben.

15 Prozent und bestes Ergebnis bei Nationalratswahlen in der Geschichte der Grünen

Mit 12,4 Prozent und zwei Prozentpunkten Zugewinn haben die Grünen das beste Ergebnis bei Nationalratswahlen erzielt und sind die einzige Partei, die bei allen fünf Wahlen im Jahr 2013 zulegen konnte. Trotz guter Umfragewerte (13 bis 14 Prozent) bis eine Woche vor der Wahl, wurde das numerische Ziel nicht erreicht.

Die hohen Umfragewerte wurden im Gegensatz zu früheren Wahlen, wo ein Sinken meist zu Beginn des Hochwahlkampfes einsetzte, bis eine Woche vor der Wahl gehalten. Die Strategie, die FPÖ rechts liegen zu lassen und Strache vor allem über das für die FPÖ unangenehme Korruptionsthema anzugreifen und sich als inhaltliche Herausfordererin auf die Auseinandersetzung mit SP und VP zu konzentrieren, funktionierte.

Ein kleiner Exkurs zum Nachbarn: Als wenig hilfreich erwies sich von Beginn an der völlig anders angelegte und deutlich missglückte Wahlkampf der deutschen Grünen, der fast wöchentlich für wenig harmonische Begleitmusik in der Berichterstattung auch in Österreich sorgte: Die verunglückte Vermögenssteuerdebatte Trittins zu Beginn, die in der Folge alle anderen grünen Themen überdeckte und im Bereich der eigenen Wählerinnen stark polarisierte, die Veggie-Day-Diskussion in uralt-grüner Schulmeisterhaltung (statt Qualität und kulinarischen Genuss und Abwechslung in den Vordergrund zu stellen, wie es die österreichischen Grünen taten) und die Vorwürfe der unklaren Abgrenzung einzelner Spitzengrüner vor dreißig Jahren zu klar zu verurteilenden Positionen einzelner Gruppierungen am Rande der Grünen in ihrer Gründungsphase. Sie führten in Deutschland – eine Woche vor der österreichische Wahl – mit 8,4 Prozent zu einem Schrumpfen der deutschen Grünen auf ihre KernwählerInnen. Wiederum Anlass für sehr kritische Kommentare in allen österreichischen Medien.

Mit dem Einbrechen des Team Stronach und dem damit verbundenen Zuwachs der FPÖ, die lange Zeit stagnierte, war die mobilisierende Auseinandersetzung um den dritten Platz in der Schlussphase nicht mehr aufrechtzuerhalten. Eine eigenständige Mehrheitsoption mit SPÖ oder ÖVP war aufgrund der Verluste beider Parteien trotz eigenen Wachstums nicht gegeben. Zudem führte in der letzten Woche die breite Kommentierung in den Medien, die rot-schwarze Mehrheit sei nur zu brechen, wenn NEOS und BZÖ die Vier-Prozent-Hürde schaffen, zu einem Momentum vor allem für die NEOS.

Das traditionelle Dirty Campaigning der ÖVP gegen Grün, beginnend mit der „rot-grün Fibel", entfaltete zunächst nicht mehr jene Kraft wie in früheren Wahlkämpfen. Die dritte Plakatwelle mit falschen Behauptungen gegen Rot-Grün, die verstärkt in ländlichen Regionen plakatiert wurde, zeigte spät, aber doch Wirkung. Einmal mehr gelang es der ÖVP, ihre KernwählerInnen mit abstrusen Unterstellungen zu mobilisieren beziehungsweise bei der Stange zu halten.

Mit Negative Campaigning waren die Grünen auch in Wien konfrontiert. Aus Teilen des eigenen Koalitionspartners rund um Klubobmann Schicker wurde über Wochen gezielt gegen die Mariahilfer Straße kampagnisiert. Es entstand der Eindruck, eine Fußgängerzone würde über das Schicksal Österreichs entscheiden. Die „Mahü" wurde jedenfalls weit über die Stadtgrenzen hinaus zu einem Wahlkampfthema. Je weiter entfernt Menschen wohnten, desto dramatischer die Schilderungen über das angebliche Chaos auf der „Mahü". Insofern war das Wahlergebnis der Wiener Oppositionsparteien (Stagnation der FPÖ und dramatische Verluste der ÖVP) eine der Überraschungen des Wahlabends. Dennoch, während die Grünen starke Zugewinne in anderen grün-regierten Bundesländern erreichen konnten und in Graz und Innsbruck Nummer eins sind, gab es in Wien nur mäßigen Zuwachs (+ 0,3 Prozent).

DIE POLITISCHE LANDKARTE IST GRÜNER GEWORDEN

Die Grünen haben 2013 die politische Landkarte in Österreich verändert.

Mit fünf grünen Koalitionen in Landesregierungen haben die Grünen eine neue Rolle im politischen System in Österreich.

Die deutlichen Wachstumsschritte nach einer Phase der Stagnation sind ein guter Ausgangspunkt für weiteres nachhaltiges Wachstum in den nächsten Jahren.

Die Herausforderung eines bunteren Parteienspektrums ist aber auch Basis für neue Mehrheitsoptionen in den kommenden Jahren.

Die Politik in Österreich bleibt spannend. Wir befinden uns mitten in der Transformation des politischen Systems, auch wenn vorerst fünf weitere lähmende Jahre der Ängstlichkeit drohen. Die Notwendigkeit für Veränderungen (https://www.youtube.com/watch?v=ON53k9c-n6Q) wird der Motor grüner Oppositions- und Regierungsarbeit der nächsten fünf Jahre sein.

VI

„Gott lacht über Pläne“

Die Voraussetzungen am Wählermarkt waren perfekt. Frank Stronach war der richtige Kandidat. Warum beim „Team Stronach“ trotzdem nicht alles funktionierte – und was das „Bauchgefühl“ damit zu tun hat.

Tillmann Fuchs, Team Stronach

Mit Frank Stronach verband mich bereits eine langjährige berufliche Vergangenheit, als er mich Anfang 2012 fragte, wie ich es einschätzte, würde er sich politisch in Österreich engagieren. Zu diesem Zeitpunkt wusste noch niemand, wann genau die nächsten Nationalratswahlen tatsächlich stattfinden würden, immer wieder war in dieser Zeit (und davor) von vorgezogenen Neuwahlen die Rede.

Jedenfalls waren sich Frank Stronach, ich und einige andere Personen aus seinem Umfeld einig, dass die kommende Nationalratswahl noch nie dagewesene Chancen für eine neue Gruppierung – fast egal, welcher Ausprägung – bieten würde. Dabei geht es nur vordergründig um den stets ansteigenden Teil der Wechselwähler, der natürlich für sich betrachtet signifikant ist: Waren 1975 lediglich drei Prozent der Stimmberechtigten sogenannte Wechselwähler, so hat sich diese Zahl inzwischen verzehnfacht. Am 29. September 2013 haben dreißig Prozent eine andere Partei gewählt als in der vorangegangenen Nationalratswahl.[1].

[1] Quelle: Univ.-Prof. Dr. Fritz Plasser, Dr. Franz Sommer, 8.10.2013

Die eigentliche Chance bestand meiner Ansicht nach in dem Umstand, dass weite Teile der österreichischen Bevölkerung von einer tief sitzenden, das gesamte politische Spektrum umfassenden Unzufriedenheit geprägt waren. Anders als in den Jahrzehnten davor fehlten für ein „gefühltes Drittel" der Bevölkerung politische Alternativen: Rot und Schwarz fallen weg, sie stehen ja für den Stillstand. Die Grünen werden zunehmend als Verbots- und Oberlehrerpartei wahrgenommen, die in einer Mischung aus Zukunftsverweigerung und Verzichtsfetischismus keine Inspiration vermitteln können.

Auch die Freiheitliche Partei Österreichs befindet sich in einer Krise. Ihre mangelnde Wirtschaftskompetenz (sogar die SPÖ ist für ihr Klientel auf diesem Gebiet glaubwürdiger) auf der einen Seite und ihr eindimensionales Alleinstellungsmerkmal (migrationskritisch) auf der anderen Seite stellen in Zeiten der großen Wirtschaftskrise für viele Menschen doch ein zu großes Risiko dar.

Wohin also soll der mobile Wähler? Keine der zu diesem Zeitpunkt für ihn zur Wahl stehenden politischen Parteien verströmt das, worauf jedes politische Wahlmotiv letztlich zurückzuführen ist: Hoffnung.

Politische Bewegungen können nur Erfolg haben, wenn sie eine glaubwürdige Wohlstands- und Sicherheitsperspektive vermitteln, wobei die Sicherheitsperspektive in erster Linie im Sinne eines abgesicherten Wohlstands zu verstehen ist.

Wenn also, plakativ betrachtet, die SPÖ nur fürs Verteilen, aber nicht fürs Erwirtschaften steht, die ÖVP als Kammer- und Beamtenpartei wahrgenommen wird, die FPÖ nur einen kleinen Teil des (vermeintlichen) Problems adressiert und sich die Grünen mit der Mariahilfer Straße unbeliebt machen: Wen soll ein verärgerter österreichischer Wahlberechtigter im Jahr 2013 dann wählen?

WAS WILL EIGENTLICH FRANK STRONACH?

Ich habe mit Frank Stronach immer mit folgender Vorgangsweise gute Erfahrungen gemacht: ihn gerade heraus zu fragen, was er wirklich will, was ihn wirklich motiviert und wo er eine bestimmte Sache in zehn Jahren sieht. Sein Ziel ist auf den ersten Blick nicht immer leicht zu erkennen, ausdauerndes Nachfragen zahlte sich meistens aus.

Zusammenfassend und stark komprimiert lässt sich sagen: Frank Stronach möchte das politische System Österreichs aufbrechen und nachhaltig positiv verändern. Im Mittelpunkt dieser Bemühungen stehen die Zukunft Österreichs und seiner Bürger. Sein politisches Projekt ist – zumindest von seinem Anspruch her – auf Nachhaltigkeit und weit über das persönliche Wirken des Gründers hinaus angelegt, um in einem dauerhaften Prozess die althergebrachten, teilweise nicht mehr zeitgemäßen Strukturen zum Besseren zu verändern.

Das von Frank Stronach initiierte politische Projekt soll auch eine glaubwürdige Alternative zum rechten Populismus sein, der dem internationalen Ansehen Österreichs mitunter abträglich ist und gegen den die in Österreich etablierten Parteien in drei Jahrzehnten kein politisches Rezept gefunden haben.

Gerade diese zuletzt erwähnte Chance machte für mich einen Großteil der Attraktivität dieses Projekts aus. Dass im politischen Spektrum Österreichs keine liberale Partei nach dem Muster der FDP in Deutschland (die sich nun außerhalb des Bundestages erneuern muss) Platz findet, wollte ich einfach nicht glauben. Warum sollte es nicht auch in Österreich eine mittlere Partei geben, die als konstruktives, sinnvolles Korrektiv die (früheren) Großparteien zu mehr Beweglichkeit und Reformwillen zwingt?

Die Voraussetzungen sind im Jahr 2013 so gut wie selten zuvor. Erstens: Vierzig Prozent der Gesamtbevölkerung sind so unzufrieden, dass sie praktisch alles wählen würden, was sich vom Bisherigen abhebt. Allein schon die Tatsache, neu zu sein, ist ein gewaltiger USP. Zweitens: Eine Unternehmerlegende wie Frank Stronach, der eine gewaltige Erfolgsgeschichte zu erzählen hat und im Wahlkampf sein eigenes Geld und nicht das der Steuerzahler einsetzt, ist unabhängig genug und will die politische Bühne betreten.

Die Zutaten sind also vielversprechend, bei der Zubereitung wird es schon ein bisschen schwieriger. Ohne hier auf die weit verbreiteten, aber nicht zutreffenden Frank-Stronach-Klischees eingehen zu wollen, muss auch ich eingestehen, dass Frank immer für eine Überraschung gut ist. Dies trifft übrigens auch auf einige andere höchst erfolgreiche und populäre Menschen zu.

Nehmen wir zum Beispiel Robbie Williams: Irgendwie kann man ihm nichts übel nehmen, egal welche unpassende Unverschämtheit er seinem Publikum gerade entgegenschleudert oder welchen Beleg auch immer er gerade für seine schlechten Manieren erbringt: beim nächsten Konzert kommen trotzdem 50.000 und lassen sich bestimmte entblößte Körperteile ihres Idols zeigen.

Oder Robin Hood: Er ist ein Underdog, der nicht zum Establishment gehört, hat das Herz am rechten Fleck und kämpft mit unorthodoxen Methoden einen gerechten Kampf. Für die kleinen Leute, denen es in der Zukunft besser gehen soll. Und gegen die etablierten Cliquen, die es sich im halbstaatlichen und staatlichen Bereich gemütlich gemacht haben.

Ja, Frank Stronach ist wohl eine Mischung aus Robbie Williams und Robin Hood, wobei ich für alle drei große Sympathien hege. Aber was bedeutet das für den Wahlkampf?

INSZENIERUNG EINES NICHT-POLITIKERS

Jeder Wahlkampf ist natürlich anders, es lassen sich jedoch drei Kriterien herausarbeiten, die man in jedem erfolgreichen Wahlkampf wiederfinden wird:

1. DER RICHTIGE SPITZENKANDIDAT

Ja, Frank Stronach war und ist der richtige Spitzenkandidat. Ich höre Sie jetzt denken: „... aber die Fernsehauftritte ...“. Dazu komme ich an späterer Stelle dieses Textes, vorweg nur so viel: Frank Stronach ist eine Legende und jene 270.000 Menschen, die ihm bei der Nationalratswahl 2013 ihre Stimme gaben, haben letztlich seine Lebensgeschichte gewählt. Sein Lebenswerk, das aus 120.000 geschaffenen Arbeitsplätzen, 400 Fabriken und geradezu märchenhaftem persönlichem Wohlstand besteht. Ein Mann, der so etwas auf die Beine stellt, muss jemand Besonderer sein. Und dass dieser besondere Mann sich nicht in geschliffenen Schachtelsätzen ausdrückt und auch nicht weiß, wie viele Gemeinden es genau in Niederösterreich gibt, tut nichts zur Sache. Denn aus der Sicht vieler Menschen haben genau jene Politiker, die das alles wissen und das alles können, nichts zustande gebracht.

Ursprünglich wollte Frank Stronach ja nicht selbst als Spitzenkandidat antreten, sondern war auf der Suche nach einem politischen Talent, das diese Rolle übernehmen sollte. Egal ob es nun die durchaus bestimmende Persönlichkeit von Frank Stronach war oder die Mutlosigkeit zahlreicher Gesprächspartner, mit denen er zusammengetroffen ist: es hat sich niemand gefunden, und so hat Frank Stronach getan, was aus seiner Perspektive nur richtig und konsequent war, nämlich sich selbst vor den Karren zu spannen und es selbst zu versuchen.

2. Die richtig definierte Zielgruppe

Was bedeutet „richtig“? Im Wesentlichen drei Dinge: die Zielgruppe muss groß genug sein, sie muss mobil genug sein und der Spitzenkandidat muss in dieser Zielgruppe natürlich Glaubwürdigkeit besitzen. Aus meiner Sicht haben sich daher zwei sich praktisch nicht überschneidende Zielgruppen angeboten. Da wären zunächst die Pensionisten. Sie werden zwar von der SPÖ gekonnt und seit Jahrzehnten erfolgreich umworben, diese Zielgruppe ist jedoch so groß und relativ homogen, dass sie wohl für jeden Wahlkampfleiter äußerst attraktiv ist. Wenn man nur fünf Prozent von ihnen begeistern könnte, wäre das schon ein gewaltiger Erfolg, und diese fünf Prozent wären dreimal so viele Stimmen wie die gesamte Gruppe der Jung- und Erstwähler. Darüber hinaus hat der 81-jährige Spitzenkandidat Frank Stronach zumindest für die männlichen Vertreter dieser Zielgruppe möglicherweise eine besondere Strahlkraft: Wenn einer mit 81 noch eine Partei gründet und junge Mitstreiter um sich schart, um Österreich und wer weiß was sonst noch zu verbessern, welche Zukunftsperspektiven eröffnet das dann einem 65-Jährigen (potenziellen Wähler)?

Eine zweite, sehr interessante Zielgruppe sind „arbeitende Menschen im nicht geschützten Bereich", wie ich sie nenne. Stark vereinfacht kann man nämlich die steuerzahlenden Menschen in Österreich in zwei fast gleich große Gruppen unterteilen: jene, die im halbstaatlichen „geschützten" Bereich, wie etwa bei ÖBB, ASFINAG, den Landesenergieversorgern, Flughäfen, Kammern, als Landes- und Bundesbediensteite, als Beamte oder Vertragsbedienstete tätig sind. Diese wählen, je nachdem, ob der Arbeitgeber der linken oder der rechten Reichshälfte zuzuordnen ist, SPÖ oder ÖVP. Diese Zielgruppe ist nicht besonders mobil und steht daher nicht im Fokus.

Der zweite Teil der arbeitenden Menschen, eben jener im nicht geschützten Bereich, ist jedoch sehr interessant, weil der sehr mobil ist. Diese Gruppe ist keineswegs homogen, denn wir sprechen einerseits von klassischen Angestellten und andererseits von rund einer Million Menschen, die in Form von Ein-Personen-Unternehmen und Kleinbetrieben oder sogenannten Ich-AGs tagtäglich auf die Jagd gehen, um ihre Rechnungen bezahlen zu können. Das sind Menschen, die einen wesentlichen Teil zu unserer Wirtschaftsleistung beitragen. Sie leiden unter den teils prekären De-facto-Arbeitsverhältnissen oder unter aufgeblasener Bürokratie. Frank Stronach übt auf sie zu Recht eine gewisse Strahlkraft aus, was einerseits in seiner unternehmerischen Erfolgsgeschichte, andererseits aber auch in seinem Feldzug gegen die Bürokratie und das Funktionärswesen begründet ist.

Zusammenfassend könnte man also sagen, dass Frank Stronach aufgrund seines Lebensalters für Menschen im Ruhestand (und für solche, die schon wie im Ruhestand fühlen und denken) glaubwürdig sein kann; und für leistungsorientierte, unternehmerisch denkende Menschen, die sich von der ÖVP nicht repräsentiert fühlen und von der SPÖ schon gar nicht, da es oft drohende Arbeitslosigkeit war, die diese Menschen in die Selbstständigkeit gedrängt hat.

3. Das perfekte Timing

Davon träumt wohl jeder Wahlkampfleiter in jeder Partei auf der ganzen Welt. Die Wahrheit ist natürlich, dass Wahlkampf so dynamisch ist, dass es das perfekte Timing, also die richtigen Themen zur richtigen Zeit in den richtigen Medien unterzubringen, nicht geben kann. Dazu kommt noch, dass Robin Hood gerne den Überraschungseffekt nutzt und Robbie Williams sowieso macht, was er will, und sich eben nicht an Pläne hält. Trotzdem haben wir es versucht:

Wie eingangs erwähnt ist die Wohlstandsperspektive auch 2013 das alles bestimmende Thema. Ein sicherer Arbeitsplatz (gar nicht mal mehr ein besserer) belegt in allen ungestützten Umfragen in den verschiedensten Formen immer die ersten drei Nennungen. Interessanterweise steht das Thema Korruption hier relativ weit hinten, also etwa von 15 Nennungen insgesamt zwischen Platz acht und Platz zehn. Offensichtlich ist es so, dass, wenn es existenziell wird, es also „um die Wurst geht“, den Menschen irgendein Korruptionsfall, der gerade irgendwo stattfindet, herzlich egal ist, solange sie selbst ihren Job behalten.

„Frank Stronach weiß, wie die Wirtschaft funktioniert. Er kann Arbeitsplätze schaffen.“ Und: „Nur wenn die Wirtschaft funktioniert, ist meine Pension sicher, und nur dann wird es meinen Enkelkindern auch gut gehen.“ Auf diesen zwei Formeln und den daraus zu entwickelnden Kernaussagen sollte der gesamte Wahlkampf aufbauen.

Die Kampagne

Manchmal trifft man auch die richtigen Leute: Mit Ekkehard Schitter habe ich einen Art Director im Team, der sein Handwerk versteht und mit mir meistens einer Meinung ist. Wenn nicht, drohe ich ihm damit, ihm den neuen Vornamen „Bull“ zu verpassen. Das reicht meistens, um eine harmonische Arbeit sicherzustellen und unsere Meetings nicht zu einem Diskutierklub verkommen zu lassen.

Wir, Ekkehard und ich, sind uns schnell einig: Wir inszenieren Frank Stronach als Staatsmann, als Mann, der über den Dingen steht.

Er muss nicht über die genaue Anzahl der niederösterreichischen Gemeinden, über jeden kleinkarierten Nonsens österreichischer Innenpolitik Bescheid wissen. Er ist ein Mann, der das große Ganze im Blick hat und daher auch Großes erreichen kann. Was kümmert es ihn schon, wie viele Gemeinden es in Niederösterreich gibt. Viel wichtiger ist es doch zu wissen, wie viele es in Zukunft geben soll. Die unausgesprochene Idee dahinter: Wer alles weiß und vor allem wer immer genau weiß, was alles nicht geht, ist Teil des Problems und nicht Teil der Lösung.

Ich würde nicht so weit gehen zu behaupten, dass ich dabei aus der Not eine Tugend machen musste, aber diese Grundhaltung zu unserem Kandidaten erschien mir als die einzig glaubwürdige. Auch deshalb, weil sie tatsächlich zu Frank Stronachs Statur passt. Frank ist eben kein detailverliebter Buchhalter, sondern ein Unternehmer, der das große Bild und die großen Zusammenhänge sieht.

Die Kampagne an sich und der Rest der Geschichte (oder wenn Sie so wollen „das Ende vom Lied") dürfte dem geneigten Leser bekannt sein, ich möchte daher nicht auf einzelne Sujets oder Kampagnenteile eingehen. An dieser Stelle daher lediglich einige selbstkritische Anmerkungen: Am wenigsten ist uns die Hörfunkkampagne gelungen. Einerseits war die Bereitschaft zu qualifizierten Diskussionen darüber hausintern nicht gegeben. Daran bin ich teilweise selbst schuld, da ich immer wieder darauf hinwies, dass man ohne die ORF-Radios, die aufgrund einer Selbstbeschränkung des ORF nicht belegt werden konnten, eben nur 48 Prozent der Bevölkerung mit Radio erreicht. Der Radiospot war also im Wesentlichen die Tonspur des Fernsehspots, was man zwar handwerklich durchgehen lassen konnte, aber mit ein, zwei Wochen mehr Zeit und ein bisschen mehr Gehirnschmalz dahinter zu verhindern gewesen wäre.

DIE TV-AUFTRITTE

Nun, ich hatte gehofft, ich kann Sie (und die Herausgeber des Buches) ablenken und die TV-Auftritte von Frank Stronach einfach unter den

Tisch fallen lassen. Das wäre mir, zumindest was die Herausgeber angeht, auch fast gelungen. Aber eben nur fast. Also hier – auf nachdrücklichen Wunsch – in aller Kürze meine Sichtweise, die ich während des Wahlkampfs auch immer vertreten habe, in leicht vergröberter Form.

Fernsehen lebt von Bildern. Jedes optische Detail ist wichtig. Das Auftreten an sich wiegt schwerer als der Inhalt des Gesagten. Die meisten Menschen erinnern sich nicht an das, was wer im Fernsehen gesagt hat, sondern nur daran, wer ihnen dabei sympathischer und/oder kompetenter erschienen ist. Das ist nicht neu, das weiß jeder, der das Medium Fernsehen halbwegs kennt.

Frank Stronach ist aber ein Mann, dessen systematischer Zugang genau das Gegenteil gebietet: das *Wie,* also die Verpackung, wenn man so will, ist eher nebensächlicher Luxus. Auf den Inhalt kommt es an. Wenn es der Absender des Inhalts also ehrlich meint, die richtigen Werte und grundsätzlich einen pragmatischen Ansatz vertritt, was kann dann noch schiefgehen? „Das bessere Produkt zum besseren Preis wird sich immer durchsetzen“, ein bekannter Stehsatz von Stronach. Dieser Philosophie nach ist es egal, ob das Produkt schmucklos auf eine Euro-Palette gezurrt wird oder ob es in einer handgemachten, schönen Holzkiste daherkommt. Politik ist aber Teil der Kommunikationsindustrie, und dort ist es eben anders.

Es ist meiner Ansicht nach dieses Missverständnis, das zu einer weitgehenden Vorbereitungsverweigerung geführt hat, vor allem in Hinblick auf Verhalten und Auftreten, was das Wichtigste gewesen wäre. Denn ich kann aus eigener Erfahrung sagen: Gelassenheit im Fernsehen zeigen zu können, bedarf richtiger Übung, eines echten Trainings.

Dazu kommt noch, dass mit fortschreitender Medienexponiertheit die Bewegung selbst verändert wurde. War das Team Stronach anfänglich als eine Innovationspartei erdacht, in der abseits jeder Ideologie – soweit das überhaupt geht – pragmatische Experten die besten Lösungen zusammentragen, so wurde die Bewegung zusehends von „Bauchgefühl übernommen“: Positionen, die so nie im Parteiprogramm gestanden sind, wurden plötzlich mit dem Brustton der Überzeugung oder mit skurriler Beiläufigkeit vertreten; teilweise leider auch haarsträubende

Dinge. Natürlich versucht man dann, die Zahnpasta wieder in die Tube zu kriegen, aber das klappt nur selten.

Nichtsdestotrotz konnte sich Frank Stronach im Laufe des Wahlkampfs steigern, wenngleich es auch einen ordentlichen Rückschlag gab: Der Auftritt in der Puls-4-Wahlarena hat nach meiner Schätzung alleine 50.000 Stimmen gekostet. Hauptursache ist meiner Ansicht nach, dass Frank Stronach vom Format der Sendung überrascht wurde. Publikum, das Fragen stellen kann, und blaue Lichter, die seine Redezeit beschränken: Das alles gab es in den ORF-Diskussionen davor nicht.

DIE KAMPAGNEN DER ANDEREN

Die SPÖ-Kampagne aus der Feder von Demner war handwerklich in Ordnung, aus meiner Sicht hat die Kampagne sowohl thematisch als auch, was den Spitzenkandidaten Faymann angeht, das Beste herausgeholt. Ich glaube jedoch, dass dies die letzte Wahl war, bei der man mit reiner Mobilisierung der eigenen Kernwähler noch reüssieren kann.

ÖVP: Ohne hier jemandem zu nahe treten zu wollen, meine ich, dass es die schwächste Kampagne war. Einerseits verstehe ich den kolportierten Ansatz nicht: angeblich ging es darum, mit den „Tourismus-Plakaten" einen Wohlfühleffekt zu erzeugen. Wohlfühlen? Warum eigentlich? Die halbe Nation empfindet Stillstand und Herr Spindelegger möchte den Kanzler ablösen! Wozu das alles, wenn wir uns so wohlfühlen? Ich empfinde also schon das angestrebte Ziel, ein Wohlfühlgefühl verbreiten zu wollen, als Themenverfehlung. Aber selbst wenn ich mich irren sollte und das der richtige Gedanke war, muss man doch feststellen, dass diese Kampagne, vor allem die zweidimensionalen Plakate, sicher nicht geeignet war, dieses Gefühl zu erzeugen. In der zweiten Phase der Kampagne, wo Vizekanzler Spindelegger mit verschiedenen Zielgruppen gezeigt wurde, war die fehlende Authentizität auffällig. Das lag sicher nicht an der Person des von mir sehr respektierten Herrn Vizekanzlers, sondern ausschließlich an der hausbackenen Umsetzung. Bei jedem einzelnen Sujet hätte man auf die Frage „Wer passt hier nicht hinein?“ sofort Vizekanzler Spindelegger als den Deplatzierten entdeckt.

FPÖ: Nein, der Erfolg gibt der Kampagne nicht recht. Der Zugewinn der FPÖ rührt daher, dass vom Team Stronach relevante Wählerstimmen wieder an die FPÖ zurück gebröckelt sind. Die Provokation der „Nächstenliebe“ ist eben nicht wirklich aufgegangen, und es gibt nichts Schlimmeres als eine Provokation, die niemanden provoziert. Alles in allem die klassische FPÖ-Handschrift von Herbert Kickl, die in den Kernschichten gut funktioniert, aber eben nur dort.

Die Grünen: Also ich persönlich wollte noch nie etwas „weniger belämmert“ sein als jemand anderer, und ich glaube, dass ich kein Einzelfall bin. Das Bildungsniveau in Österreich ist auch nicht hoch genug, um durch die eingebauten Rechtschreibfehler auf den Plakaten eine breitere potenzielle Wählergruppe zu amüsieren. Getragen hat diese Kampagne einzig und allein Eva Glawischnig, die, verglichen mit früheren Wahlkämpfen, aus meiner Sicht deutlich an Statur gewonnen hat und vor allem in den TV-Duellen ohne die frühere Verbissenheit punkten konnte.

NEOS: Grace Pardy hat, gemessen an den Mitteln, der Zeit und ihren Kandidaten, einen sehr guten Job gemacht. Haselsteiner bleibt als „Ermöglicher“ und Unternehmerlegende im Hintergrund und wird vor allem der ÖVP in Wien stark zusetzen. Strolz & Co. profitieren auch davon, dass für viele Menschen beim Team Stronach eben „der Lack ab ist“.

Ob sich die NEOS halten werden? Was aus dem Team Stronach wird? Und ob H.-C. Strache nach der nächsten großen Koalition tatsächlich Bundeskanzler wird?

Keine Ahnung. Schon Robbie Williams textet in einem seiner Songs: „God laughs about plans!“

VII

Eine pralle Mischung aus Idealismus und Professionalität

Pink Vibrations. Eine Werte-Gemeinschaft. Menschen mit echten Anliegen machen Politik. Gehen neue Wege. Professionell. Politisches Entrepreneurship sprengt die Grenzen des Vorstellbaren und bringt Lebendigkeit, Leidenschaft und Lösungen.

Matthias Strolz, NEOS

Nelson Mandela meinte einst: „It always seems impossible until it's done." Wir haben das ins Österreichische übersetzt. „Es ist möglich!" Das ist die Botschaft des 29. September 2013.

Es gibt in unserem Land über 900 registrierte Parteien. Sie alle haben es irgendwann irgendwie versucht. NEOS jedoch hat etwas geschafft, was über zwei Generationen nicht gelungen ist und daher für unmöglich gehalten wurde: Eine Bewegung, die aus dem Volk kommt, schafft im ersten Anlauf aus eigener Kraft den Einzug ins Parlament.

Wie ist es uns NEOS gelungen? Der Kommunikationsberater Stefan Bachleitner, ein brillanter Politstratege, veröffentlichte bereits am Tag nach der Wahl auf seinem Blog www.politikon.at seine Analyse. Er goss sie – passend zu unserem Wahlprogramm – in 9 1/2 Punkte, die wir NEOS aus seiner Perspektive im Wahlkampf richtig gemacht hätten:

1. Der frühe Fokus auf MeinungsführerInnen
2. Das Bemühen um „Earned Media"
3. Die gute Organisation
4. Die Re-Mobilisierung der liberalen WählerInnen
5. Das Fischen im richtigen Teich
6. Das (gerade ausreichende) Kampagnenbudget
7. Das perfekte Timing
8. Die Ignoranz der Mitbewerber
9. Das geeinte Bündnis

9 1/2 Das Glück der Mutigen

Ich unterschreibe jeden dieser Punkte. Und lege weitere 5 1/2 Erfolgspunkte drauf. Was waren nach meinem Dafürhalten die wichtigsten Zutaten für den NEOS-Erfolg?

1. AUTHENTIZITÄT IST TRUMPF

Politik wird von Menschen, mit Menschen und für Menschen gemacht. Die Wählerinnen und Wähler haben dabei eine Sehnsucht nach Authentizität. Sie sehnen sich nach dem Echten. Eine Wählerin schrieb mir unlängst in einem E-Mail: „Ich habe Sie gewählt. Wissen Sie warum? NEOS, das sind echte Menschen mit echten Anliegen." So ist es.

Wir wussten, dass die Authentizität eine unserer großen Stärken ist und im Wahlkampf unsere Trumpfkarte sein würde. Wir haben sie daher unablässig in „Gefäße" gefüllt: in über 200 NEOS@home-Abende in Wohnzimmern quer durch ganz Österreich, in über 150 NEOS-Infoabende in sämtlichen Bezirken des Landes und in über einem Dutzend Großstädten weltweit, in Livestreams bei unseren Konventen, in direkte und dialogorientierte Kommunikation auf Facebook und Twitter, in Videos auf YouTube, in Straßenaktionen, in Flashmobs, in zahllose persönliche Gespräche ...

Wer uns getroffen hat, der hat gespürt: Die wollen wirklich etwas. Die sind echt. Das hat uns nicht nur die Sympathien der Wählerinnen und Wähler gebracht, sondern auch jene vieler Multiplikatoren und vieler Journalistinnen und Journalisten.

2. Bewegung mit systemischer Kompetenz

Die allermeisten der fast tausend registrierten Parteien in Österreich sind wohl nicht daran gescheitert, dass es ihnen in der Gründungsphase an Enthusiasmus gefehlt hätte. Auch sind es nicht – wie immer wieder kolportiert – die fehlenden finanziellen Mittel, die den Erfolg vereiteln. Wie oft haben wir gehört, dass unter fünf Millionen Budget kein Wahlkampf mit Erfolgsaussichten zu führen sei. Das ist Schwachsinn, wie wir bewiesen haben. Woran die allermeisten Parteigründungen gescheitert sind und was die große tägliche Herausforderung einer Parteiführung – auch und gerade im Wahlkampf – ist: die unglaubliche soziale Komplexität. Gemeinsame Ideale, persönliche Ambitionen, ökonomische Sachzwänge, machtpolitische Spiele, thematisch-inhaltliche Interventionen, tagespolitische Dynamiken, strukturelle Spannungen, persönliche Freundschaften und Animositäten. Das ist der Stoff, aus dem Parteien und Wahlkämpfe gemacht werden. Er schillert in allen erdenklichen Farben. Und daraus ein stimmiges Gesamtkunstwerk zu machen ist eine hohe Kunst.

Wir NEOS haben von Beginn an auf das Know-how und die Instrumente der systemischen Organisationsentwicklung gesetzt. Wir haben unseren Fokus stets gleichermaßen auf die drei Pole „Vision" (Inhalte, Themen, Positionierung), „Struktur" (Aufbau- und Ablauforganisation, Prozesse) und „Organisationskultur" (Spielregeln, Kommunikation, Miteinander) gelenkt.[1] Die komplexe Herausforderung, eine Partei ins Leben zu bringen und im Leben zu halten, erfordert einen ganzheitlichen Ansatz. Wer die Aufmerksamkeit nur auf ein Element richtet, wird scheitern. Wer glaubt, er kann es nur mit Strategie hebeln, verliert. Wer glaubt, er schafft es mit seinem vielen Geld, wird Schiffbruch erleiden. Wer glaubt, eine Partei ist eine oberflächliche Marketingveranstaltung, der wird eines Besseren belehrt werden.

---

1 Eine ausführliche Darstellung des Systemischen Integrationsmodells, angewandt auf den Bereich der Politik, findet sich in meinem Buch „Warum wir Politikern nicht trauen ... und was sie tun müss(t)en, damit sich das ändert", Kremayr & Scheriau, Wien 2011.

Wer so zügig wie wir NEOS eine tragfähige Organisation aufbauen will, ist gut beraten, sich einem integralen Blick und einer prozessorientierten Vorgangsweise zu verschreiben. Um rasch in die Vitalität zu kommen und nachhaltig dort zu bleiben, braucht es gleichermaßen einen wachen Blick auf die einzelnen Elemente wie auch ein gutes Sensorium für das große Ganze. Abgeleitet von dieser systemischen Haltung braucht es professionelle Herangehensweisen und Instrumente. Wir haben unsere Klausuren stets von Profi-Moderatorinnen und -Moderatoren begleiten lassen (die alle pro bono für uns gearbeitet haben), wir haben immer wieder explizite Selbstreflexionsschleifen eingezogen, um auf blinde Flecken aufmerksam zu werden (z.B. sogenannte Sounding Boards), und wir haben Formate der systemischen Großgruppenarbeit (z.B. World Café, Open Space) sowie alternative Methoden der integralen Organisationsberatung angewandt. So wurde uns beispielsweise schon im Frühsommer 2013 im Rahmen einer systemischen Strukturaufstellung klar, dass wir die Zielgruppe der Jungen mit mehr Aktionismus ansprechen müssen und dass wir für die Wählerinnen und Wähler jenseits der vierzig sowie für die Mobilisierung der LIF-Fans zusätzliche Identifikationsfiguren brauchen. Das war die Geburtsstunde des Pink Man (eine aktionistische NEOS-Figur im pinken Ganzkörper-Morphsuit) und der Auftakt der Gespräche mit Hans Peter Haselsteiner, der einige Wochen später als großartiger Wahlkampfturbo in das Geschehen einstieg.

3. INNOVATION DURCH SPANNUNGSBÖGEN

Unserem systemischen Welt- und Organisationsverständnis entspringt auch die Leidenschaft für Spannungsbögen. Wir kombinieren bewusst Phänomene, die auf den ersten Blick als Widersprüche daherkommen. Aus diesen Spannungsbögen nährt sich jene Vitalität, um die uns sämtliche Mitbewerber beneiden und von der sich so viele Wählerinnen und Wähler angesprochen fühlen.

Es ist wichtig, immer wieder bewusst Irritation zuzulassen. Das fiel und fällt auch uns NEOS nicht immer leicht. Doch wir provozieren sie im Wissen darum, dass die Irritation die Mutter der Erneuerung ist. Spannungsbögen verursachen Innovation. Daher ist es Aufgabe einer Führungskraft, immer wieder die Irritation und damit die Innovation von der Peripherie in das Zentrum der Organisation einzuladen. Grace Pardy, international erfahrene Expertin für Markenführung, war im November 2012 Gast bei einem NEOS@home-Abend (damals noch NEOS-Tupperabend genannt, bevor uns dieser Name vom Tupperware-Mutterkonzern untersagt wurde). Wir holten sie von dieser „peripheren" Teilnahme mit Frühjahr 2013 in die zentrale Funktion der Wahlkampfleiterin. Eine mächtige Intervention, eine heftige Irritation und Startschuss für eine Offensive in Sachen Markenaufbau. Dieser Spannungsbogen, „Politschädel" im Parteivorsitz mit einer „Frischgfangten" in der Wahlkampfleitung zu kombinieren, wurde von internen und externen Beobachtern mit Erstaunen aufgenommen. Grace Pardy hatte keinen politischcn Track-Record, aber dafür viel Branding-Erfahrung mit Marken wie Coca-Cola und Reebok. Diese „spannende" Kombination erzeugte eine Hebelwirkung. Unsere spontane Markenbekanntheit[2] stieg von sieben Prozent im Mai 2013 auf 26 Prozent im Juli 2013. Anfang September schlussendlich kannten uns ungestützt bereits 47 Prozent der Österreicherinnen und Österreicher.

Durch bewusste Irritation entsteht neues Denken und Handeln. Ein weiterer Spannungsbogen, der uns kreativ, vital und effektiv gemacht hat, ist die Kombination von breiter Einbindung mit klarem Leadership. Politik braucht neue Formen breiter Partizipation, und wir NEOS haben sie vorgelebt: mit offenen Programmkonventen, mit interaktiven BürgerInnenforen, mit breiten Online-Konsultationsprozessen und mit den ersten offenen und online-basierten Vorwahlen Österreichs. Gleichermaßen braucht Politik Führung: Es muss jemand vorangehen. Und wir haben diese Verantwortung als elfköpfiger Vorstand bei NEOS und als fünfköpfige Wahlplattformkoordination zwischen NEOS und LIF mit Entschlossenheit und Augenmaß wahrgenommen.

---

[2] Das Meinungsforschungsinstitut meinungsraum.at fragte die spontane, also ungestützte Markenbekanntheit von NEOS in drei Wellen mit folgender Frage ab: „Welche Parteien kennen Sie, die voraussichtlich bei den kommenden Nationalratswahlen kandidieren? Bitte denken Sie auch an kleinere, nicht im Parlament vertretene Parteien!"

Wer Spannungsbögen aushalten will, muss seine Kooperationsfähigkeit und Integrationskraft pflegen und nähren. Das war uns immer bewusst. Insbesondere die Vorstände von NEOS und das Präsidium des Liberalen Forums, unter der Führung von Angelika Mlinar, sind hier in die Pflicht gegangen. Wir haben hier viel investiert – sowohl auf der Beziehungs- als auch auf der Sachebene. Unsere Fähigkeit, die „Kräfte guten Willens" zu bündeln, wurde schließlich zu einem wesentlichen Erfolgsfaktor. Unser gemeinsames Bündnis aus NEOS, Julis, LIF und Online Partei hat uns jene Schwungmasse gebracht, die es brauchte, um die Verhältnisse zum Tanzen zu bringen. Unser Credo heißt „Sowohl-als-auch" und nicht „Entweder-oder". Unser Commitment lautet: Lasst uns das Gemeinsame vor das Trennende stellen!

Kooperation und Konkurrenz sind keine Widersprüche, sondern sie bilden eben einen Spannungsbogen. Es gilt, diesen konstruktiv zu leben. Wir NEOS schaff(t)en die Integration von Differenzen, ohne dabei an Profil zu verlieren. Ich halte dies für eine wesentliche Zukunftskompetenz, die wir uns gut erhalten sollten, so wir bei den kommenden Wahlgängen weiter erfolgreich sein wollen. Und gerade auch für die inhaltliche Arbeit an der Zukunftsfähigkeit unseres Landes scheint mir dieser Zugang wegweisend: Stellen wir uns vor, die Parlamentsparteien würden es schaffen, in Sachen Bildungspolitik das Gemeinsame vor das Trennende zu stellen. Sie könnten so den Weg aus jener Sackgasse finden, in welche die Bildungsdebatte vor Jahrzehnten eingefahren ist. Der lähmende Stellungskampf „Gesamtschule Ja/Nein" könnte überwunden und beherzte Reformmaßnahmen eingeleitet werden. Wir NEOS haben dazu mit der Mittleren Reife in Kombination mit einer hohen Autonomie für die Schulen konkrete Vorschläge auf den Tisch gelegt. „Bewegung in die Bildung" als unser Kernthema im Rahmen der Wahlkampagne war übrigens auch ein wichtiger Trigger für unseren Wahlerfolg. Darauf komme ich weiter unten nochmals zu sprechen.

4. Hohe Ansprüche an die Professionalität

Einer unserer wichtigsten Spannungsbögen ist jener zwischen Idealismus und Professionalität. Es gibt vielerorts das latente Vorurteil, dass Idealismus eigentlich leicht chaotisch daherkommen müsse. Als wäre das ein Naturgesetz. Es gibt in Österreich gerade bei vielen politisch affinen Menschen, die links der Mitte sympathisieren, einen Vorbehalt gegenüber der Professionalität. Mir scheint, als würden sie ihr unterstellen, eine böse Schwester des Opportunismus zu sein. Ich halte das für Schwachsinn. „Die Professionalität" ist ebenso wenig böse wie „die Macht" oder „die soziale Marktwirtschaft". Vielmehr ist sie eine wertvolle Verbündete, wenn sie für die richtigen Ziele eingesetzt wird und wenn man ihr den richtigen Handlungsrahmen gibt.

Unsere einzigartige Kombination von Idealismus und Professionalität half uns, auch ohne großes Wahlkampfbudget einen äußerst erfolgreichen Wahlkampf zu führen. Natürlich sind wir permanent und an vielen Ecken an unsere Grenzen gestoßen. Unser politisches Start-up wandelte sich von Woche zu Woche. Von vierzig Leuten bei der ersten Klausur im Februar 2012, zu der Veit Dengler und ich eingeladen hatten, wuchsen wir innerhalb von eineinhalb Jahren zu einem Kreis von über 6.000 Menschen in ganz Österreich, die in der einen oder anderen Form mit anpackten. Wenn ein Volontär drei Wochen nicht in der NEOSphäre[3] war, weil er sich gerade für eine Prüfung vorbereitet hatte, erkannte er das „Gesicht" unserer Zentrale kaum mehr wieder. Unsere Aufbau- und Ablauforganisation wurde fast im Wochenrhythmus angepasst, um den wachsenden Herausforderungen gerecht zu werden. Die Wachstumsschmerzen waren mitunter immens.[4]

---

3 „NEOSphäre" ist der Name unserer Parteizentrale in der Neustiftgasse 73–75 im siebten Wiener Gemeindebezirk. Den Namen haben wir via Crowdsourcing im Netz gesucht und sodann via Online-Abstimmung auf Facebook fixiert.

4 Den größten Wachstumsschmerz hatten wir im Übrigen in den zwei Wochen nach den Wahlen. Er kombinierte sich mit einer Art postnataler Depression. Oder war es postkoitale Tristesse? Der Wahltag mit seinem Ergebnis war jedenfalls eine brachiale Intervention für unsere Organisation, die eine Vielzahl von Anpassungsleistungen an sämtlichen Ecken und Enden hervorrief. Ich schreibe diese Zeilen am dritten Sonntag nach dem Wahltag mit der Zuversicht, dass wir diese Wochenbettdepression als Parlamentspartei insbesondere durch zügige Entscheidungen bei Strukturauf-

Professionelles Projektmanagement ermöglichte uns beispielsweise die Finanzierung, die Produktion und die clevere Platzierung von TV-Spots im Juni 2013 auf Puls 4, Sat.1 und Pro7. Ein wichtiger Schachzug, um unsere Marke im Frühsommer bekannt zu machen. An unserer Strategie-Entwicklung beteiligten sich zahlreiche Beraterinnen und Berater pro bono – sie kamen aus allen Richtungen und integrierten Erfahrungen aus Wahlkämpfen von vier österreichischen Parlamentsparteien. Auch sämtliche Dienstleister und Lieferanten brachten ihren Idealismus und ihre Professionalität ein und ermöglichten uns kostengünstige oder gar kostenfreie Umsetzungen. Schließlich ist es auch der breite Erfahrungsschatz der vielen Spezialisten, Führungskräfte, Unternehmerinnen und Unternehmer, Selbstständigen und Freiberufler, die sich bei uns engagieren, der sich bei vielen Aufgabenstellungen immer wieder in Effizienz und Effektivität wandelt.

5. Tragfähiges Programm, geballte Emotion, eine Armee

Menschen wählen eine Haltung, sie wählen Personen und sie wählen ein thematisches Angebot. Wir NEOS haben im Rahmen von 14 ein- bis zweitägigen Klausuren – mit jeweils zwischen vierzig und 250 Teilnehmerinnen und Teilnehmern – sowie mit einer Serie von Online-Konsultationen und mit BürgerInnenforen in allen neun Bundesländern unser Programm „Pläne für ein Neues Österreich" entwickelt. Wir wussten, dass wir eine tragfähige inhaltliche Basis brauchen, wenn wir als Partei für dieses Land einen nachhaltig konstruktiven Beitrag leisten wollen. Wir wussten auch, dass wir uns vor den Wahlen zusammenstreiten müssen, um uns nicht nach den Wahlen in die Haare zu kriegen. Wir haben daher allein für die Programmentwicklung über 150.000 ehrenamtliche Stunden investiert. Und ich meine, jede einzelne Stunde

---

und -umbau sowie durch entschlossene Personalbestellungen nun gut überwunden haben.

war ein sinnvolles Investment. Tausende Bürgerinnen und Bürger haben mitgearbeitet. Wir tragen als Partei den Kategorienamen „Bürgerbewegung“ meines Erachtens daher zu Recht. Und wir tragen ihn mit Stolz. Wir sind eine Bewegung von Bürgerinnen und Bürgern, die die Zuschauersessel verlassen haben, weil ihnen Politik wichtig ist und weil sie glauben, dass das besser geht. Wir packen selbst an.

Wir haben uns bereits im Frühjahr 2012 auf ein gemeinsames Politikverständnis geeinigt: „Politik ist der Ort, wo wir uns ausmachen, wie wir miteinander leben.“ Und diesen Ort wollen wir wieder attraktiver machen. Wir wollen ihn mit Lust, Lebensfreude und konkreten Lösungen füllen. Und wir haben uns auf fünf Kernwerte geeinigt, die unser politisches Programm tragen: Eigenverantwortung, Freiheit, Nachhaltigkeit, Authentizität und Wertschätzung. Im Selbstverständnis einer BürgerInnenbewegung sind wir solchermaßen die erste moderne Zentrumspartei Österreichs; eine post-ideologische, undogmatische, unerschütterlich wertebasierte Bewegung mit hoher Affinität zur politischen Programmarbeit.

Es fiel uns nicht leicht, Ende Juni die leidenschaftlich vorangetriebene Programmarbeit anzuhalten. Doch der Vorstand konnte klarmachen, dass die Gefahr drohe, am Wahltag in Schönheit zu sterben, wenn wir unsere Energie weiterhin hauptsächlich in inhaltliche Taskforces und Arbeitsgruppen investieren würden. Alle treibenden Kräfte fanden rasch ein Einsehen, dass wir in den verbleibenden drei Monaten in einen Kampagnenmodus umschalten sollten, der auch eine massive inhaltliche Verkürzung mit sich bringen musste. Von den 77 Seiten „Pläne für ein Neues Österreich“ blieb die Ansage: Wir NEOS sind das Sprachrohr der Jungen. Wir wollen Bewegung in die Bildung bringen und wir wollen die Pensionen enkelfit machen. Und ja, Schulden nicht dulden und die Parteienförderung kürzen. Diese plakative Verknappung war für unsere eigenen Leute eine heftige Zumutung, die sie jedoch innerhalb weniger Tage verinnerlichten.

Wir kombinierten unsere Kernbotschaften mit einer geballten Ladung Emotion. Das Sammeln der Unterstützungserklärungen für die bundesweite Kandidatur wurde zum ersten Mobilisierungstest für unsere Landesgruppen. Und alle bestanden diesen Elchtest mit Bravour. Innerhalb von neun Tagen hatten wir die gesetzlichen Vorgaben von 2.600 Unterstützerinnen und Unterstützern und die entsprechenden Landesquoten erfüllt. Die Organisation war Ende Juli im Kampagnenmodus angekommen und sollte diesen bis Ende September nicht mehr verlassen. Die Pink Vibrations Tour im August brachte NEOS auf die Straßen, die Marktplätze und in die Schwimmbäder. Das Crowdfunding erreichte im August mit über 330.000 gesammelten Euro und hunderten neuen Spenderinnen und Spendern den Höhepunkt. Hans Peter Haselsteiner verdoppelte. Wir konnten die Kommunikationsbudgets für den letzten Monat weit über jene Grenze heben, die wir uns vorgenommen hatten.

Nichts schlägt so stark wie das Herz eines Freiwilligen. Für die Pink Revolution Tour im September rückten viele weitere Freiwillige ein. Die Länderteams performten sensationell. Die (gewaltfreie) Armee der pinken Davids (gegen das verkrustete System) war nicht mehr aufzuhalten. Die Deklarationsbereitschaft stieg im September sprunghaft. Die „Pinkifizierung" des Landes war nirgends so eindrucksvoll wie im Internet. Hunderte Menschen trugen mit Stolz die pinke Sprechblase oder den Wahlaufruf in ihrem Profilfoto. Und schlussendlich: Die pinke Welle sollte am Wahltag ihren Höhepunkt erreichen. Die Wahl gewinnt, wer die Dynamik der letzten zwei Wochen auf seiner Seite hat. Und so war es dann auch.

5 1/2. WOLLEN UND ZULASSEN

Ich weiß: Die besten Strategien werden im Nachhinein geschrieben. Natürlich hat es uns in all den Monaten immer wieder gezwickt, ist uns manches nicht so gut gelungen, wie wir es uns gewünscht hätten, ist uns manches nicht geglückt, weil uns das Geld, die Zeit oder der richtige Dreh gefehlt hat. So hätte ich mir beispielsweise gewünscht, dass wir eine App auf die Beine bringen, die unsere Kernthemen transportiert. Aber im Nachhinein ist das alles egal. Wir haben keine großen Fehler gemacht und aus den kleinen stets rasch gelernt. Und: Wir hatten das Glück der Tüchtigen und das Glück der Mutigen.

Es ist eine hohe Kunst, die Kraft des Wollens mit der Kraft des Zulassens zu verheiraten. Wir haben das geschafft. Solchermaßen ist uns einiges auch einfach passiert. Es gab in der Tat viele glückliche Fügungen. Doch wir hatten auch einen großen Plan. Und ja, wir als Anpacker und Umsetzer lieben es, wenn Pläne aufgehen.

„Es ist möglich." Das ist die Botschaft des Wahltages. Und diese Botschaft wollen wir nun auch zum Maßstab in der Bildungspolitik machen und in allen anderen Bereichen, die uns wichtig sind. Es wird nicht einfach. Es bleibt ein wilder Ritt. „Alles wird gut" ist ein häufig gebrauchter Code in unserer NEOS-internen Facebook-Gruppe. Ja, wir sind optimistisch. Denn neben allem anderen ist NEOS vor allem auch eines: eine Tochter der Zuversicht.

VIII

Das BZÖ unter Josef Bucher: Die Tchibo-Partei – „Jede Woche eine neue Welt!“

Die Marke des BZÖ blieb auch unter Josef Bucher die Person Jörg Haider. Der Versuch, das BZÖ neu zu erfinden, ist gescheitert. Vorerst. Denn die Ursachen des Scheiterns sind hausgemacht.

Stefan Petzner, (ehemals) BZÖ

Vorab sei festgestellt, dass der folgende Text keine persönliche Abrechnung mit dem BZÖ oder führenden Nationalratswahl-Protagonisten des BZÖ wie Josef Bucher sein soll, sondern eine sachlich-kritische Analyse der Wahlkampagne des BZÖ für die Nationalratswahl 2013, welche die Ursachen ergründen soll, warum das BZÖ sein Wahlziel, den Einzug in den Nationalrat, nicht erreicht hat und für deren Fundierung es auch wesentlich ist, die Entwicklung der orangen Partei seit dem Jahr 2008 zu beleuchten. Und jenen, denen bereits der Satz „Im Nachhinein ist man immer klüger“ auf den Lippen brennt, sei mit folgender stattgefundenen Begebenheit geantwortet: In einem persönlichen Gespräch am 8. August 2013 zwischen Bündnisobmann und Spitzenkandidat Josef Bucher, dem Verfasser dieses Textes sowie Mag. Ewald Stadler haben die beiden Letztgenannten bereits damals ausdrücklich vor einem Verpassen des angepeilten Wahlzieles bei Fortsetzung der gewählten Strategie und Wahlkampagne gewarnt und tiefgreifende Korrekturen in Sachen Strategie und Kampagnenführung vorgeschlagen. Die Warnungen verhallten allerdings ebenso ungehört wie die vorgeschlagenen Korrekturen allesamt unberücksichtigt blieben und die Angebote zu helfen abgelehnt wurden. Im Gegenteil: Der Angesprochene verließ während jenes Gespräches fluchtartig das Büro und ward nicht mehr gesehen, woraufhin am 29. September 2013 die Wählerinnen und Wähler fluchtartig das BZÖ verließen, womit wir schon mittendrin im Thema wären:

Der Markenkern des BZÖ hat sich seit seiner Gründung im April 2005 im Wesentlichen nicht geändert. Dieser Markenkern bestand aus einer einzigen Person: Jörg Haider. Mit dessen Tod am 11. Oktober 2008 begann ein schleichender, nicht zu stoppender, sondern mit der Ausnahme Kärnten durch Korruptionsvorwürfe sogar beschleunigter Zerfallsprozess dieses orangen Markenkerns. Während es wenige Monate nach dem Unfalltod des Kärntner Landeshauptmannes dem BZÖ bei der Landtagswahl 2009 in Kärnten noch gelungen war, mit einem ausdrücklichen Kampagnenfokus auf Jörg Haider (Wahlslogan: „Wir passen auf dein Kärnten auf!“) die sich bereits abzeichnende fehlende Markenidentität abseits der Person Jörg Haider zu kaschieren, ist es in den folgenden Jahren trotz mehrerer und verschiedener Anläufe nicht im notwendigen Ausmaß gelungen, den immer weiter zerbröselnden Markenkern des BZÖ parallel und schrittweise durch einen neuen zu ersetzen oder zumindest zu erweitern. Heraus kam schließlich, dass für den Wähler und die Wählerin im Jahr 2013 die wahlentscheidenden Fragen, wofür das BZÖ eigentlich stehe und warum man ausgerechnet das BZÖ wählen solle, nicht mehr in der Form beantwortet werden konnten, dass sie den Ausschlag dafür geben, tatsächlich auch das BZÖ zu wählen.

Den Verantwortlichen des BZÖ auf Bundesebene und Josef Bucher ist im Unterschied zur damaligen Kärntner Parteiführung rund um Uwe Scheuch zugute zu halten, dass sie schon sehr bald und sehr schnell erkannt haben, nämlich bereits im Jahr 2009, dass es mittelfristig nicht mehr ausreichen würde, das BZÖ auf einer einzigen Säule namens Jörg Haider aufzubauen, sondern dass es schleunigst das Ziel sein musste, die Tragfähigkeit und Stabilität des BZÖ als Partei durch das Hinzufügen weiterer Säulen auf thematischer, inhaltlicher und personeller Ebene zu erhöhen. In einem schwierigen und mühsamen Prozess versuchte sich die Bundespartei mit Josef Bucher folglich ein neues Gesicht zu geben und den ideologischen und politischen Kompass behutsam in eine gemäßigtere, wirtschaftsliberalere Ausrichtung zu drehen, um neue Themenfelder und Wählerschichten zu erschließen, ohne dabei aber Stammwähler, die dem BZÖ wegen Jörg Haider weiter die Treue hielten, zu vergraulen. Ein erstes, sichtbares Ergebnis dieses Prozesses wurde bereits am 26. Oktober 2009 mit dem Beschluss und der Präsentation von „Zehn rechtsliberalen Grundsatzpositionen“ sichtbar, für die Parteiobmann Josef Bucher und meine Wenigkeit als damaliger Generalsekretär verantwortlich zeichneten. Wie schwierig dieser Prozess jedoch war und dass er wohl auch nicht ohne eine Entscheidung der innerparteilichen Machtverhältnisse zwischen der Parteiführung in Kärnten und der Parteiführung auf Bundesebene fortgesetzt werden konnte, war schon damals ersichtlich, konnte der Beschluss doch erst nach heftigem Widerstand einiger Landesobmänner und vor allem der stärksten Landesgruppe, nämlich Kärnten, sowie öffentlicher Kritik des damaligen Parteiobmannes Uwe Scheuch am Kurs der Bundespartei getroffen werden. Die Machtverhältnisse und Kursstreitigkeiten sollten sich sodann tatsächlich noch im selben Jahr entscheiden: Am 16. Dezember verkündete der Kärntner Parteiobmann Uwe Scheuch die „Wiedervereinigung“ mit der FPÖ unter Heinz-Christian Strache und die Abspaltung der Kärntner Landesgruppe vom BZÖ auf Bundesebene durch die Gründung der FPK. Für Josef Bucher und das BZÖ auf Bundesebene war dies Befreiungsschlag und Todesstoß zugleich: Einerseits war es nunmehr möglich, die eingeleitete Neuausrichtung des BZÖ verstärkt und ohne Querschüsse aus Kärnten weiter fortzusetzen, andererseits verlor das BZÖ mit der Spaltung durch die Scheuchs auch seine stärkste Landesgruppe und war fortan eine Partei, die im Wesentlichen ohne die Schlagkraft und die Wirkung effizienter Basistruppen das Auskommen finden musste.

Obwohl die schärfsten Widersacher der Neuausrichtung des BZÖ sich also selbst verabschiedet hatten, ist es in den folgenden Jahren dennoch nicht gelungen, die Neupositionierung des BZÖ so zu vollziehen, dass ein unverwechselbares, stringentes und glaubwürdiges politisches Produktangebot für die Wählerinnen und Wähler herausgekommen ist.

Dies hat mehrere Gründe, die in der Folge kurz beleuchtet werden sollen. Einer der Hauptgründe liegt sicher im fehlenden Leadership des Obmannes Josef Bucher – nach innen und nach außen. Während Bucher den Diskurs und die Auseinandersetzung nach innen scheute und lieber eine ständige Verwässerung seines eingeschlagenen Kurses durch nachteilige Kompromisse in entscheidenden politischen Fragen in Kauf nahm, anstatt seinen Kurs innerparteilich konsequent zu vertreten und in sämtlichen politischen Themenfeldern sowie in der tagespolitischen Arbeit auch durchzusetzen, trat er – abgesehen von den TV-Duellen im Nationalratswahlkampf – nach außen und in der medialen Öffentlichkeit politisch stets passiv und defensiv, inhaltlich nur vage und unkonkret bleibend sowie stilistisch leise und unauffällig in Erscheinung. Die Folge war, dass Bucher über lange Zeit ein mediales Mauerblümchendasein fristete und es in all den Jahren de facto nie aus eigener Kraft an die Schlagzeilenspitze schaffte, während er auf den politischen Medienkonsumenten als zwar grundsätzlich sympathisch, aber profillos, durchsetzungsschwach und inhaltsleer wirkte, sofern er überhaupt wahrgenommen wurde.

So ist es kein Zufall, dass der Bekanntheitsgrad Buchers in intern beauftragten Erhebungen auch nach Jahren, in denen er bereits an der Parteispitze des BZÖ war, weit abgeschlagen hinter Spitzenpolitikern anderer Parteien lag. In der Praxis am augenscheinlichsten wurde dies dadurch, dass Bucher noch zu Beginn des Wahlkampfes 2013 von vielen Österreicherinnen und Österreichern als „Josef Buchner" anstatt „Josef Bucher" bezeichnet wurde. Ein lauteres Warnsignal des Wählers kann es wohl gar nicht geben, als dass man einen Parteiobmann und Klubobmann einer Parlamentspartei nicht einmal mit seinem richtigen Namen nennen kann. Buchers Inkonsequenz setzte sich auch im Themenmanagement des BZÖ fort: Anstatt sich, wie oft angeraten, kontinuierlich auf zwei bis drei Kernthemen zu konzentrieren und so etappenweise zu versuchen, eine für eine erfolgreiche politische Markenentwicklung und Schaffung eines Kompetenzprofils unerlässliche Themenführerschaft zu entwickeln, zog es Bucher vor, je nach tagespolitischer Nachrichtenlage von Thema zu Thema zu springen und auf ein konsequentes eigenes Themenmanagement völlig zu verzichten. Verstärkt wurde der daraus resultierende Negativeffekt dadurch, dass Bucher beim Auftauchen von politischen Reizthemen in der Arena der Öffentlichkeit medial abtauchte, Vertreter aus der zweiten Reihe vorschickte oder es im besten aller Fälle dabei bewenden ließ, der Emotionalisierung, Polarisierung und Auseinandersetzung mit dem politischen Gegner durch die Absonderung von politischen Allgemeinplätzen aus dem Weg zu gehen.

Weiters redete Bucher zwar einer „wirtschafsliberalen“ Ausrichtung des BZÖ das Wort, setzte sie aber innerhalb der Partei nur zögerlich und im Fall des Falles gar nicht um, um innerparteiliche Konflikte zu unterbinden und Diskussionen zu vermeiden. Bestes Beispiel aus der Praxis sind die Pensionen: Während die NEOS das sagten, was Bucher immer sagen wollte, aber sich nie zu sagen traute, nämlich eine Politik für die Jungen zu forcieren und daher zumindest das jetzige Pensionssystem in Frage zu stellen, wenn nicht überhaupt die Wahrheit auszusprechen, dass wir uns die Pensionen in der derzeitigen Form und Höhe schlichtweg nicht mehr leisten können, sprach sich Bucher unter lautstarken Zurufen und erzeugtem Druck der Pensionistenvertreter aus den eigenen Reihen unter anderem für die Beibehaltung der „Hacklerregelung“ aus, was aber in völligem Widerspruch zu seinem forcierten Kurs und der „wirtschaftsliberalen“ Ausrichtung des BZÖ stand. Apropos „wirtschaftsliberal“: Alleine an der ideologischen Etikettierung der eigenen Politik manifestiert sich der Zickzackkurs des BZÖ auf schon fast skurrile Art und Weise. Während sich das BZÖ, wie bereits ausgeführt, im Oktober 2009 als „rechtsliberal“ definierte, wurde dies vom Parteiobmann nach wenigen Monaten über den Haufen geworfen, um sich beim Neujahrstreffen 2010 als „neue bürgerliche Kraft“ zu präsentieren. Auch dieser Bezeichnung blieb man nur halbherzig treu, verwendete doch Bucher in weiterer Folge immer mehr und immer öfter das Wort „wirtschaftsliberal“ für die Beschreibung der eigenen Politik, um schließlich im Wahlkampf 2013 überhaupt wieder bei einer ganz anderen Bezeichnung zu landen und sich selbst als „Die Kraft der modernen Mitte“ plakatieren zu lassen. Dass sich einzelne Landesgruppen noch einmal anders positionierten, wie etwa die Steiermark, die sich per Landesparteitagsbeschluss als „reformdemokratisch“ ausgab, sei hier nur ergänzend erwähnt. Ob so jedenfalls eine erkennbare und vor allem für den Wähler glaubwürdige Verortung in der österreichischen Parteienlandschaft geglückt ist, beantwortet sich wohl von selbst.

Faktisch ist es dem BZÖ im Zeitraum von Ende 2008 bis zur Wahl im Jahr 2013 nur ein einziges Mal gelungen, Ansätze eines erfolgreich umgesetzten Themenmanagements und einer gelungenen Markenentwicklung zu zeigen: Im Zuge des Neujahrstreffens 2011 wurde der von Bucher selbst ersonnene und meinerseits werblich umgesetzte Slogan „Genug gezahlt!“ samt neuem Parteilogo und Corporate Design der Öffentlichkeit vorgestellt. Diese optische und werbliche Neugestaltung sollte einhergehen mit einer inhaltlichen Fokussierung auf die Themen Steuersenkung, Kampf gegen Abgaben und Gebühren, Verwaltungs- und Bürokratieabbau und nicht zuletzt vehementer Kritik an Bankenrettungen auf Kosten des Steuerzahlers und in weiterer Folge der Euro-Politik der EU samt Rettungspaketen für Pleitestaaten wie Griechenland. Was folgte war tatsächlich eine Phase der Konsolidierung für das BZÖ: Bucher fand seinen eigenen, sachorientierten Stil, konzentrierte sich in seiner politischen und parlamentarischen Arbeit fortan auf genannte Themen und wirkte in diesen Themen als Unternehmer aus der Wirtschaft zudem auch glaubwürdig und authentisch. Vor allem glückte es dem BZÖ, das Thema der Euro-Krise als erste Partei glaubwürdig zu besetzen und mit dem Modell eines Nord-Euro und eines Süd-Euro auch ein passendes Konzept nachzuliefern. Und schließlich gelang es noch, mit der permanenten Platzierung und Verfolgung von „Genug gezahlt!“ erstmals so etwas wie eine eigene Corporate Identity zu finden. Auch in den Umfragen machte sich diese Phase der Konsolidierung langsam, aber stetig bemerkbar. Dümpelte das BZÖ lange Zeit an oder meistens unter der Vier-Prozent-Hürde herum, war ab Mitte 2011 ein Aufwärtstrend spürbar, der in weiterer Folge dazu führte, dass das BZÖ im Laufe des Jahres 2012 in sämtlichen seriösen Erhebungen von Meinungsforschungsinstituten konstant über der Vier-Prozent-Hürde lag und sich je nach Institut bei einem relativ stabilen Wert von fünf bis acht Prozent einpendelte.

Doch dann kam jemand aus Kanada geflogen und machte dieses mühsame Aufbauwerk mit einem Schlag wieder zunichte: Frank Stronach, der mit der Gründung des Team Stronach und vor allem der Schaffung eines eigenen Parlamentsklubs aus Mandataren des BZÖ die österreichische Innenpolitik über den Haufen warf und das BZÖ, das gerade begann, endlich wieder Tritt zu fassen, in eine neuerliche Krise stürzte. Denn da war sie wieder: die öffentliche und noch mehr veröffentlichte Meinung, dass das BZÖ eine instabile, nicht ernst zu nehmende politische Kraft sei, die keine Chance habe zu überleben und wieder ins Parlament einzuziehen. Der berühmt-berüchtigte „Fallbeileffekt“ war unter anderem die Folge.

Insofern war die Ausgangslage vor der Nationalratswahl 2013 optimistisch gesehen schwierig, pessimistisch gesehen hoffnungslos. Und dennoch: Eine kleine Chance war noch da und bei Verfolgung einer richtigen Wahlkampfstrategie und Umsetzung einer guten Wahlkampagne wäre der Einzug wohl knapp, aber doch machbar gewesen. Warum es dann doch nicht geklappt hat, liegt nicht nur an der eben geschilderten schwierigen Entwicklung des BZÖ seit dem Jahr 2008 und Versäumnissen in diesem Zeitraum, sondern hatte, aufs Wesentliche reduziert, drei Gründe:

Erstens: Anstatt unbeirrt weiter bei den Themen zu bleiben, die das BZÖ in genannter Konsolidierungsphase bereits erfolgreich zu besetzen begonnen hatte, und am entwickelten Image aufzubauen, zauberten Josef Bucher und sein Wahlkampfleiter Markus Fauland mit Beginn der Intensivwahlkampfphase Anfang September und damit nur vier Wochen vor der Wahl plötzlich völlig neue Themen und Kernanliegen aus dem Hut, für die das BZÖ stehen sollte. Josef Bucher, „der Mann aus der Wirtschaft“, wie er sich selbst bezeichnete, wurde im Rahmen der BZÖ-Plakatkampagne wie aus heiterem Himmel zum Retter der Patchwork-Familien stilisiert (Slogan: „Patchwork ist auch Familie“) und stimmte überdies als Draufgabe auch noch ins links-sozialistische Mantra der Verteilungsgerechtigkeit ein (Slogan: „Fair teilen statt umverteilen“), um schließlich via drittem Plakatsujet doch noch eine Steuersenkung (Slogan: „Steuern runter!“) zu fordern. Deswegen und mit Verweis auf das bereits geschilderte „Themen-Hopping“ des BZÖ unter Josef Bucher seit 2008 erging es dem Wähler beim BZÖ unter Josef Bucher so, wie sich das Handelsunternehmen Tchibo mit einem kecken Slogan in seiner Werbung verkauft: „Jede Woche eine neue Welt!“. Darum nenne ich das BZÖ – Liste Josef Bucher überspitzt auch die „Tchibo-Partei“: In Permanenz wurde eine neue orange politische Welt mit anderen Themen, Inhalten und Ausrichtungen kreiert. Damit wechselte man jeweils den gewählten Platz im Parteienspektrum, den man eben erst eingenommen hatte.

Zweitens: Obwohl es dem BZÖ nur in Ansätzen gelungen war, eine neue Marke zu entwickeln, sich in zentralen politischen Bereichen eine Themenführerschaft zu erarbeiten und der Partei ein neues, glaubwürdiges und unverwechselbares Profil zu verpassen, verzichtete Josef Bucher auch noch auf die am Ende doch wieder einzig übrig gebliebene, wirklich tragende Säule der Orangen, nämlich das BZÖ als Partei des Jörg Haider zu zeigen. Er hatte es gegründet, wegen ihm hatte ein Großteil der Wählerinnen und Wähler des Jahres 2008 das BZÖ gewählt und nur wegen Haider wurde es von nicht wenigen nach wie vor unterstützt und bei der Wahl präferiert. Man versprach sich vom BZÖ, die Politik des Jörg Haider zu vertreten und im Kern weiter zu verfolgen. Anstatt dieses Faktum in der Wahlkampagne entsprechend zu berücksichtigen und zu versuchen, diese Wählergruppen durch entsprechend spezifische und wohldosierte Botschaften neuerlich ans BZÖ zu binden, klammerte Bucher den Faktor Jörg Haider aus seinem Wahlkampf völlig aus. Mehr noch, er ging öffentlich deutlich auf Distanz zu Jörg Haider und stellte klar, dass das BZÖ unter Josef Bucher mit dem BZÖ des Jahres 2008 unter Jörg Haider wenig bis gar nichts mehr zu tun hat. (Zitat: „Jörg Haider ist tot. Das BZÖ ist die Partei des Josef Bucher.“) Die Folge: Laut SORA-Wählerstromanalyse verlor das BZÖ die meisten Wähler an die FPÖ, indem sage und schreibe 193.000 Wähler des BZÖ aus dem Jahr 2008 bei der Nationalratswahl 2013 ihr Kreuz bei der FPÖ machten, weil sie sich vom Bucher-BZÖ ganz offensichtlich nicht mehr angesprochen und politisch dort nicht mehr beheimatet beziehungsweise ihre Interessen nicht mehr vertreten fühlten. Zur Klarstellung: Ich rede damit nicht einem reinen Haider-Wahlkampf das Wort, denn das wäre nicht zielführend gewesen, sondern stelle lediglich fest, dass es in der beschriebenen Situation des BZÖ ein Fehler war, auf den Faktor Haider vollends zu verzichten, sondern mitten im Wahlkampf sogar einen Bruch mit diesem zu vollziehen.

Drittens: Getreu dem Tchibo-Slogan „Jede Woche eine neue Welt!“ präsentierte sich das BZÖ mit Beginn des Wahlkampfes nicht nur inhaltlich gänzlich neu, sondern nahm auch personell eine komplette Neuaufstellung vor. Bekannte Gesichter wie Ewald Stadler, Herbert Scheibner, Ursula Haubner oder auch Stefan Petzner wurden ausrangiert und durch völlig neue Gesichter auf den vordersten Listenplätzen ersetzt. Das Motiv dahinter war klar: Man empfand die genannten Personen und ihre jeweilige politische Geschichte als zur versuchten Neuausrichtung des BZÖ unter Josef Bucher nicht mehr passend. Dass dem tatsächlich so gewesen sein könnte, sei gar nicht kategorisch ausgeschlossen, fest steht aber jedenfalls, dass diese personelle Neuaufstellung, hätte sie von Erfolg gekrönt sein sollen, viel früher hätte vonstatten gehen müssen. So aber sorgte der Austausch fast der gesamten Mannschaft wenige Wochen vor der Wahl für massive Verunsicherung und Irritationen, – nicht nur innerhalb der Partei, sondern auch bei den Wählerinnen und Wählern – statt durch neue Gesichter für frischen Wind und zusätzliche Dynamik zu sorgen. Verstärkt wurden Verunsicherung und Irritation dadurch, dass die sogenannte „Next Generation“, wie die neue orange Mannschaft von Bucher tituliert wurde, zur Gänze aus No Names bestand, die nicht einmal den eigenen Parteimitgliedern ein Begriff waren, geschweige denn den Medien beziehungsweise der Öffentlichkeit und vor allem den Wählerinnen und Wählern. Statt also durch ein breites personelles Angebot mit einem gesunden Mix aus bewährten und vor allem bekannten Personen und dem einen oder anderen prominenten Neueinsteiger aus der Wirtschaft möglichst viele verschiedene Wählergruppen anzusprechen, wurde das BZÖ auf einen Wahlverein des Josef Bucher reduziert. Mit Blick auf die Wahlmotive sachlich und nüchtern betrachtet eine Fehlentscheidung, denn von den 3,6 Prozent, die das BZÖ letztlich wählten, haben laut veröffentlichten Motivforschungsergebnissen im Vergleich etwa zu Heinz-Christian Strache eher bescheidene 54 Prozent das BZÖ wegen Josef Bucher gewählt. Macht umgerechnet auf das BZÖ-Wahlergebnis rund 1,9 Prozent …

Neben diesen wesentlichsten Fehlern, zu denen auch noch die strikte Weigerung gehört, die Polarisierung, Konfrontation und Zuspitzung zu suchen, Feindbilder zu kreieren und anzugreifen, auf Generalsekretärsebene die Auseinandersetzung mit dem direkten politischen Gegner zu führen, sowie weiteren strategischen Missgriffen wie dem völlig unnötigen Angebot einer Kooperation an die NEOS, kamen noch handwerkliche Schnitzer. Etwa eine nicht nachvollziehbare Auswahl eines Portraitfotos Buchers für die Plakatkampagne des BZÖ, auf welchem er verschreckend grimmig-böse dreinblickte, ein völliger Verzicht auf eine professionelle Social-Media-Kampagne und heute gängige Kampagneninstrumente wie Direct Mailings oder TV-Spots sowie organisatorische Mängel und Pannen, sodass am Ende des Tages die unerwartet gute und überzeugende Performance des Josef Bucher in den vielen TV-Duellen und die Fülle von medialen Aufritten nicht ausreichten, um die Hürde von vier Prozent zu überspringen.

Womit wir zum Schluss bei der Frage angekommen wären, ob das BZÖ, welches abgesehen von der Vertretung im Kärntner Landtag nunmehr eine außerparlamentarische Opposition darstellt, überhaupt noch Zukunft hat. Ich sage trotz allem: Ja. Nicht nur, weil, wie beschrieben, die richtigen Ansätze durchaus vorhanden gewesen waren, die es nun in adaptierter Form weiterzuverfolgen gilt, sondern auch, weil mich die EU-Wahl im Juni 2009 zuversichtlich stimmt (Spitzenkandidat: Ewald Stadler, Wahlkampfmanager: Stefan Petzner), wo das BZÖ ohne Jörg Haider und ohne wesentliche Unterstützung der damals noch geeinten Kärntner Landesgruppe ein bundesweites Ergebnis von 4,6 Prozent erzielte. Mit dem damaligen Ergebnis bei einer bundesweiten Wahl, das trotz eines Hans-Peter Martin mit fast zwanzig Prozent der Stimmen (das ist fast zweimal das Stronach-Wahlergebnis plus zweimal das NEOS-Wahlergebnis) erzielt werden konnte, wäre das BZÖ wieder im Nationalrat vertreten gewesen. Das zeigt: Es geht. Ausgerechnet die kommende EU-Wahl im Mai 2014 wird es denn auch sein, die endgültig über das Schicksal des BZÖ entscheidet. Ein Erfolg wäre ein gelungener Startschuss für die Rückeroberung des Nationalrates, ein Misserfolg hingegen zweifellos das endgültige Aus für das Bündnis Zukunft Österreich.

IX

Grosskoalitionäre Fatigue und die Lust am Tabubruch

Die Debatte über eine rot-blaue Koalition gab es noch in jedem Wahlkampf und danach. Ein Rückblick auf Argumente, Akteure und ihre anschwellende Angstlust.

Barbara Tóth

Keine Nationalratswahl seit 1999, bei der der Sozialdemokrat Karl Schlögl nicht seine fünf Minuten Ruhm hat. Diesmal wählte der ehemalige Innenminister, inzwischen Bürgermeister von Purkersdorf, die Gratis-Boulevardzeitung „Österreich", um drei Tage nach der Nationalratswahl vom 29. September 2013 zu verkünden: „Die SPÖ sollte sich ihrerseits eine weitere Option eröffnen: Ich war immer dafür, dass die Partei auch in Richtung FPÖ gesprächsfähig wird. Allerdings: Aus diesem Grund bin ich 1999 ja auch nicht Parteichef geworden."

Kurze Zeit später, am 8. Oktober, meldete sich FPÖ-Chef Heinz-Christian Strache zu Wort. Ausgerechnet in der staatseigenen „Wiener Zeitung" nutzte er einen Gastkommentar für eine ganz offizielle Koalitionsbewerbung. Die FPÖ sei absolut bereit, Regierungsverantwortung zu übernehmen, jetzt, da Österreich von drei Mittelparteien dominiert werde. Seine Partei sei inzwischen nämlich „die einzige stabile und verlässliche politische Kraft. Die Menschen wissen sowohl bei den Themen als auch bei den Personen, woran sie bei uns sind. Mit uns gibt es keinen Flug durch die Nebelbank", beteuerte Strache. Nur leider verhindere die „dümmliche Ausgrenzungspolitik" der Roten, dass seine Regierungsambitionen Realität werden.

Schlögls und Straches Einlassungen sind nur zwei Beispiele für die Debatte, die die ersten beiden Wochen nach der Wahl dominierte und eine bemerkenswerte Dynamik entwickelte. Das Liebäugeln mancher innerhalb der SPÖ und ihrer Sympathisanten mit der „blauen Karte", also einer kleinen Koalition aus SPÖ und FPÖ, ist nichts Neues. Wann immer eine solche Zusammenarbeit rechnerisch möglich war, fanden sich Proponenten, die dafür plädierten. Ihr prominentester war und ist der verhinderte Parteichef Schlögl. 2013 jedoch zeigte sich ein neues Phänomen. Jetzt waren es mit einem Mal nicht nur die rote Basis, Gewerkschafter und einzelne Länderfunktionäre, die für eine Zusammenarbeit mit den Blauen plädierten, vom steirischen ÖGB-Chef Horst Schachner („Die Ausgrenzung der FPÖ ist Blödsinn") über den Salzburger Arbeiterkammer-Präsidenten Siegfried Pichler („Gespräche mit der FPÖ wären sinnvoll") bis zum Vorarlberger Norbert Loacker („Die FPÖ hat gute Leute"). Nein, auch linksliberale Intellektuelle und Publizisten dachten laut über den „Tabubruch" Rot-Blau nach.

Das ist umso bemerkenswerter, als SPÖ und FPÖ mit 92 von 183 Mandaten im Parlament nach der Wahl 2013 im Falle des Zusammengehens nur die denkbar knappste Mehrheit von einem Mandat hätten. Ein Dissident oder eine Dissidentin reichten aus, um eine solche Regierungsform zu stürzen. Rot-Blau steht weiters ein gültiger SPÖ-Bundesparteitagsbeschluss aus dem Jahr 2004 entgegen, der eine Koalition mit der FPÖ verbietet, sowie die wiederholten Beteuerungen von SPÖ-Chef Werner Faymann, dass er mit der FPÖ nicht koalieren will.

Die Sehnsucht nach Rot-Blau scheint sich also weniger an der Realität zu nähren als am Wunsch nach einer anderen Politik. Oder einer anderen SPÖ. Oder beidem.

Woran genau, soll in diesem Beitrag erkundet werden – vor dem historischen Hintergrund dieser Debatte. Denn das ist das zweite, erstaunliche Kennzeichen der rot-blauen Liebäugelei nach der Wahl 2013. Sie fand nicht nur am Rande realpolitischer Gegebenheiten statt, sondern weitestgehend auch ohne historischen Kontext.

Aber zurück zu jenen Publizisten und Intellektuellen, die sich in den ersten beiden Oktoberwochen in die Debatte um eine rot-blaue Koalition einschalteten. Joachim Riedl etwa, Leiter der Österreich-Ausgabe der liberalen Wochenzeitung „Die Zeit".

Er argumentierte gewohnt wortgewandt für Rot-Blau, vor allem mit der Ähnlichkeit der beiden Parteien (Ausgabe 41/2013): „Die Vorstellung, die größte Pensionistenpartei in Österreich, die SPÖ, könnte mit der größten Arbeiterpartei, der FPÖ, zusammengehen, gilt weithin als Ketzeridee. Zu unterschiedlich seien beide Gruppierungen: auf der einen Seite die Garanten sozialer Wärme, auf der anderen die hinterwäldlerischen Fremdenhasser. Staatstragende Regierungsverantwortliche gegen hetzerische Schmuddelkinder, Beschwichtigungsredner gegen hetzerische Agitatoren, ruhige Hand gegen geballte Faust. Die Sozialdemokraten würde es im Fall eines solchen Experiments zerfetzen, behauptet der politische Hausverstand. Tatsächlich sind sich aber die Parteien ähnlicher, als ihnen lieb sein kann." Aus diesem Grund ließe sich Strache von SPÖ-Chef Werner Faymann leichter „domestizieren" und man könne viele gemeinsame Reformvorhaben verwirklichen, „von der Bildungspolitik bis zu vermögensbezogenen Steuern" (hier irrt Riedl, denn die FPÖ tritt gegen das rote Gesamtschulmodell auf, genauso wie gegen Reichensteuern). Am schwersten für eine Zusammenarbeit mit der FPÖ müsse für die SPÖ laut Riedl aber die Ausweglosigkeit sprechen. „Denn was ist die Alternative? In einer 50,6-Prozent-Koalition an der Seite einer wehleidigen und störrischen Volkspartei weiter zu verschrumpeln."

Ähnlich – nämlich mit der inhaltlichen Nähe der beiden Parteien, der großkoalitionären Fatigue und dem Verzweifeln an den Umständen – argumentierte auch der renommierte linksliberale Anwalt und Publizist Alfred J. Noll in der Wochenzeitung „profil" (42/2013). „Wenn die SPÖ jetzt mit dieser ÖVP koaliert und sich gar noch eine „ÖVP-Handschrift" (Erwin Pröll) gefallen lässt, so wird die Mehrzahl der abhängig Beschäftigten im Jahr 2018 die FPÖ wählen und Heinz-Christian Strache wird sich als Kanzler eine ebenfalls weiter geschwächte ÖVP als Juniorpartner holen. Und den verwunderten und verwundeten SPÖ-Anhängern wird man dann in Erinnerung rufen, was der junge Marx einst gegen Hegel schrieb: ‚Die Idee blamiert sich immer, soweit sie von dem Interesse unterschieden war'."

Deshalb sollte die SPÖ die FPÖ schleunigst zu Koalitionsverhandlungen einladen, allein schon aus taktischen Gründen. „Die Forderungen nach sozialer Sicherung innerhalb und außerhalb von Beschäftigungsverhältnissen, nach einem ökologischen Umbau der Wirtschaft und nach einer effizienten Verwaltung werden in der FPÖ auf keine Widerstände stoßen. Die blödsinnige EU-Polemik der FPÖ wird man genauso geraderücken müssen wie den manifesten Rassismus, der sich hinter der FPÖ-Forderung ‚Keine Sozialleistungen für Nicht-Österreicher' verbirgt. Die Ressorts Wirtschaft, Finanzen, Soziales, Außenpolitik und Justiz müssen zur SPÖ – der Rest ist zu verhandeln."

Natürlich sei auch sein Vorschlag „aus der Verzweiflung über die politischen Zustände in diesem Land geboren", relativierte Noll abschließend. „Aber den bekennenden Verteidigern des guten Geschmacks und ihren Vorlieben für politische Degustation sei gesagt: Die SPÖ hat gerade das schlechteste Ergebnis aller Zeiten eingefahren – und es wird noch schlimmer kommen, wenn sich die SPÖ nicht endlich dazu aufrafft, Politik zu machen."

Riedl und Noll waren sicher die bekanntesten – und unerwartetsten – Fürsprecher für Rot-Blau in der Nachwahlphase 2013. Aber auch der Jugendforscher und Ex-Juso Bernhard Heinzlmaier ließ sich vom „profil" mit den Worten zitieren (42/2013), die SPÖ sei „auf dem besten Weg, sich zum Narren zu machen". Im Kampf der „unterprivilegierten Arbeiterschaft gegen eine immer radikaler agierende Wirtschaftslobby" sei „die FPÖ ein besserer Partner als die ÖVP". Die linksliberale Tageszeitung „Der Standard" bot den jungen Autor Oliver Jeges auf, der unter anderem für die deutsche Wochenzeitung „Cicero" über Kulturthemen schreibt. Er machte auf der „Kommentar der Anderen"-Seite folgenden Menüvorschlag: „Pasta al pomodoro mit blauem Parmesan". (Ausgabe vom 3. 10. 2013). Jeges plump-provokativ geratenes Plädoyer für Rot-Blau ist ein Beispiel dafür, wie anders die Generation der heute 30-Jährigen über die Frage der, wie er es nennt, „Ausschließeritis" denkt.

Bei Jeges geht es rein um parteipolitische Taktik. „Wer die FPÖ ausgrenzt, verleiht ihr Flügel. Deswegen Genossen: Holt die FPÖ in die Regierung, jetzt! Sonst wird bei der nächsten Wahl aus einem blauen Wunder ein blaues Auge – und Strache erster Kanzler der dritten Republik. Liebe Sozialdemokratie, Partei von Victor Adler und Karl Renner, Ihr seid auf dem Weg in die Bedeutungslosigkeit. Der Eisberg naht, aber ihr könnt oder wollt ihn nicht sehen. Wenn ihr so weitermacht, werdet ihr untergehen wie die Titanic. Ihr könnt nun Euren Weitblick unter Beweis stellen. Nehmt Euch Euren Angstgegner FPÖ. Nehmt ihn von hinten. Nehmt Euch die Freiheitlichen in eine Koalition und lasst sie euch schmecken wie einen guten Teller Pasta."

Zumindest innerparteilich wurde die Debatte über Rot-Blau selbstkritisch aufgenommen. Ludwig Dvořák, Chefredakteur der „Zukunft", wertete sie nicht nur als Beweis für die „mangelnde politische Tiefe bei als progressiv geltenden intellektuellen ‚Ratgebern', die nicht zum Kern der Sozialdemokratie zählen" und als „originelle Tabubrecher" öffentlich brillieren wollen. Nein, er sieht sie auch als Zeichen für die „innerparteiliche Hilf- und Orientierungslosigkeit" (Zukunft 6/2013).

Offenbar habe die „FPÖ-Propaganda von der ‚sozialen Heimatpartei' voll eingeschlagen", vor allem bei „einzelnen Partei- und Gewerkschaftsfunktionären" der SPÖ, analysiert er. Hier sei die Frustration darüber besonders hoch, dass die FPÖ genau jene Forderungen in ihren Kampagnen aufgreife, die ursprünglich sozialdemokratisches Programm waren und für die die Partei 2006 und 2008 auch noch gewählt worden war, wie etwa die abschlagsfreie Pension nach 45 Jahren. Das Vertrauen „in die eigene politische Stärke" sei „völlig verloren" gegangen. Nun hoffe man auf einen „gnädigen Koalitionspartner", der einem aus dem Schlamassel helfe, und meine, mit der FPÖ ginge das einfacher als mit der ÖVP. Aber letztlich müsse die Partei aus sich selbst heraus agieren, sich „am eigenen Schopf aus dem Sumpf ziehen", fordert Dvořák.

Damit kommt Dvořák letztlich zum selben Schluss wie Riedl und Noll. Auch sie wünschen sich, dass endlich wieder „Politik gemacht wird" (Noll) im Land, dass die SPÖ nicht „weiter verschrumpelt"

(Riedl). Kurzum: dass sie ihre Kanzlerschaft zum Gestalten nutzt, nicht zum Minimalkompromissverwalten.

Darf die SPÖ mit den Blauen, oder darf sie nicht? Ein Blick in die österreichische Zeitgeschichte ist an diesem Punkt der Debatte vielleicht hilfreich, denn er zeigt, dass der Umgang der SPÖ mit der FPÖ sehr unterschiedliche Phasen durchlief. Frei von Opportunismus oder parteipolitischem Kalkül war sie nie. Die Phase der „Ausgrenzung" oder „Ausschließeritis" (Jeges), in der sich die Sozialdemokratie seit dem Bruch des damaligen Bundeskanzlers und SPÖ-Vorsitzenden Franz Vranitzky mit der FPÖ im Jahr 1986 bis heute (noch) befindet, ist die jüngste – und hält somit seit über einem Vierteljahrhundert an. Damals kündigte Vranitzky die Koalition mit der FPÖ auf, nachdem sein Vizekanzler und FPÖ-Chef Norbert Steger durch den jungen Jörg Haider auf dem Innsbrucker Parteitag weggeputscht wurde.

Davor dominierte ebenso lange die Doktrin Bruno Kreiskys, der als SPÖ-Parteichef (1967-1983) und Wegbereiter der ersten und bislang einzigen – und im kollektiven Gedächtnis seltsamerweise kaum verankerten – rot-blauen Koalition (1983-1986) in der FPÖ immer den willkommenen Steigbügelhalter für das Brechen einer „bürgerlichen" Mehrheit im Lande sah. Bereits Anfang der 1960er-Jahren suchte Kreisky den persönlichen Kontakt zum damaligen FPÖ-Chef Friedrich Peter, mit dem er über die Jahre ein Vertrauensverhältnis aufbaute und den er als Garant für den Aufbau einer „liberalen FPÖ" sah. Nach seinem ersten Wahlerfolg im Jahr 1970 lohnte sich Kreiskys Aufbauarbeit. Noch in der Wahlnacht rief er Peter zu sich und bot der FPÖ eine für sie günstige Wahlrechtsreform und den Dritten Nationalratspräsidenten an. Die FPÖ duldete Kreiskys Minderheitsregierung dafür ein Jahr lang. Von 1971 bis 1983 regierte Kreisky machtvoll und alleine. Nach den Nationalratswahlen 1983, als die SPÖ ihre absolute Mehrheit verlor, war es wieder Kreisky, der wie selbstverständlich auf die FPÖ als Koalitionspartner zurückgriff und die rot-blaue Koalition für seinen Nachfolger als Kanzler und Parteichef Fred Sinowatz einfädelte. Diese Phase endete mit dem bereits erwähnten Bruch unter Sinowatzs Nachfolger Vranitzky im Jahr 1986.

Wer noch weiter in die österreichische Zeitgeschichte zurückgeht, stößt auf den eigentlichen rot-blauen „Sündenfall", wie es der Historiker Oliver Rathkolb nennt. Im Jahr 1949 wurde das Fundament für jene Machtkonstellation zwischen SPÖ, ÖVP und FPÖ gelegt, das bis heute das politische System bestimmt. Damals ließen die Westalliierten und die SPÖ die Gründung des Verbands der Unabhängigen (VdU), als Sammelbewegung ehemaliger Nazis und Vorgängerpartei der FPÖ, zu. Damit durfte der VdU bei den Parlamentswahlen kandidieren. Die SPÖ erhoffte sich schon damals eine Spaltung der bürgerlichen Dominanz. Das sogenannte dritte Lager wurde in der Folge zur ständigen Karte für die SPÖ, um die ursprünglich erfolgreichere ÖVP einmal überholen zu können. Rathkolb: „Kreisky zog sie als Erstes und versuchte gleichzeitig, die FPÖ von außen zu einer liberalen Partei umzuformen, ähnlich wie die deutsche FDP, die ja ursprünglich sehr rechtslastig gewesen war. Das war Wunschdenken vom Reißbrett." Wolfgang Schüssel zog sie im Jahr 1999 als zweites, und auch er scheiterte.

Wenn also Sozialdemokraten oder ihnen mehr oder weniger nah stehende Publizisten und Intellektuelle das Wort für Rot-Blau ergreifen, dann brechen sie gleichzeitig ein und kein Tabu, je nachdem, auf welche Denkschule sie sich berufen: jene Vranitzkys (die FPÖ ist prinzipiell nicht regierungsfähig) oder jene Kreiskys (die FPÖ kann zum Regieren bei Bedarf herangezogen werden). Welche richtig oder falsch ist, ist natürlich eine Frage des Standpunktes. Für Historiker Rathkolb steht beispielsweise außer Frage, dass die SPÖ aus der Geschichte gelernt haben sollte und deswegen eine Koalition mit der FPÖ ausschließen muss: „Deswegen ist die SPÖ so klar ablehnend gegenüber der FPÖ, im Unterschied zur ÖVP. Sie hat aus den Erfahrungen der rot-blauen Koalition, aber auch aus der Kurt-Waldheim-Affäre im Jahr 1986 gelernt. Da ist der eindeutigste Bruch mit der Kreisky-Ära zu finden."

Umgekehrt könnte man auch argumentieren, dass Noll und Riedl, wenn sie einen Bruch mit der „Vranitzky-Ära" fordern, ebenfalls ihre Lektion aus der Geschichte gezogen haben. Sie weisen eben darauf hin, dass es für die SPÖ unklug war, seit 1986 auf den Steigbügel zur Macht namens FPÖ zu verzichten. Anders als die ÖVP, die seit 1986 ununterbrochen in der Regierung sitzt, verbrachte die SPÖ deswegen auch die Jahre 2000 bis 2006 in Opposition.

Versuche, mit der „Vranitzky-Ära" zu brechen, gab es in den vergangenen Jahrzehnten genug. In den roten Parteizentralen der Länder, die vielfach von Proporzregierungen dominiert sind, war die Unterstützung der FPÖ bei der Wahl zum Landeshauptmann phasenweise nicht verpönt, weder im Burgenland noch in der Steiermark oder Salzburg, schon gar nicht in Kärnten, wo es 2004 zu einem rot-blauen Interregnum, getauft „Chianti-Koalition", kam.

Kurz zuvor hatte sich SPÖ-Parteichef Alfred Gusenbauer (Amtszeit 2000 – 2008) mediengerecht zu einem „Spargelessen" in einem steirischen Gasthaus mit Haider getroffen, um gemeinsame Positionen auszuloten. Für eine Zusammenarbeit in sozialen Fragen sei ihm „jede Stimme recht", rechtfertigte er sich. Kurz darauf schloss sich das rot-blaue Fenster wieder. Dann fiel auf einem SPÖ-Bundesparteitag jener Parteitagsbeschluss, der besagt, dass eine „rechtspopulistische FPÖ niemals ein Partner für die SPÖ" sein könne. Gusenbauer war es auch, der noch 2007 Straches rechtsradikale Vergangenheit recht milde als „Jugendsünde" bezeichnete. Die Frage, ob unter ihm 2008 Rot-Blau denkbar gewesen wäre, ist müßig. Werner Faymann löste ihn ab, eine rot-blaue Mehrheit kam bei den Nationalratswahlen 2008, anders als 2013, knapp nicht zustande.

Wie wird die SPÖ im Jahr 2018, wenn die nächsten Nationalratswahlen anstehen, die Frage nach einer Koalition mit der FPÖ beantworten? Der Tod der Hauptfigur, die Vranitzky im Jahr 1986 zum Bruch mit der FPÖ veranlasste, nämlich Jörg Haiders, ist dann zehn Jahre her. Der Bundesparteitagsbeschluss, der eine Koalition mit den Blauen verbietet, wird 14 Jahre alt sein – in politischer Zeitrechnung eine kleine Ewigkeit. Kreisky und Vranitzky, die beiden roten Ahnherren und ihre unterschiedlichen Ideologien, werden Zeitgeschichte sein. Die Frage lässt sich aus heutiger Sicht natürlich nicht beantworten. Aber dass die Debatte immer noch entlang der Dichotomie „Ausgrenzungs-" versus „Steigbügeldoktrin" geführt wird wie 2013, wäre schon sehr verwunderlich.

X

„Eine Partei lebt“

Im Gespräch mit Leonard Novy erklärt der Berliner ÖVP-Werber Frank Stauss den Nutzen seiner Kampagne für die Volkspartei, das Spezielle an österreichischen Wahlkämpfen und warum heimische Journalisten negativer sind als die Bevölkerung. Und: Er nennt seine Lieblingsorte in Österreich.

Herr Stauss, Ihre erste österreichische Schlacht ist geschlagen. Wie bewerten Sie das Ergebnis?

Die ÖVP ist aus der Nationalratswahl 2013 bei leichten Verlusten mit einem Gewinn an Machtoptionen hervorgegangen. Da es in einem Wahlkampf ja um nichts anderes geht, als danach mehr Machtoptionen zu haben als zuvor, ein schöner Erfolg.

„Ein schöner Erfolg“? Ihre Einschätzung überrascht. Wollten Sie nicht mal Nummer eins werden?

Nun, wenn am Ende 2,8 Prozentpunkte zur Nummer eins fehlen, weiß man, dass die Chance durchaus da war – wenn auch nur eine geringe. Anderthalb Prozent von den NEOS, ein halbes mehr halten, ein halbes vom BZÖ und 0,3 von Stronach, und schon sind sie Nummer eins. Wenn diese theoretische Chance da ist, spielt man natürlich auf Sieg. Faktisch ergeben hat sich diese Option aber erst zum Jahreswechsel 2012/13. Denn 2012 war für die ÖVP ein schlimmes Jahr, in dem der neue Parteiobmann Tag für Tag mit Aufräumarbeiten der Vergangenheit beschäftigt war. Dennoch öffnete sich das Fenster plötzlich für uns, weil die SPÖ sich ohne Not in die Wehrpflichtkampagne verrannt hatte und später eine extrem defensive, geradezu verunsicherte Nationalratswahlkampagne fuhr. Um unsere Chance zu nutzen, hätten aber alle Faktoren stimmen müssen. Da die Abspaltung der NEOS nicht mehr zu verhindern war, durfte man ihnen inhaltlich keinen Nährboden bieten. Denn das entscheidende Thema für deren Wähler war ja die Bildung und hier insbesondere die Reform des Lehrerdienstrechtes. Das war unsere offene Flanke weit ins bürgerliche Lager hinein. Dort stecken die fehlenden Prozente. Gleichzeitig war das politisch nicht mehr zu korrigieren. So etwas passiert eben, wenn man mit lebenden Organismen zu tun hat.

Nun, die 24 Prozent sind immerhin das schlechteste Ergebnis in der Geschichte der Partei.

In solchen Kategorien denke ich nicht. Mich interessiert nicht, wo eine Partei 1970 stand, mich interessiert nicht einmal, wo sie bei der letzten Wahl stand. Mich interessiert ihr Potenzial, wenn wir anfangen zu arbeiten. Das lag bei der ÖVP bei 25 Prozent. Mit einer makellosen Kampagne und vielen Fehlern der anderen etwas darüber. Nach unten war aber auch Luft bis unter zwanzig Prozent. Das Endergebnis von 24 Prozent der Stimmen lag deutlich über den letzten Umfragen vor der Wahl und am oberen Ende der Skala der vorausgehenden 18 Monate. Dort notierte die ÖVP zwischen 19 und maximal 25 Prozent. Der Abstand zur SPÖ – die deutlich unter den Erwartungen abschloss – konnte verkürzt werden, die FPÖ wurde klar auf Distanz gehalten. Dies ist umso beachtlicher, als die FPÖ sich über einen langen Zeitraum ein Kopf-an-Kopf-Rennen mit der SPÖ um Platz eins geliefert hatte. Es drohte ja ein Zweikampf Faymann gegen Strache ums Kanzleramt, der unbedingt verhindert werden musste. Ich bin wirklich zufrieden. Nicht im Zustand der Ekstase, aber so will mich ja auch keiner sehen.

Die gängige Interpretation der deutschen Bundestagswahl, die ja eine Woche vor der Nationalratswahl stattfand, lautet, die Deutschen hätten sich nach den Krisenerfahrungen der letzten Jahre für Sicherheit statt Experimente entschieden. Ein Adenauer-Wahlkampf. Tatsächlich kam zu keinem Zeitpunkt Wechselstimmung auf. Auch die SPÖ setzte darauf, sich als jene Kraft zu positionieren, die das Volk sicher durch unruhige Zeiten steuert. Muss man da nicht einfach anerkennen: das Kalkül ist letztlich aufgegangen?

Tja, mit dem kleinen Unterschied, dass Merkel den Vorsprung zur SPD auf sagenhafte 15,8 Prozentpunkte ausgebaut hat und knapp an der Absoluten vorbeigeschrammt ist. 2009 hat Merkel den Vorsprung zur SPD schon einmal von einem auf zehn Prozentpunkte ausgebaut. Das nennt man dann Kanzlerbonus. Die SPÖ hat es andererseits geschafft, aus einer vergleichbaren Position, in Zeiten, in denen das Land gemeinsam mit Deutschland auf Platz eins in der Eurozone steht, in denen die ÖVP von massiven Problemen geplagt war, in denen das bürgerliche Lager sich weiter zersplitterte, die Grünen am Ende weit unter der Erwartung blieben und die SPÖ auch noch den Kanzler stellte, nicht nur Stimmen zu verlieren, sondern auch noch den Abstand zum Verfolger zu verkürzen. Das muss man erst einmal schaffen. Hut ab! Ich habe eine sehr klare Vorstellung, wo die fehlenden Stimmen der ÖVP liegen. Das größere Rätsel dieses Wahlkampfes bietet aber die SPÖ. Ihr gelingt es doch bereits seit Jahrzehnten nicht mehr, aus dem zersplitterten Wählermarkt als dominierende Mitte-Links-Kraft Kapital zu schlagen. Die SPÖ agiert völlig verängstigt als reine Status-quo-Partei und ist offenbar nicht mehr in der Lage, morgens eine Vision für den Abend zu entwerfen. Von längeren Zeiträumen ganz zu schweigen. Eine Vision braucht eine sozialdemokratische Partei aber viel dringender als eine bürgerliche. Die waren schon immer pragmatischer.

Sie haben rund zwei Dutzend Wahlkämpfe für die deutsche Sozialdemokratie geführt. Wie kam es zu der Zusammenarbeit mit der ÖVP?

Die Zusammenarbeit mit der ÖVP begann nach einigen Vorgesprächen im Januar 2012. Der ÖVP waren unsere Kampagnen in Deutschland aufgefallen, und nach einem längeren Gespräch mit Michael Spindelegger war uns beiden klar, dass das eine gute Sache werden könnte. Er hat dann in einem wirklich bewundernswerten Kraftakt aus Reformen, Diplomatie und unglaublicher Nervenstärke seine Partei vom Rande des Abgrunds wieder ins Zentrum der Macht geführt. Dazu gehörte auch die Wiederentdeckung traditioneller Werte – aber auf der Höhe der Zeit. Die ÖVP hat wieder ganz klar auf ihre Wirtschaftskompetenz gesetzt, die sie wie keine zweite Partei in Österreich besitzt, und ihren Markenkern der bürgerlichen Mitte wieder freigelegt. Darauf kann man jetzt auch perspektivisch aufbauen.

War es im ÖVP-Lager jemals Thema, dass Sie SPD-Mitglied sind und bislang nur für die SPD gearbeitet hatten?

Das hat, glaube ich, die SPÖ und manche Journalisten mehr irritiert als die ÖVP. Wie bereits erwähnt, sind die Konservativen am Ende einfach pragmatischer. Ohne dass ich jetzt zu einem geworden wäre. Aber es gibt dort doch Dinge, die das Leben leichter machen. Andererseits findet man auch in diesem Strom seine Stromschnellen.

In ihrem Buch „Höllenritt Wahlkampf" schreiben Sie zugespitzt, dass es in einer Partei während des Wahlkampfs immer ein „tatsächliches Machtzentrum" um den Spitzenkandidaten gebe, auf der anderen Seite stünden „die Gremien". Parteien, zumal Volksparteien wie die ÖVP mit ihren diversen Landesparteien und Teilorganisationen, bringen immer ein gewisses Maß an Fragmentierung mit sich. Als wie strategisch, wie schlagkräftig haben Sie die Strukturen der ÖVP erlebt?

Jaja, das Buch. Das hatte ich geschrieben, als ich noch dachte, ich hätte 2013 keinen Wahlkampf zu bestreiten. So kann man sich täuschen. Die ÖVP hat natürlich sehr komplizierte Machtstrukturen, und das war auch das Erste, was mir befreundete CDU-Strategen als Warnung mit auf den Weg gaben. Letztendlich kann ich mich aber nicht beschweren. Entscheidungen wurden sehr rasch getroffen und es herrschte auch eine hohe Transparenz. So haben wir die Nationalratswahlkampagne in zwei Klubklausuren – eine davon weit vor dem Wahlkampf – präsentiert. Auch die Vorkampagnen mit den Schwerpunkten „Werte und Wirtschaft" ebenso wie die Kampagne zur Wehrpflicht wurden ausgiebig im Vorfeld abgestimmt. Am Ende war für mich kein gravierender Unterschied zu bisherigen Wahlkämpfen erkennbar, und wenn, dann eher zum Positiven.

Geschenkt: Bei der in Lehrbüchern und PR-Sprech viel zitierten „One-Voice-Policy" handelt es sich um eine kommunikationsstrategische Binsenweisheit, der man sich in der Realität nur annähern kann. Aber es gab doch eklatante Querschüsse und Steilvorlagen für den Gegner, bei Frauenpensionen, Zwölf-Stunden-Arbeitstag etc. Knapp einen Monat vor der Wahl setzte sich die Partei nach der Aussage des Wirtschaftskammerpräsidenten Leitl über den „abgesandelten" Wirtschaftsstandort Österreich dem Vorwurf aus, sie rede Österreich schlecht. Nach gemeinsamer Linie, Konsistenz in der Botschaft sah das alles nicht aus.

Eine Partei lebt. Das mussten selbst Stronach und Strache akzeptieren. Keines der genannten Stichwörter war aus meiner Sicht entscheidend. Das waren zum Teil mediale Aufreger, die aber weniger das Klientel der ÖVP berührten. Für wesentlich wichtiger erachte ich die Debatte zum Lehrerdienstrecht, weil hier die Anliegen auch vieler ÖVP-Wähler tangiert wurden. Aber dennoch: Wenn man hier 0,3 Prozentpunkte verliert und dort 0,6 Prozentpunkte – am Ende noch einen halben Prozentpunkt hier und anderthalb dort, dann ist das eben die Entscheidung, ob man das Kanzleramt gewinnt oder nicht. Ich habe jetzt 24 Wahlkämpfe begleitet, es gab bisher nur eine perfekte Kampagne, manche waren nah dran, diese hier gehört insgesamt zum oberen Drittel, wenn man sie realistisch einordnet.

Große Kopf-Plakate plakatierte die ÖVP deutlich später als die SPÖ. Was war das Kalkül dahinter?

Das war ja gerade die Strategie, den Sommerwahlkampf zum Auftakt für diese neue Positionierung zu nutzen, zu überraschen, ihn mit positiven Bildern zu verbinden. Im nächsten Schritt folgte dann der Spitzenkandidat mit eben diesen Attributen. Begleitet wurde das von der Sommertour und gezielten Reden, um diesen Anspruch zu untermauern. Schließlich fand all dies auch in den TV-Auftritten statt. Michael Spindelegger nutzte seine Chance sehr gut, diese Positionierung immer wieder zu unterstreichen. Nicht jammern, anpacken! Nicht blockieren, sondern den Weg freimachen! Nicht immer nach dem Staat rufen, sondern eigene Chancen nutzen!

Wie ging es weiter? In „Höllenritt Wahlkampf" beschreiben Sie, dass ein wesentlicher Bestandteil Ihrer Arbeit und die Grundlage Ihrer Kampagnen darin bestehen, mit dem Spitzenkandidaten jene Werte und Ideale freizulegen, die ihn überhaupt dazu bewegen, Politik zu machen. Wie kann man sich diesen Prozess vorstellen? Und welchen Niederschlag fand er in der Kampagne?

Spitzenkandidat, Partei und Kampagne müssen eine glaubwürdige Einheit bilden – das ist entscheidend. Schauen Sie sich die SPD 2013 in Deutschland an, dann sehen Sie, wie es nicht funktioniert. Michael Spindelegger war auch zwei Jahre nach Übernahme des Amtes noch „der Neue". Besonders im Vergleich zu Faymann und Strache. Und das war auch die einzige Chance, denn die ÖVP war ja in einem sehr schlechten Zustand. Wir haben gemeinsam mit ihm eine Strategie entwickelt, die ÖVP auf Basis ihrer Werte als Partei für diejenigen in Österreich zu positionieren, die nicht jammern, sondern anpacken. Angstparteien gab es ja schon genug: Die SPÖ warnt vor Armut, Stronach vor Europa, die Grünen vor dem Menschen an sich und Strache vor allem zusammen. Da dachten wir: Jammern können die anderen besser, da ist kein Platz mehr für uns. Wir setzen auf die Anpacker und Gestalter. Das lief ja auch ganz gut.

Auf die Notwendigkeit, sich systematisch mit seinen eigenen Werte zu befassen, weist der einflussreiche US-Linguist und Politikberater George Lakoff beinahe gebetsmühlenartig hin: „Know your values and frame the debate". Den Wähler sollte man jedoch auch kennen. Inwieweit haben Sie sich bei der Strategieentwicklung und der erwähnten „Neu-Positionierung" von Meinungsforschung, Fokusgruppen etc. leiten lassen? Gab es hinsichtlich Wählererwartungen, Werte- und Einstellungsmustern Befunde, die Sie überrascht haben?

Natürlich sollten Sie zunächst ihre eigenen Werte klar definieren, die in Einklang mit dem Markenkern und den Personen an der Spitze stehen müssen. Und dann müssen sie auch jenseits der publizierten Meinung wirklich zu den Menschen durchdringen. Wir erleben in vielen Wahlkämpfen der jüngeren Zeit, dass die Medien häufig an ihren eigenen Empfängern vorbeisenden. So auch in Österreich. Viele Journalisten sind negativer eingestellt, als die Stimmung im Land es ist, weil sie selbst extrem verunsichert und angstgetrieben sind. Es gibt ja kaum noch einen von ihnen, der heute weiß, ob er von seiner Arbeit in zwei Jahren noch leben kann. Das schlägt sich natürlich nieder und da ist es irritierend, wenn man das Wort „Optimismus" plakatiert. Unsere qualitativen Umfragen zeigten jedenfalls eine viel positivere Stimmung im Volk, und genau darauf bauten wir auf. Dabei waren die ausgewählten Motive zuvor von den österreichischen Fokusgruppen ausgesucht worden. Ebenso wie die assoziativen Begriffe der Tatkraft, des Anpackens oder auch des Stolzes auf ein wunderschönes Land. Da sehen Sie wieder, wie weit manchmal die Kommentatoren von ihren eigenen Leuten entfernt sind. Dafür wurde Faymanns Riesenhand als „the end of advertising" gefeiert, während sie mich eher an ein humoriges Zitat nordkoreanischer Plakatkunst erinnerte. Wie auch immer. Es kann ja gerne jemand der Meinung sein, dass 2013 für die ÖVP unter den bekannten Umständen mehr drin gewesen wäre als 24 Prozent. Bei ein bis zwei Prozentpunkten bin ich gerne dabei, aber darüber hinaus möchte ich auch gerne das strategische Fenster sehen, das dies hätte möglich machen sollen. Die ÖVP ist als Partei der Tatkräftigen und der Zukunftsgestalter absolut richtig und vor allem langfristig werteorientiert positioniert. Für eine solche Partei ist Platz im Land und perspektivisch kann sie damit wieder Mehrheitspartei werden. Wir reden ja zunächst einmal nicht von 51 Prozent, sondern von 27 Prozent.

Jenseits von Strategie und Konzeption: Wie intensiv war der Austausch mit dem Spitzenkandidaten im Tagesgeschäft, zum Beispiel im Vorfeld der gefühlt 500 Fernsehdebatten?

Die Debatten sind natürlich faszinierend, wenn man aus einem Land kommt, in dem es genau ein einziges Duell gibt und sich weder die Kanzlerin noch der Kanzlerkandidat in eine Runde mit den Parteivorsitzenden der kleineren Parteien setzen. Der richtige Weg scheint mir in der Mitte zu liegen. Natürlich gab es einen regen Austausch zwischen uns und dem Team von Michael Spindelegger vor und nach den Debatten. Schließlich ging es da jeweils um 750- bis 800.000 Zuseher. Da müssen Sie auf viele Marktplätze gehen, bis das zusammenkommt. Wir haben festgestellt, dass die statischen Duelle im ORF so gut wie keine Bewegung auslösten. Da waren die mutigeren Formate der Privatsender wichtiger und ließen auch mehr zu. Herr Stronach wurde ja vor allem dort entzaubert. Für die ÖVP waren die starken Auftritte Michael Spindeleggers vor allem im Duell mit Herrn Strache und dem Herrn Bundeskanzler enorm wichtig. Das hat deutlich zur Konsolidierung beigetragen und die eigenen Leute motiviert.

Der bislang eher verhalten, um nicht zu sagen spröde auftretende Spindelegger präsentierte sich in den TV-Duellen angriffslustig, anfangs regelrecht aufgekratzt. Ihnen hätte diese Rolle vermutlich gut gestanden, Spindelegger nach Meinung vieler Beobachter weniger. Es hieß, er sei „übercoacht“ ...

Sind das die gleichen Beobachter, die im Winter 2011 meinten, er würde die Verhandlungen zur Schuldenbremse nicht durchstehen? Oder die im Mai 2012 schrieben, er könne den Monat nicht überleben? Oder die davon überzeugt waren, er werde die Wehrpflicht-Abstimmung nicht gewinnen? Oder waren es die, die zeitweise selbst Stronach an ihm vorbeiziehen sahen? Oder die, die eine große Obmanndebatte nach der Wahl prophezeiten? Ganz ehrlich – wie er den Strache hat auflaufen lassen, das war richtig großes Kino. Der Michael Spindelegger macht einfach sein Ding und er macht es gut. Get over it.

Besteht das Dilemma letztlich nicht darin, dass es sich bei Aufbruch, Neuanfang und so weiter um Vokabeln handelt, die sich mit einer Partei, die über anderthalb Jahrzehnte ununterbrochen regiert, seit 2007 als Juniorpartner in der großen Koalition, schwerlich zusammenbringen lassen?

Nun, sie regiert ja nicht, weil sie sich einfach an den Kabinettstisch setzt, sondern weil sie immer wieder gewählt wurde. So auch jetzt. Aber natürlich bedeutet eine Koalition auch immer Kompromiss und damit auch automatisch, dass man nicht alle Wahlversprechen halten kann. Denn die kann man eben nur zu hundert Prozent durchsetzen, wenn man eine absolute Mehrheit bekommt. Wenn der Wähler keiner Partei die absolute Mehrheit gibt, muss er halt mit dem klarkommen, was er sich so zusammengewählt hat. Dennoch ist auch für die Koalition insgesamt eine Neujustierung notwendig. Doch auch wenn es mancher noch nicht wahrhaben will: Die ÖVP ist ja schon sehr weit in diesem Prozess und zwar mit Michael Spindelegger an der Spitze. Die bremsenden Kräfte im Land sind andere.

Welche Rolle spielten die Medien in diesem Prozess? Eine im europäischen Vergleich immer noch fast beispiellos hohe Pressekonzentration, ein stark boulevardisierter Markt, die Macht der „Kronen Zeitung" und der Kostenlos-Blätter „Heute" und „Österreich" – die österreichische Medienlandschaft gilt nicht umsonst als speziell …

Tja. Medienlandschaften sind auf ihre Art immer einzigartig und in Österreich vielleicht noch etwas demokratieskeptischer als andernorts. Wenn Sie viele Kommentare – ob in den USA, Deutschland oder Österreich – zu Ende denken, wollen die Autoren eigentlich ein autoritäres Regime, das durchregiert, keine Kompromisse mehr macht und endlich aufräumt – womit auch immer. Dass zwischen ihnen und ihren Machtfantasien aber noch ein Bürger steht und wählt, ist für einige eher störend. Vor allem, wenn er was anderes wählt, als sie für richtig halten. Naja, egal. Das spielt ja ehrlich gesagt auch gar keine so große Rolle mehr. Wir haben in Deutschland in der Vergangenheit massive Kampagnen konservativer Medien erlebt und die SPD hat dennoch gewonnen. In Österreich ist die Landschaft deutlich SPÖ-freundlich – aber was hat es ihr genutzt? Nach dem Medienecho hätte die SPÖ 35 Prozent und mehr bekommen müssen.

Wahlkampf in Österreich erscheint von außen betrachtet als geradezu hochgerüstet. Mit zusammen über dreißig Millionen Euro Budget liegen die Budgets der österreichischen Parteien – gemessen an der Größe des Landes – auch in diesem Jahr weit über den Ausgaben der deutschen Parteien, die um die hundert Millionen Euro für ihren Bundestagswahlkampf ausgaben. US-Koryphäen wie Stan Greenberg und Frank Luntz haben hier schon beraten. In der Gesamtschau aller Kampagnen und nach zwei Jahren Österreich-Erfahrung: Wie unterscheidet sich die hiesige Szene von der deutschen?

Ich wurde bereits Mitte der Neunzigerjahre nach Österreich zu Kongressen eingeladen, auf denen ich dann meine ehemaligen Lehrmeister aus Washington oder Kollegen aus der Clinton/Gore-Kampagne traf. Das Umfeld für Kampagnenberatung ist aus meiner Sicht viel offener, ein Stück professioneller und internationaler. Von den Spendings her bewegt man sich eher im Rahmen. Deutschland ist unterfinanziert, Amerika maßlos.

„Es waren die ersten Schritte des Herrn Kollegen auf österreichischem Boden, ich denke, da war er noch nicht richtig angekommen“, kommentierte SPÖ-Werber Mariusz Jan Demner in einem gemeinsamen „Format“-Interview. Hatten Sie damit gerechnet, dass die Personalie Stauss in Medien und Werbebranche selber zum Thema werden würde?

Ich bemühe mich redlich, bestehende Vorurteile zu erfüllen.

Und? Angekommen?

Ich liebe Österreich, seinen Gardasee und das schöne Matterhorn.

XI

Was von Bürgerlichkeit bleibt

Die Nationalratswahl 2013 markiert das Ende des politischen Systems der Zweiten Republik. Fünf Schlüsse und ein konkreter Vorschlag zur Überwindung dieser Krise.

Karel SCHWARZENBERG

1) Die NEOS sind die glaubhafteren Bürgerlichen

Ich kann bekanntermaßen in Österreich nicht wählen, aber hätte ich wählen können, wäre meine Entscheidung zwischen der ÖVP und den NEOS gefallen.

Die NEOS kennt man noch zu wenig, aber sie sind – das habe ich auch in meinem persönlichen, hier in Österreich verankerten Umfeld gespürt – ein großes Thema. Es gibt auch gewisse Parallelen zu meiner tschechischen Top09 Partei. Beide haben sehr professionelle Wahlkämpfe gemacht, beide haben eine Menge junger Leute, beide sind im liberalen Umfeld zu Hause.

Verständlich, dass die ÖVP in den NEOS ihre verlorenen Kinder sieht. Als liberale Wiedergeburt würde ich sie daher nicht unbedingt einordnen. Auch wenn es mich freuen würde, wenn es so wäre. Als mich Heide Schmidt damals, als sie das Liberale Forum gründete, gefragt hat, ob ich mitmache, antwortete ich ihr: Wenn ich mich entscheiden müsste, eine liberale Partei in Mitteleuropa zu gründen oder eine Bananenplantage in Murau, würde ich Letzteres machen, weil es zukunftsreicher ist. Allen liberalen Parteien hier in Mitteleuropa, ob in Österreich, Ungarn oder Böhmen, ist dasselbe passiert: Sie sind im letzten Drittel des 19. Jahrhunderts leider national geworden . . .

Nein, die NEOS sind nicht die neuen Liberalen. Sie sind die neuen Bürgerlichen. Unternehmerisch, europäisch, leistungsbewusst. Bezeichnend ist doch, wie stark sie in Vorarlberg waren. Das erklärt sich aus ihrem Spitzenkandidaten, einem Vorarlberger, aber auch aus der Mentalität. Die Vorarlberger sind ja schon eher Alemannen wie die Schweizer und denken liberaler als das in unseren Breiten der Fall ist. Sie sind Westeuropäer, was der Rest der Österreicher nicht ist.

Weil die NEOS eben nicht die Fortsetzung des Liberalen Forums sind, war es auch klug, dass sie nicht Themen wie etwa die Homoehe vornweg propagierten. Die Homoehe ist ja mittlerweile auch schon ein Thema von vorgestern. Sie wird gerade in so vielen Ländern eingeführt, dass das wirklich nichts ist, wofür man heute noch besonders kämpfen muss. Wobei ich persönlich ja dieser Entwicklung nicht beipflichte. Ich sehe nicht ein, warum ich eine Eiche eine Linde nennen soll. Oder warum die Homo-Partnerschaft unbedingt „Ehe" heißen muss.

Für die NEOS gibt es in Österreichs Politik jetzt jedenfalls mehr als genug Themen. Die NEOS können einen Aufstand gegen die allumfassende Sozialpartnerschaft führen. Sie können für die großen Reformen kämpfen: Bildung, Pensionen, Staatsreform. Für mich repräsentieren die NEOS die bürgerlich-liberale Alternative, ja die neuen Bürgerlichen.

2) DAS BÜRGERLICHE LAGER GAB ES NIE – UND GIBT ES AUCH HEUTE NICHT

Viel war in Österreich nach dieser Wahl und davor von der Zersplitterung des bürgerlichen Lagers die Rede. Bitte, gibt es das überhaupt, ein bürgerliches Lager? Ich würde diese Prämisse bezweifeln. Stark bezweifeln.

Dieses angebliche bürgerliche Lager wurde sowieso immer eher herbeizitiert als dass es wirklich existierte. Wir – und damit spreche ich als jemand, der der ÖVP einmal sehr nahe gestanden ist –, wir haben in früheren Zeiten einen starken Bauernbund gehabt, der wirklich das Rückgrat der ÖVP war. Man kann Bauern aber schwer als bürgerlich bezeichnen. Der ÖAAB war immer schon der Bund der Staatsangestellten. Und dann gab es Wirtschaftstreibende, von der Industriellenvereinigung bis hin zu diversen Kammerfunktionären. Diese Koalition der Bauern, Arbeiter und Angestellten und Wirtschaftstreibenden war eine gesunde, vernünftige und zweckmäßige Sache, damals, als die ÖVP sich neu gründete. Deshalb ist es auch richtig, wenn man von der großen Koalition als Ständekoalition spricht. Obwohl der Ständestaat abgeschafft wurde, war die gesamte Staatsordnung Österreichs nach wie vor vom Ständedenken bestimmt. Bis heute.

Also wenn wir von einem bürgerlichen Lager sprechen, mit bürgerlichem Denken, dann sprechen wir in Wahrheit von zwei, drei Zelten. Das sogenannte „bürgerliche Lager“ war nichts anderes als eine bürgerliche Chimäre. Man hat es sich höchstens irgendwo zwischen Heumarkt und Schwarzenbergplatz vorgestellt. Also in der Zentrale der Bundeswirtschaftskammer und der Industriellenvereinigung. Oder im Cottageviertel oder in Hietzing. Das sind relativ kleine Grätzel.

Viele Politiker, die sich als bürgerlich bezeichnen, meinen damit etwas anderes: Nicht-Sozialist. „Bürgerlich“ ist ein Begriff der Abgrenzung, nicht der Eigenbezeichnung.

Wen müsste die ÖVP jetzt adressieren, wenn sie tatsächlich „bürgerlich“ sein will?

Wenn es ihr gelingen würde, in diese neue Schicht von jungen, sehr europäischen Leuten vorzudringen, die jetzt eben die NEOS gewählt haben, dann hätte sie die Berechtigung, sich wieder als bürgerlich zu bezeichnen. Ich spreche von Menschen, die gut ausgebildet sind, im Ausland studiert haben, ihren Beruf im Ausland wie im Inland ausgeübt haben und im Englischen genauso zu Hause sind wie in ihrer Muttersprache. Also jene, die die ÖVP meiden, weil sie einen gewissen Mief für sie hat. Sebastian Kurz wird daran auch nichts ändern. Er ist ein netter junger Mann. Aber ich zweifle, ob er für diese Klientel das richtige Angebot ist. Hat er je ein Unternehmen geführt? War er im Ausland? Was hat er geleistet? Er ist einfach nur ein sehr junger Berufspolitiker. Nur wenn die ÖVP für diese jungen, unternehmerischen Leute wieder attraktiv und interessant wird, hat sie eine Zukunft als echte bürgerliche Partei. Wenn nicht, geht sie im eigenen Mief zugrunde.

Wenn die ÖVP wieder wirklich bürgerlich werden will, muss sie als Zweites ihre Urbanität wiedergewinnen. Bürgerlich sein und urban sein, das darf einfach kein Widerspruch sein. Im Gegenteil, es ist ein Erfolgsmodell. Allerdings ist urbane Bürgerlichkeit eher in jenen Städten anzutreffen, die aus eigener Kraft erstanden sind, die also freie Städte sind oder waren. Etwa Hamburg oder andere Hansestädte. Städte, die aus Herrschers Gunst entstanden sind, so wie Wien, haben eine andere Tradition. In Österreich gibt es diese Denke der freien Städte nicht wirklich, am ehesten noch in Vorarlberg. Trotzdem ist das Schicksal der Wiener ÖVP ein Alarmzeichen. Wie heißt eigentlich ihr aktueller Stadtparteichef? Der letzte, der einem in Erinnerung ist, war Johannes Hahn. Der ist nach Brüssel abgewandert.

3) Österreichs Aussenpolitik muss man suchen

Michael Spindelegger hat in der letzten Regierung das Außenamt aus guten Gründen übernommen. Es hilft der kleineren Koalitionspartei, man hat viele öffentliche Auftritte und kann wichtigen Menschen die Hand schütteln. Aug in Aug mit den Großen dieser Welt. Man kommt damit ins Fernsehen. Und dort wird ja Politik vor allem gemacht.

Spindelegger ist einfach ein klassischer Innenpolitiker. Ihn interessiert vor allem die Partei. Er hat es mir sehr übel genommen, dass ich ihn mehrfach dafür kritisiert habe, aber ich habe ja nichts Falsches gesagt. Es ist einfach wahr. Außenpolitik interessiert ihn weniger. Andere Präferenzen zu haben, etwa die Sozialpolitik, ist ja durchaus ehrenhaft.

Aber ich muss zugeben, dass ich noch viel zu engagierter und begeisterter gelernter Österreicher bin, als dass mir die völlige Absenz österreichischer Außenpolitik nicht zu Herzen ginge. Österreich hätte eine Rolle, wenn es nur wollte. Man muss sich nicht unbedingt lächerlich machen, etwa mit einem überstürzten Abzug von den Golanhöhen kurz vor Wahlkampfbeginn. Das war wirklich deprimierend. Man darf Truppen nicht einfach zurückziehen, bloß weil man Angst vor der „Kronen Zeitung“ hat.

4) Dreierkoalitionen – eine Warnung!

In meinen jungen Jahren habe ich mir gedacht, Bigamie könnte eine schöne Lebensform sein, aber nach meiner Erfahrung mit der gescheiterten Regierungsform in Tschechien habe ich von dieser Idee Abstand genommen. Dreierkoalitionen sind sehr kompliziert und ich kann jedem österreichischen Politiker nur sagen: Gott bewahre Sie vor dieser Erfahrung. Man kann zusammenarbeiten, aber es ist mühsam.

Am schwierigsten wird es, wenn eine der kleineren Parteien so eine Art Stronach-Partei ist. Also eine Truppe von einem reichen Mann zusammengefangener Leute, bloß weil dieser eine Millionär sich einbildet, eine politische Rolle spielen zu wollen. Mit drei traditionellen Parteien kann ich es mir hingegen vorstellen. Mit gestandenen Politikern, mit einem eingespielten Team, mit einem Chef, der auch schon vorher in der Politik war. Aber mit Formationen wie dem Team Stronach wird es sehr schwierig.

5) Die grosse Koalition ist am Ende, es hilft nur eine Wahlrechtsreform

Es gibt nach einer Wahl keine schlimmere Situation als jene, die Österreich erleben musste. Mit zwei Verlierern, die eine knappe Mehrheit haben. Das ist eine bittere Geschichte. Das Schicksal der ÖVP ist dem der SPÖ ähnlicher, als man glaubt. Beide Parteien leiden an ihrer inhaltlichen und personellen Leere. Die Wurzel dafür liegt in der großen Koalition. Sie ist heute in Österreich eher eine Gemeinschaft der gegenseitigen Behinderung als eine des Aufbruchs.

Nennen Sie mir in der SPÖ den Namen eines wirklichen Sozialdemokraten oder in der ÖVP den eines echten Christdemokraten. Warum soll ich eine Partei wählen, die eigentlich keinen Inhalt und kein Personal mehr hat? Weil es keine neuen, gläubigen Sozial- und Christdemokraten gibt, verlassen Sie ihre Parteien und gehen zu den Grünen, zu den NEOS oder eben zu den Protestbewegungen FPÖ und Stronach. Wozu sollten sie sie wählen? Sie gehen den Leuten auf den Wecker.

Ich habe die Alleinregierung Josef Klaus' und Bruno Kreiskys Minderheitsregierung erlebt, beides sind Erfahrungen, die aus unserem kollektiven Gedächtnis nahezu verschwunden sind. Beides waren Politiker mit einer sehr klaren Vorstellungen von dem, was sie im Land verändern wollten. Klaus hatte äußerst präzise Ideen, im Gegensatz zu Kreisky aber konnte er sie nicht so stark verwirklichen, weil er nur eine Legislaturperiode regiert hat. Wenige wissen, dass die Öffnung Richtung Osten, die Kreisky eingeleitet hat, schon von Klaus vorbereitet worden war. Er war da sehr fortschrittlich.

Beide hatten Ideen, wie die künftige Gesellschaft ausschauen sollte. Wo sind diese Ideen heute? Es gibt keine Politiker mit Visionen mehr. Deswegen nimmt auch niemand den Parteien ab, dass sie Ideen haben. Kreisky und Klaus wurden sehr früh politisch sozialisiert, sie erlebten ihre Jugend in der Vorkriegszeit, waren geprägt durch den Zweiten Weltkrieg. Das bringt natürlich andere Persönlichkeiten mit anderen Perspektiven hervor.

Vielleicht liegt es auch daran, dass Perspektiven heutzutage nicht mehr so leicht zu finden sind wie einst. Die sozialistische Vision ist letztlich gescheitert. Die christlich-soziale Vision hat sich als irreal erwiesen, die Neoliberalen wurden von den Ereignissen der letzten fünf Jahre geschwächt. Die Grünen haben das Umwelt- und Nachhaltigkeitsthema, aber das ist nur ein begrenzter Sektor. Wenn es um andere Politikfelder geht, greifen sie leider viel zu oft auf linke Theorien zurück.

Aber die Mutlosigkeit der großen Koalition ist schon bezeichnend. Noch nachdenklicher macht mich dann ein Wahlergebnis, wie es in der Steiermark passiert ist. Nur weil sich dort ein Landeshauptmann und ein Stellvertreter vertragen und die notwendigen Reformen durchziehen, bekommt die FPÖ in der Steiermark die Mehrheit? An der Zusammenlegung der Gemeinden alleine lag es sicher nicht. Murau, meine Heimatstadt, würde beispielsweise profitieren, weil sie in der Umgebung der reichen Gemeinde Lassnitz liegt. Aber offenbar waren viele Bürgermeister und Bürger gegen die Fusionen. Wenn auf die Menschen bei Reformen nicht Rücksicht genommen wird, enden diese meist im Protest. Und der brachte eben der FPÖ Stimmen. Das ist wirklich erschütternd und wird dazu führen, dass sich niemand in der österreichischen Politik mehr trauen wird, irgendetwas anzugehen. Und das ist das Blödeste, was passieren kann.

Die Lösung kann ja nicht sein, Reformen einfach zu unterlassen. Nein, im Gegenteil. Als Politiker muss man sich nur bewusst sein, dass man für Reformen manchmal abgewählt wird. Die letzte österreichische Bundesregierung war dominiert von folgendem Prinzip: Der Bundeskanzler starrte gebannt auf die Reaktion der „Kronen Zeitung". Der Vizekanzler starrte gebannt auf die Reaktion des Bundeskanzlers. Folglich war die Regierung völlig immobilisiert. So geht's nicht!

Es gibt noch einen ganz entscheidenden Punkt. In früheren Jahren wären nach diesem Wahlergebnis beide Parteichefs zurückgetreten. Jetzt übernimmt niemand die Verantwortung. Dass Werner Faymann und Michael Spindelegger am Wahlabend nicht einmal zum Runden Tisch ins Fernsehen gehen, um sich ihren Verlusten zu stellen, zeugt schon von Abgehobenheit. Beide hätten zurücktreten und jemand Neuen ranlassen müssen – wobei: Gibt es jemand Neuen, der Talent hat und das Amt übernehmen möchte? Ich habe seit Leopold Figl alle Bundeskanzler gekannt, mit Ausnahme Viktor Klimas. So eine schwache Partie wie heute gab es noch nie. Früher war es wenigstens so, dass, wenn die eine Seite schwächelte, die andere jemand Spannenden hervorgebracht hat. Aber jetzt?

Ich zweifle leider auch an der Reformkoalition oder „Koalition neu" – wie immer man sie jetzt auch nennen mag. Wo bitte ist der dazugehörige Reformer? Wo bitte ist die politische Gestalt, die entschlossen Reformen anginge? Es ist weit und breit keine in Sicht. Es gibt nur zwei, die sich zusammensetzen, nach dem Motto: „Wir müssen etwas machen, sonst holt uns der Teufel.“ Das ist eine etwas ungenügende Grundlage. Das österreichische politische System ist in die lang erwartete Krise geraten, später als gedacht. Dass wir ein System, das wir 1945 aufgebaut haben, nicht restlos ins 21. Jahrhundert retten würden können, ist klar. Nichts spricht an diesem Punkt gegen ein Mehrheitswahlrecht. Denn dieser Pessimismus, das Jammern über die Zustände ist gefährlich. Weil es den Wunsch nach der starken Hand nährt. Es würde also möglicherweise helfen, wenn man das Wahlsystem so gestaltet, dass es nicht zur großen Koalition zwingt.

XII

Die schleichende Europäisierung Österreichs

Es sind nicht „italienische Verhältnisse“, die in Österreich drohen, es ist vielmehr der langsame Abschied von diesen. Kommt es nicht zu einem tiefgreifenden Wandel der ehemaligen Grossparteien, ist das aussergewöhnliche Duopol der Macht in fünf Jahren am Ende. Was für Österreich eine historische Zäsur bedeutete, wäre der letzte Schritt auf dem Weg zur europäischen Normalität einer bunten Parteienlandschaft.

Meret Baumann

Ein Plakat hat im Frühjahr für Wirbel gesorgt und sogar den italienischen Botschafter in Wien dazu veranlasst, beim österreichischen Aussenministerium vorzusprechen. Denn es zeigte unverkennbar Italiens Skandalpolitiker Silvio Berlusconi, der am Steuer eines roten Fiat Cinquecento sitzt und diesen mit Wucht an die Wand fährt. „Keine italienischen Verhältnisse“, mit diesem Slogan und dem genannten einprägsamen Sujet warb die Volkspartei (ÖVP) vor der Landtagswahl in Tirol um Stimmen. Elf Listen wurden zu diesem Urnengang Ende April zugelassen, so viele wie nie zuvor. Vor diesem Hintergrund war der nur geringe Verlust der ÖVP ein Erfolg, die Kampagne hatte offenbar ihre Wirkung nicht verfehlt. Dennoch schnitten die Konservativen, die das

„Heilige Land“ einst nach Belieben dominiert hatten, so schlecht ab wie nie zuvor.

Auch wenn Tirol mit den verschiedenen Abspaltungen der ÖVP einen Extremfall darstellt, so steht das Bundesland doch sinnbildlich für die Entwicklung der österreichischen Parteienlandschaft. Auch bei der Nationalratswahl war das Parteienspektrum, das sich ernsthaft Chancen ausrechnen durfte, so bunt wie nie zuvor. Diese Zersplitterung stösst bei den etablierten Parteien auf Skepsis. Regelmässig warnten prominente Exponenten im Wahlkampf vor Unregierbarkeit und „italienischen Verhältnissen“, unter ihnen auch Bundeskanzler Werner Faymann oder Niederösterreichs mächtiger Landeshauptmann Erwin Pröll.

WAHLEN ÄNDERTEN NICHTS AN MACHTVERHÄLTNISSEN

Doch was bedeuten „italienische Verhältnisse“? Gemeinhin versteht man darunter notorische Instabilität und das Taumeln von Regierungskrise zu Regierungskrise – Faktoren, die vor allem Italiens Erste Republik von 1945 bis zu ihrem Untergang im Korruptionssumpf von Tangentopoli zu Beginn der Neunzigerjahre prägten. Über fünfzig Kabinette regierten Italien in fünfzig Jahren, das Ausscheren eines kleinen Koalitionspartners oder eines parteiinternen Flügels konnte eine Regierung bereits zu Fall bringen. Vergessen wird aber häufig, dass die Ausgrenzung der Kommunistischen Partei und der Neofaschisten von jeglicher Regierungsverantwortung mittels stillschweigender Übereinkunft zur Folge hatte, dass trotz ständigen Regierungswechseln stets dieselben Parteien und häufig dieselben Köpfe die Regierungsverantwortung unter sich aufteilten. Diese faktische Stabilität war Grundlage für ein „Wirtschaftswunder“ und für fünfzig Jahre stetigen Wachstums, das Italien zu einer der führenden Industrienationen aufsteigen liess.

Die aussergewöhnliche Dominanz der Democrazia Cristiana, Italiens „ewiger“ Regierungspartei in der Ersten Republik mit ihrem konservativen und progressiven Flügel, ist insofern durchaus mit derjenigen der grossen Koalition in Österreich in derselben Zeitperiode vergleichbar. Noch 1990 vereinigten die Sozialdemokraten (SPÖ) und die ÖVP drei Viertel der Wählerstimmen auf sich, nachdem sie den politischen Kurs des Landes bereits seit 1945 bestimmt hatten. Wie in Rom änderten Wahlen jeweils praktisch nichts an den politischen Machtverhältnissen. Wenn auch in Wien die Dramatik stetiger Krisen gänzlich fehlte, entwickelten sich Italiens Erste und Österreichs Zweite Republik ähnlich. Nach der einschneidenden Erfahrung totalitärer Systeme vor und während des Zweiten Weltkriegs wurden beide Länder rasch zu soliden Demokratien und verlässlichen Partnern des entstehenden europäischen Bündnisses.

Während diese jahrzehntelange Ordnung in Italien, passend zum in der Politik des Landes üblicherweise vorherrschenden Chaos, mit einem Paukenschlag in Skandalen unterging, verläuft der entsprechende Prozess in Österreich schleichend. Bereits dreissig Jahre dauert nun der langsame Niedergang der „ewigen" Regierungsparteien, der mit dem Erstarken des Rechtspopulismus unter Jörg Haider und dem Auftauchen der Grünen auf der politischen Bühne in den Achtzigerjahren einsetzte. Damit befindet sich Österreich aber nicht auf dem Weg zur Unregierbarkeit, sondern zur europäischen Normalität einer bunten Parteienlandschaft mit wechselnden Mehrheiten.

Die Regierung in Deutschland wird belohnt, diejenige in Österreich bestraft

Die Wahl vom 29. September hat diesen Trend bestätigt. Sechs Parteien haben den Einzug ins Parlament geschafft, so viele wie nie zuvor. Zwar konnte die Regierungskoalition die Stimmenmehrheit knapp, die Mandatsmehrheit dagegen komfortabel verteidigen. SPÖ und ÖVP mussten aber erneut schmerzhafte Verluste und jeweils das historisch schlechteste Resultat hinnehmen. Interessant ist dabei der Vergleich mit Deutschland, das eine Woche früher gewählt hatte. Beide Länder haben die Wirtschaftskrise vergleichsweise gut bewältigt, verzeichnen tiefe Arbeitslosenzahlen, ein geringes Defizit und überdurchschnittliches Wachstum. Während die deutsche Bundeskanzlerin Angela Merkel für ihre zögerliche Krisenpolitik von den Wählern gar grosszügig belohnt wurde und beinahe die absolute Mehrheit erlangt hätte, wurde die österreichische Regierung an der Urne für eine ähnliche Leistung vielleicht über Gebühr bestraft.

Der Grund für die unterschiedliche Bewertung der Arbeit ihrer Regierungen durch die Bevölkerung liegt nicht nur darin, dass Deutschland als wichtigstes Land der Europäischen Union deren Krisenmanagement massgeblich prägte und Merkel dadurch international als starke Frau des Kontinents und Verteidigerin eines strikten Austeritätskurses gefeiert wurde. Eine Ursache ist auch, dass die grosse Koalition in Österreich von einer breiten Öffentlichkeit mit Reformstau und Stillstand in Verbindung gebracht wird. Die entgegengesetzten Positionen der beiden Parteien in vielen Fragen machen zwangsläufig nur Kompromisslösungen möglich, und so konnten sich SPÖ und ÖVP auch in der vergangenen Legislaturperiode statt auf dringend nötige Reformen zu oft nur auf eine Verwaltung des Status quo einigen. Dazu kommt nach der jahrzehntelangen Dominanz ein Gefühl des Überdrusses, das beide Parteien kontinuierlich an Zustimmung verlieren lässt.

In einem erschreckend inhaltsarmen Wahlkampf, in dem so wichtige Themen wie die europäische Schuldenkrise, die Sicherung der Pensionen, das milliardenschwere Debakel um die Hypo Alpe Adria, der Bürgerkrieg in Syrien, Österreichs Rolle in der Welt oder der Klimawandel nicht zur Sprache kamen, brauchten die zahlreichen Oppositionsparteien deshalb nur die Regierung anzugreifen, um Erfolg zu haben. Laut der Nachwahlbefragung des Instituts Ecoquest war Protest gegen Rot-Schwarz bei allen ins Parlament eingezogenen Oppositionsparteien ein entscheidendes Wahlmotiv, nicht nur bei den „klassischen“ Protestparteien Freiheitliche (FPÖ) und Team Stronach.

Die stärkste grüne Partei Europas

Die Grünen schneiden damit zwar unter den eigenen hochgesteckten Erwartungen ab, erreichen aber das beste Resultat ihrer Geschichte und sind inzwischen die stärkste grüne Partei Europas. Lediglich in der Schweiz erreichten Umweltparteien bei der Wahl 2011 ein noch etwas besseres Ergebnis, wobei sich die Stimmen allerdings auf zwei Gruppierungen verteilen, die Grüne Partei und die Grünliberale Partei. Das Neue Österreich (NEOS) zieht überraschend auf Anhieb ins Parlament ein und profitiert davon, dass die klassische Wirtschaftspartei ÖVP ihren wirtschaftsliberalen Flügel seit Jahren vernachlässigt. Dass NEOS von den Grünen aber gleich viele Wähler wie von der ÖVP abziehen kann, ist ein weiterer Hinweis auf den Protestcharakter dieses Wahlverhaltens. Offenbar wählten bisher mangels Alternative auch bürgerlich Gesinnte die Grünen, um weder den Grossparteien noch den Rechtspopulisten die Stimme geben zu müssen. Für diese war NEOS nun eine willkommene Option.

Proteststimmung und Politikverdrossenheit sind es auch, die das gute Abschneiden der Rechtspopulisten ermöglicht haben, was gerade im Ausland mit besonderer Sorge beobachtet wurde. Allerdings gilt es auch hier zu relativieren. Insgesamt vereinigen mit der FPÖ, dem Team Stronach und dem Bündnis Zukunft Österreich (BZÖ) populistische, euroskeptische Parteien zwar tatsächlich fast ein Drittel der Stimmen auf sich. Das BZÖ hatte sich im Wahlkampf aber eher als wirtschaftsliberale Kraft zu positionieren versucht und sich von seinem Gründer Jörg Haider distanziert. Dass diese Stimmen nach dem Ausscheiden der Partei aus dem Parlament in künftigen Wahlen vollumfänglich der FPÖ zufliessen, ist nicht sicher. Das Team Stronach agierte oft diffus und ist deshalb schwierig in ein Links-rechts-Schema zu pressen. Die Partei profitierte vom Charisma und dem Lebenswerk ihres Gründers Frank Stronach, der sich als erfolgreicher Macher und Antipolitiker gebärden konnte. Insofern, sowie in Bezug auf die finanzielle Potenz, ist der häufig bemühte Vergleich mit Silvio Berlusconi nachvollziehbar. Dessen langjähriger Erfolg gründete aber in einem Vakuum im rechten Lager Italiens nach dem Zusammenbruch der Ersten Republik, während in Österreich rechts der Mitte eher ein Überangebot an Parteien herrscht. Zudem war Berlusconi bei seinem Einstieg in die Politik bedeutend jünger als Frank Stronach und ein begnadeter Wahlkämpfer. Stronach hat dagegen mit wirren Auftritten im Intensivwahlkampf viel vom anfänglichen Zuspruch verloren. Die Ereignisse kurz nach der Wahl zeigen, dass die Nachhaltigkeit dieser Bewegung fraglich ist. Sie dürfte in fünf Jahren keine Rolle mehr spielen.

Dies käme wohl der FPÖ zugute. Die beiden Gruppierungen haben sich in den Umfragen vor der Wahl als korrespondierend erwiesen: legte das Team Stronach zu, schnitt die FPÖ schlechter ab und umgekehrt. Das gute Resultat der FPÖ bei der Nationalratswahl zeigt, dass es ihr nach Verlusten bei den Landtagswahlen im Frühling doch wieder gelungen ist, den Protest vor allem der sogenannten Modernisierungsverlierer auf sich zu kanalisieren. Sie hat sich von der von Haider vorangetriebenen Parteispaltung erholt und es erstaunlicherweise auch geschafft, kaum mit den Korruptionsaffären der schwarz-blauen Regierungsjahre unter Wolfgang Schüssel in Verbindung gebracht zu werden. So dürfte sie sich angesichts des Ausscheidens des BZÖ und der unsicheren Zukunft des Team Stronach mittelfristig als einzige rechtspopulistische Kraft behaupten.

HAIDER ALS VORBILD FÜR EUROPAS RECHTSPOPULISTEN

Als die FPÖ 1999 – damals noch die einzige rechtspopulistische Partei – fast 27 Prozent der Stimmen erhielt, die ÖVP überholte und in die Regierung einzog, reagierte man im Ausland mit Entsetzen, und die Europäische Union verhängte fragwürdige Sanktionen gegen das kleine Mitgliedsland. Ein Erfolg einer rechtspopulistischen Partei mit teilweise rechtsextremen Exponenten und Positionen in diesem Ausmass war damals tatsächlich aussergewöhnlich im europäischen Vergleich. Voraussetzung dafür bildete der Frust über die jahrzehntelange rot-schwarze Machtaufteilung und das unbestrittene politische Talent Haiders, sich als einzige Alternative gegen diese Elite zu stilisieren. In einem nationalsozialistischen Elternhaus sozialisiert, entdeckte er das Ausländerthema mit der Zeit als zusätzliches Element, um sich von einem politisch korrekten Establishment abzusetzen und dagegen beim sogenannten kleinen Mann zu punkten.

Mit dieser Positionierung wurde Haider zu einer Art Vorbild für andere rechtspopulistische Parteien in Europa. Mit einer ähnlichen Politik nutzte die italienische Lega Nord als Regionalpartei das Vakuum im rechten Lager, erreichte immerhin rund zehn Prozent der Stimmen und wurde 1994 zur Regierungspartei. 2002 verwies der Chef des rechtsextremen Front National, Jean-Marie Le Pen, in der französischen Präsidentschaftswahl den sozialistischen Kandidaten lediglich auf den dritten Platz und kam in die Stichwahl. Wiederum war der Schrecken in Europa gross. Mit der Verunsicherung vieler Menschen in der Wirtschaftskrise der vergangenen Jahre sind solche Resultate aber eher die Regel als die Ausnahme geworden. Arbeits- und Perspektivlosigkeit verschärfen den Zorn über die etablierten Parteien, in Nordeuropa stösst die Solidarität mit den Krisenländern angesichts milliardenschwerer Hilfspakete an die Grenzen, und im Süden schürt der Frust über strenge Sparauflagen die Proteststimmung. In Umfragen liegt der Front National in Frankreich diesen Herbst an erster Stelle. In Italien verfehlte der Komiker Beppe Grillo mit seinem Movimento Cinque Stelle (Fünf-Sterne-Bewegung) und dem einfachen Slogan „Alle nach Hause!“ im Frühling den Spitzenplatz nur knapp. In Norwegen zog die populistische Fortschrittspartei nach vierzig Jahren in der Opposition nach der Wahl im September erstmals in die Regierung ein. In Grossbritannien gewann die euroskeptische United Kingdom Independence Party (UKIP) bei den Kommunalwahlen im Frühling trotz des ausgeprägten Mehrheitswahlrechts ein Viertel der Stimmen, bei der Europawahl im kommenden Jahr strebt sie den ersten Platz an. In Griechenland erhielt im letzten Jahr die neonazistische Partei Chryssi Avgi (Goldene Morgenröte) rund sieben Prozent der Stimmen, die Jobbik in Ungarn 2010 sogar zwölf Prozent. Selbst in Deutschland, das durch seine Geschichte gegen populistische Verführungen von Rechtsaussen immun zu sein schien und insofern von der europäischen Normalität abwich, verpasste die in erster Linie antieuropäische Alternative für Deutschland (AfD) den Einzug in den Bundestag nur knapp. In der Schweiz schliesslich, die von der Eurokrise weniger stark betroffen ist, aber einen im internationalen Vergleich sehr hohen Ausländeranteil hat, ist die nationalkonservative Schweizerische Volkspartei (SVP) bereits seit 1999 die stimmenstärkste Kraft.

DER DEUTSCHNATIONALE EINSCHLAG DER FPÖ

In ganz Europa haben sich in den vergangenen zwei Jahrzehnten rechtspopulistische und europakritische Parteien in den nationalen Parteiensystemen etabliert, sogar an Regierungen wurden sie beteiligt. Die Besonderheit der FPÖ ist ihre Vergangenheit als Sammelbecken für ehemalige Nationalsozialisten, die sie lange zur einzigen, aber vernachlässigbaren Oppositionskraft in Österreich machte. Erst in den Achtzigerjahren versuchte Norbert Steger die FPÖ als liberale Partei zu positionieren, Haider führte sie dann Richtung Rechtspopulismus. Unter Heinz-Christian Strache haben die deutschnationalen Exponenten wieder deutlich stärkeres Gewicht als zur Zeit von Haiders viel zitierter „Buberlpartie“, bei der der persönliche Vorteil über ideologischen Überzeugungen stand. Die heutige FPÖ ist damit eine rechtspopulistische Partei mit deutschnationalem Einschlag, gegen den sich Strache nur sehr halbherzig wehrt. Der Parteichef hat selbst eine Vergangenheit in diesem Milieu. Das erhöht zu Recht die Skepsis gegenüber der Partei im In- und Ausland, auch wenn sie sich in ihren offiziellen Positionen kaum von den euroskeptischen und rechtspopulistischen Parteien anderer Länder unterscheidet.

Die Nationalratswahl hat eine ausgeprägte Protest-, aber keine Wechselstimmung in Österreich offenbart. Zwar stösst eine Neuauflage der grossen Koalition nur noch auf geringe Zustimmung, alle anderen denkbaren Varianten schneiden in den Befragungen aber noch schlechter ab. Das Resultat war ein Denkzettel für die Regierung, abgewählt wurde sie aber nicht. Die möglichen Alternativen sind für SPÖ und ÖVP entweder kaum machbar ohne den Verrat an eigenen Überzeugungen oder schlicht unbequem. So zeichnet sich trotz allem wieder eine grosse Koalition ab, wenn auch mit dem Versprechen echter Reformen und eines neuen Stils. Ähnliches hatte man schon vor fünf Jahren gehört. Die tiefgreifende personelle, inhaltliche und strukturelle Erneuerung beider Parteien, die für eine Reformregierung notwendig wäre, halten die meisten Experten für wenig wahrscheinlich. Wenn die in politischen Ritualen erstarrte grosse Koalition aber so weitermacht wie in den letzten fünf Jahren, ist der historische Verlust der Macht absehbar. Der Politikverdrossenheit würde neue Nahrung geliefert. Wie sich dies auf die Umwälzung in der Parteienlandschaft auswirkt, ist noch völlig offen. Weiterer Zulauf für die Grünen und NEOS ist wahrscheinlich, doch ist das Potenzial dieser eine gut ausgebildete, urbane Wählerschaft ansprechenden Parteien begrenzt. Denkbar sind weitere Akteure, möglich ist aber auch, dass die Konsolidierung im rechtspopulistischen Lager die FPÖ zur stimmenstärksten Kraft macht. In der gemächlichen österreichischen Politik wäre dies vergleichbar mit dem Paukenschlag, der in Italien zum Untergang der alten Ordnung führte.

XIII

TV-Wahlkampf bis zur Erschöpfung

Damit haben die österreichischen Spitzenpolitiker einen einsamen Weltrekord aufgestellt. Insgesamt 1.115 (in Worten: eintausendeinhundertfünfzehn) Minuten waren Faymann & Co. als Wahlkämpfer von Ende August bis Ende September in den diversen Fernsehformaten vom ORF bis zu Puls 4 und ATV zu sehen. Und dabei sind nicht einmal die zahlreichen Auftritte in den Nachrichtensendungen mit eingerechnet. War das sinnvoll? Und wem hat das was gebracht?

Hans Mahr

Über die Sinnhaftigkeit von Wahlduellen und Wahlarenen lässt sich trefflich streiten. Es hat schon einen Grund, warum in den USA maximal vier Wahlduelle stattfinden, in Frankreich zwei und beim Nachbarn Deutschland gar ein einziges genügen muss. Meist sind es die Amtsinhaber, die möglichst jedem Risiko aus dem Weg gehen wollen, um ihren Opponenten nicht die Möglichkeit zu eröffnen, auf Augenhöhe zu agieren oder sie vielleicht gar im Fernsehen bei der einen oder anderen Frage in Verlegenheit zu bringen.

In Österreich war diesmal – wie schon oft – alles anders. Der Titelverteidiger selbst hat den Ring freigegeben. Von Anfang an haben Werner Faymann und seine Mannschaft auf einen Fernsehwahlkampf gesetzt. Von den Meinungsforschern bestärkt, rechnete man mit dem Amtsbonus des Bundeskanzlers und seinen besseren – wenn auch nicht grandiosen – Sympathiewerten.

Dass das Team um ÖVP-Chef Michael Spindelegger mitgezogen hat, lag an der Hoffnung der Seinen, durch die Vielzahl der Konfrontationen den Vizekanzler zum einzigen wirklichen Herausforderer hypen zu können. Auch deshalb die Zustimmung der Volkspartei-Wahlkämpfer, gemeinsam mit dem Kanzler im Endspurt auf die Elefantenrunden der Parteiführer zu verzichten und im Finale nur noch miteinander/gegeneinander wie politische „Sunny Boys“ aufzutreten.

Das Ergebnis ist bekannt. Die Rechnung von Faymann ist nicht aufgegangen, die von Spindelegger auch nicht wirklich. Profitiert haben Heinz-Christian Strache, Eva Glawischnig und Josef Bucher – Frank Stronach war das willige Opfer, das im Fernsehen untergegangen ist. Aber der Reihe nach.

WERNER ALLEIN ZU HAUSE

Es war einmal vor langer, langer Zeit. Da gab es noch Wahlstrategen, die davon ausgingen, dass man Wahlkämpfe so richtig planen müsste. Das war die Zeit des Bruno Kreisky, des Franz Vranitzky. Also, wie gesagt, vor langer, langer Zeit. Heute, so sagten sich die modernen Wahlmanager des TV- und digitalen Zeitalters, brauchen wir das nicht mehr. Wir machen einfach schöne Plakate (mit viel Rot, damit auch die eigenen Leute wissen, dass es ihre Plakate sind), schicken den sympathischen Werner achtmal in die TV-Wahlschlacht mit den Konkurrenten oder den Studiogästen, besuchen alle neun Bundesländer und hoffen darauf, dass die Leute („die Menschen da draußen“, wie der alte Kreisky sich auszudrücken pflegte) dann auch brav ihr Kreuzerl für den alten und dann auch neuen Bundeskanzler machen würden.

Aber ohne wirkliche Strategie, ohne richtige Botschaften, ohne echten Wahlkampfdruck blieb Werner sozusagen allein zu Hause. Nur mit Plakaten gewinnt man keinen Wahlkampf, eh klar. Und als „sympathischer Bundeskanzler" allein konnte er im Stakkato der 24 Events im privaten und öffentlich-rechtlichen TV auch nicht recht durchkommen. Was nicht am Akteur selbst gelegen hat, sondern an der übertriebenen Ausbeutung eines telekratischen Sympathiebonus. Das muss man zur Ehrenrettung des Werner Faymann schon hinzufügen.

Nur TV ist eben nicht genug. Obwohl er durchaus auf dieser Klaviatur zu spielen verstand. Mal war er lieb (zu Spindelegger), mal war er bös (zu Strache), mal verständnisvoll (zu Glawischnig), mal mit dezentem Altersrespekt (zu Stronach), mal ganz neutral (zu Bucher). Er hat nix falsch gemacht, der Werner Faymann, nur viel zu viel. All die Genannten waren plötzlich auf einer Ebene mit ihm, sozusagen mit dem sympathischen Werner auf Du und Du, obwohl er doch Bundeskanzler und sie doch Herausforderer oder gar Lückenbüßer waren.

Man kann es drehen und wenden, wie man will. Werner Faymann hat vom fünfwöchigen Fernsehwahnsinn nicht profitieren können.

Unser aller Spindi

Ach, was haben sie sich alle das Maul zerrissen, die Freunde und Feinde, die wohlmeinenden Berater und die kritischen Begleiter. Michael Spindelegger, kurz „Spindi" genannt, sei halt kein Showman, keiner, der mitreißen könne, eigentlich sei er vor allem langweilig. Als ob Entertainmentqualitäten für einen Wahlsieg Grundvoraussetzung wären.

Daher wurde für den Vizekanzler eine deutsche Agentur verpflichtet (die in Deutschland schon einige Wahlen verloren hatte), um gemeinsam mit anonymen Sprach- und Gestiktrainern den angeblich langweiligen Spindelegger zu unser aller Spindi umzumodeln. Ein forscher Typ, der manchmal leicht unmotiviert auf der TV-Bühne herumirrte, um zu zeigen, was er von den Samy-Molcho-Plagiatoren gelernt hatte.

Am besten wirkte er allerdings, als er wieder der alte, der bekannte Spindelegger war. Beim ehrlichen Grimm über die Strache-Mätzchen, beim kuscheligen Florettduell mit Faymann (Marke „10 Meter Entfernung, geworfen darf nicht werden“) und auch dann, wenn er in seine „Langweiler-Rolle“ zurückfiel. Den Wahlkampf-Sprech „Ich als Bundeskanzler“ nahm ihm zwar niemand ab, aber vor die Wahl gestellt, dass Strache auf der zweiten Position landen könnte, trieb er wenigstens ein paar treue Konservative, die noch nicht dem Reiz der NEOS erlegen waren, zurück zur ÖVP.

So gesehen (vor allem, wenn man den übrigen Blumen-Kinder-Wahlkampf bedenkt) waren die 24 Prozent gar kein so schlechtes Ergebnis. Aber ohne das TV-Theater hätt er auch nicht weniger bekommen, der Spindi.

Der nette Herr Strache

Von ihm ist man ja gewohnt, dass er – vor allem zu Aschermittwochzeiten im Bierzelt – gerne deftig wird, auch mal das Kreuz bedrohlich schwingt und vor einer Portion Rassismus ganz gewiss nicht zurückschreckt. Aber bei diesem Wahlkampf war nicht alles, aber doch vieles anders. Heinz-Christian Strache, der sich auch gerne HC nennen lässt, startete mit Bibelspruch („Liebe deinen Nächsten“) und gab im TV den netten Herrn Strache von nebenan. Man hat es deutlich gespürt, er wollte niemanden vergrämen und bei den Unzufriedenen absahnen, ohne dass diese sich zu sehr für ihr Votum genieren müssten. Schließlich will er ja nach eigenem Bekunden irgendwann Bundeskanzler werden, und da ist das Rabaukenhafte kein Vorteil mehr.

Sympathie hin, Sympathie her – die Taktik ist aufgegangen und Strache war einer der Hauptprofiteure dieses Fernsehwahlkampfes. Je unwählbarer Frank Stronach durch seine Auftritte wurde, umso mehr legte der nette Herr Strache zu. Er zeigte Respekt vor dem Alter (Stronach) und der weiblichen Widersacherin (Glawischnig), er war fast freundlich zu Spindelegger und aggressiv eigentlich nur im Duell mit Werner Faymann. Da wollte er zeigen, dass er den alten Strache-Biss noch nicht verloren hat und immer noch fähig ist, Angriffe aus der untersten Schublade über die TV-Bühne zu bringen.

Was die Fernsehauftritte noch gezeigt haben: Auch wenn der Wandel zum ernstzunehmenden Politiker kurzfristig vielleicht etwas unglaubwürdig wirkt, langfristig könnte Strache mit seinem neuen, braveren Image Erfolg haben – auf dem Weg zur Regierungsbeteiligung, spätestens nach der Wahl 2018.

Eva auf dem Weg ins Paradies

Sie wurde am meisten unterschätzt, die Grüne Eva Glawischnig. Die Sehnsucht nach dem soignierten Alexander Van der Bellen, dem bekanntesten Nikotinabhängigen in der österreichischen Politik, war groß in den letzten Jahren – vor allem bei den Journalisten. Genau die gaben Eva keine Chance auf ihrem Weg ins Paradies, also in die Regierung. Doch in den TV-Duellen hat die grüne Parteichefin allen gezeigt, dass sie einiges draufhat. Am Anfang noch nervös, aber mit jedem weiteren Duell energischer und prägnanter, entwickelte sie sich zum heimlichen Star der Fernsehschlachten. Vor allem, weil man ihr solche überzeugenden Auftritte nicht zugetraut hatte.

Außerdem haben die grünen Wahlkampf-Einflüsterer ihre Chefin auch inhaltlich am besten eingestellt. Für jedes Duell gab's ein oder zwei vorbereitete Hauptthemen, die von der angriffslustigen Eva Glawischnig mit Verve runtergespult wurden. Einmal gelang ihr sogar ein Haupttreffer – als sie die, irgendwie verbotene, Urheberschaft des SP-Clubs am letzten Faymann-Plakat aufdeckte. Einziges Manko: die anfangs originellen Haider-Taferln nervten am Schluss nicht nur Journalisten, sondern auch Zuschauer.

Zuletzt hat niemand mehr Van der Bellen vermisst, die Grünen-Chefin ist – TV sei Dank – zu einer veritablen Politikfigur aufgestiegen und hätte sicher ein noch besseres Wahlergebnis erzielen können, wenn die Wähler von St. Pölten bis Bregenz nicht Angst bekommen hätten, dass auch ihnen eine Mariahilfer Straße droht …

Die Entzauberung des Frank Stronach

Für einen war das TV-Zeitalter das Ende seiner Träume. Jahrelang hatte Frank Stronach an seinem Image poliert, der Wirtschaft-Auskenner Nummer eins im Lande zu sein. Durch seine herausragenden Managerqualitäten eine Weltfirma geschaffen zu haben. Und gerechterweise jetzt Milliardär zu sein. Seine anfänglich wenigen Fernsehauftritte waren skurril und auch mancher Journalist behandelte sie nachsichtig als originelle Bereicherung der Polit-Szene.

Dass der alte Herr davon, wie heutzutage Politik funktioniert, überfordert ist, wurde einer größeren Öffentlichkeit erst im Fernsehwahlkampf klar. Selbst dem viel zitierten „kleinen Mann" konnte nicht verborgen bleiben, wie Frank ahnungslos und selbstsicher zugleich von einer telekratischen in eine politische Katastrophe hineinschlingerte. Mit jedem Wahlduell verlor er ein Prozent seiner Wählerschaft – sodass er schließlich statt zweistelliger Prozente nur knapp den Einzug in den Nationalrat schaffte. Eine Wählerstimme, so kann man sich bei 25 persönlich investierten Wahlkampfmillionen ausrechnen, hat ihn demnach hundert Euro gekostet. Wahrlich kein gutes Verhältnis zwischen Investition und Gewinn, das ist sicher gerade dem erfolgsverwöhnten Wirtschaftsmagnaten Stronach klar.

Herr Bucher zeigt Talent

Jeder Wahlkampf hat so seine Überraschungen. Und die größte lieferte jemand, der schlussendlich seine Partei nicht einmal mehr ins Parlament bugsieren konnte. Josef Bucher, der den ehemaligen Haider-Verein BZÖ in eine liberale Wirtschaftspartei umbauen wollte, ist gescheitert. Ohne Haider kein BZÖ, nur eine in Kärnten versprengte Landesrätin ist übriggeblieben.

Aber trotzdem hat dieser Josef Bucher persönlich gewonnen. Er – über den Frank Stronach das Bonmot lieferte, er sei halt „immer ein Kellner geblieben" – hat gezeigt, dass er als TV-Koch seine Meriten hat. Überlegt und ruhig, kompetent und freundlich, Herr Bucher zeigte Talent. Talent, das bisher kaum jemand vermutet hatte. Vielleicht, weil man sich von ihm gar nichts mehr erwartet hatte, vielleicht, weil ihn die politische Nomenklatura unterschätzt hatte, vielleicht, weil ihm erst im Wahlkampf der Knopf aufgegangen ist. Wie man von einem Schüler sagt, der plötzlich statt Fünfer Einser liefert.

Das Ergebnis ist bekannt, das BZÖ gibt's zwar kaum noch, aber Bucher hat sich bei seinem Abgang einen besseren Namen gemacht als während seines Wirkens in der Politik. Ohne die zahlreichen Wahlauftritte auf Augenhöhe mit Bundes- und Vizekanzler wäre ihm das sicher nicht gelungen. Wer weiß, vielleicht kommt er ja wieder, dann allerdings in einer anderen Partei.

Strolz – wer ist denn das?

Diese zahlreichen Fernsehscharmützel produzierten aber auch noch einen anderen Profiteur – der bei den ganz großen Auftritten gar nicht dabei war. So viel und so viel Ermüdendes hatten die Fernsehzuschauer von den „offiziellen" Polit-Akteuren mitbekommen, dass sie sich plötzlich für einen Unbekannten zu interessieren begannen. Einen Neuen, der noch dazu die Partei NEOS vertreten hat. Wer ist denn das, dieser Matthias Strolz, fragten sich von den Altparteien erschöpfte Wähler.

Von den Printprodukten im Duett mit Mentor Hans Peter Haselsteiner hochgeschrieben, kam der NEOS-Chef im Fernsehen fast gar nicht vor. Einmal zeigte der ORF die menschenleere Wiener Josefstädter Straße, auf der sich NEOS-Aktivisten vergeblich bemühten, die spärlichen Passanten anzusprechen. Ab und zu durfte Strolz auch ein Kurzstatement abgeben, das war's dann schon. Und trotzdem schafften Strolz und Co. den Einzug ins Parlament. Sozusagen als Entzauberung der herkömmlichen Meinung, in der Politik könne man nur mit Millionen und viel Fernsehen erfolgreich sein.

Ein persönliches Fazit der 1.115-Minuten-TV-Schlacht:

- Weniger ist mehr.
  Statt zahlloser ermüdender Zweier-Konfrontationen sollten sich die österreichischen Medien auf ein öffentlich-rechtliches und ein privates TV-Duell einigen, plus einer „Elefantenrunde“, die gehört sich in der Demokratie. Daneben braucht es – wie es die Privaten gezeigt haben – mehr Auftritte der Spitzenkandidaten mit den Wählern selbst, damit man sich auch ein persönliches, authentisches Bild machen kann.

- Mehr Tiefgang.
  Statt querfeldein durch die Themenwelt zu pflügen, müssen spezifische Themenbereiche Punkt für Punkt „abgearbeitet“ werden, damit es nicht nur persönlichen, sondern auch inhaltlichen Mehrwert für den Zuschauer gibt. Denn, ehrlich, Inhalte sind bei der TV-Schlacht 2013 einfach untergegangen.

- Die Jungen mitnehmen.
  Statt Wahlkampf „wie immer“ brav im Fernsehen abzuspulen, müssen neue Formate her, mit denen man auch jüngere Wähler als Zuschauer gewinnen kann. Denn auch bei ihnen das Interesse an Wahl und Demokratie zu wecken ist ebenfalls die Aufgabe der Sender.

- Echte Typen.
  Statt übertrainierter Polit-Darsteller will das TV-Volk mehr echte Typen sehen, die sagen, was sie meinen, manchmal auch anecken, aber jedenfalls als Persönlichkeit punkten können. „Politiker neu“ sozusagen – aber gibt’s die überhaupt?

- Fernsehen ist nicht alles.
  Statt alle Kraft in Fernsehauftritte zu investieren, müssen Wahlstrategen und Parteimanager endlich auch die digitale Welt entdecken, die sozialen Netzwerke von Facebook bis Twitter. Beim nächsten Mal 2018 wird die Wahlschlacht ganz sicher dort entschieden.

Die These, dass man allein mit Fernsehen Wahlen gewinnen oder verlieren kann, hat noch nie gestimmt. Wahlkampf ist mehr als Bildschirmflimmern. TV kann Trends verstärken, kann Trends abschwächen, TV kann aber nur in Ausnahmefällen Trends umdrehen. Das hat sich auch am 29. September gezeigt. Und das ist auch gut so.

XIV

Die Nationalratswahl 2013 in den Printmedien

In der Vergangenheit war die Rolle der Medien im Wahlkampf oft Anlass für Diskussionen. Wie schaute es 2013 mit Akteurspräsenz, Themen, Meta-Thematisierungen und Leser-Wirkungschancen in der Wahlkampfberichterstattung ausgewählter Tageszeitungen aus? Eine Analyse des MediaWatch Instituts.

Julia Wippersberg, Irene Czermak,
Tobias Hofferbert, Iris Koll

Dass Medienberichterstattung in der politischen Berichterstattung eine Wirkung entfaltet, erscheint unbestritten, dafür gibt es zahlreiche Belege. Welche Wirkung diese haben kann beziehungsweise wie notwendig sie für einen Wahlerfolg ist, ist allerdings sehr unterschiedlich. Dies zeigt eine augenscheinliche Tatsache im Nationalratswahlkampf 2013: Eine Partei mit sehr hoher medialer Präsenz (Team Stronach) sowie eine Partei, die nur wenig redaktionelle Medienpräsenz verbuchen konnte (NEOS), erzielten beide ein ähnlich hohes Wahlergebnis.

Nun zu meinen, die Berichterstattung wäre offensichtlich nicht von Bedeutung, ist allerdings genauso falsch wie die Annahme, durch die mediale Berichterstattung könnte das gesamte Wahlverhalten erklärt werden. So lohnt eine Analyse der Berichterstattung der Printmedien in der „heißen Phase“ des Nationalratswahlkampfes 2013 auf jeden Fall, liefert sie doch ein gutes Bild über jene Inhalte, Schwerpunkte und journalistische Rahmungen, denen die Rezipient/innen in diesem Zeitraum ausgesetzt waren. Für diesen großen Blick auf die Berichterstattung wurde die MediaWatch Institut für Medienanalysen GmbH gebeten, die Berichterstattung im Nationalratswahlkampf 2013 zu analysieren.

Für die Analyse waren alle neun Parteien relevant, die bundesweit zur Nationalratswahl 2013 angetreten sind: SPÖ, ÖVP, FPÖ, Die Grünen, BZÖ, Team Stronach, NEOS, KPÖ sowie die Piratenpartei. Mediale Basis waren alle Berichte im Zeitraum vom 1.9. – 28.9.2013 im definierten Mediensample („Kronen Zeitung“, „Heute“, „Österreich“, „Kurier“, „Kleine Zeitung“, „Der Standard“, „Die Presse“ sowie die „Salzburger Nachrichten“), in denen 1. zumindest eine der bundesweit zur Wahl antretenden Parteien beziehungsweise Personen genannt wird, die 2. einen eindeutigen Bezug zu den Wahlen beziehungsweise dem Wahlkampf aufweisen und bei denen es sich 3. um redaktionelle Berichterstattung handelt.[1] Leserbriefe, Ankündigungen für Radio- oder TV-Interviews etc. wurden nicht berücksichtigt. Mit dem gewählten Mediensample konnten Boulevard-, Qualitäts- und Mid-Market-Segment gut abgedeckt werden. Auf weitere regionale Tageszeitungen musste aufgrund der Fülle des Materials verzichtet werden.

Von den 3.652 Artikeln im gewählten Zeitraum, in denen zumindest eine der Parteien genannt wird, sind in Folge „nur“ jene 1.825 mit eindeutigem Wahlkampfbezug relevant. In diesen Beiträgen wurden die Parteien insgesamt 3.798 Mal thematisiert.[2]

Die „regelmäßigen“ Regierungsgeschäfte wurden in die Analyse nicht einbezogen. Themen wie der Telekom-Prozess oder die Linzer Swap-Affäre, die Chefposten-Bestellung der OÖGKK, die Erkrankung

[1] Die Basis für die Auswertung war der Pressespiegel der APA-DeFacto zur Nationalratswahl 2013.

[2] Die Codierung erfolgte auf Artikel- und nicht auf Nennungsebene. Dies bedeutet, 1. dass in einem Artikel mehrere Parteien vorkommen können (ein Artikel kann daher mehrfach zählen) sowie 2. dass eine Partei mehrfach in einem Artikel erwähnt werden kann (dies zählt aber nur einmal als Zuteilung für eine Partei).

der Ersten Nationalratspräsidentin Barbara Prammer, Berichte, die ausschließlich Markt- und Meinungsforscher oder Politikberater ohne direkten Parteienbezug oder aber die Bundestagswahl in Deutschland (22.9.2013) thematisieren, finden ebenfalls keinen Eingang, außer es ist ein Zusammenhang mit der Nationalratswahl erkennbar.

Analyse der Präsenz der Parteien

Bei der Präsenz der Parteien wurde unterschieden, ob eine Partei als Haupt- oder Nebenakteur beziehungsweise als gleichwertiger Akteur genannt wurde[3] oder ob es sich um Überblicksberichterstattung über (fast) alle Parteien handelte (wie dies vor allem bei Ergebnissen der Markt- und Meinungsforschung der Fall sein kann).

Die beiden Regierungsparteien SPÖ und ÖVP erreichen eine beinahe gleich große Gesamtpräsenz (Unterschied von nur 11 Beiträgen von jeweils über 900), auch die Verteilung auf die Akteurstypen ist sehr ähnlich. Mit einem deutlichen Abstand von rund 400 Artikeln folgt die FPÖ, danach beinahe gleichauf das Team Stronach und Die Grünen. Bemerkenswert ist, dass die NEOS nur rund ein Drittel der Berichterstattung des Team Stronach erreichen, aber ein vergleichbares Wahlergebnis verzeichnen konnten.

Abgesehen von den beiden Regierungsparteien ist das Team Stronach jene Partei, die am häufigsten als Hauptakteur thematisiert wird.

Insgesamt gibt es im Untersuchungszeitraum 515 Exklusivartikel, also Beiträge, die ausschließlich über eine einzige Partei berichten. Hier erzielen SPÖ, ÖVP und Team Stronach im Wesentlichen gleich viele Artikel. Weit dahinter liegen (ebenfalls mit vergleichbarer Präsenz) Die Grünen und die FPÖ, mit Abstand folgen NEOS und das BZÖ. Die KPÖ und die Piraten erzielen grundsätzlich nur wenig Medienpräsenz, insbesondere kaum Exklusivartikel.

---

3 Ein Hauptakteur dominiert den Beitrag klar, häufig gibt es dazu weniger stark präsente Nebenakteure. Gleichwertige Akteure liegen dann vor, wenn mehrere Parteien in gleichem Ausmaß dargestellt werden. In der Überblicksberichterstattung werden alle relevanten Parteien genannt.

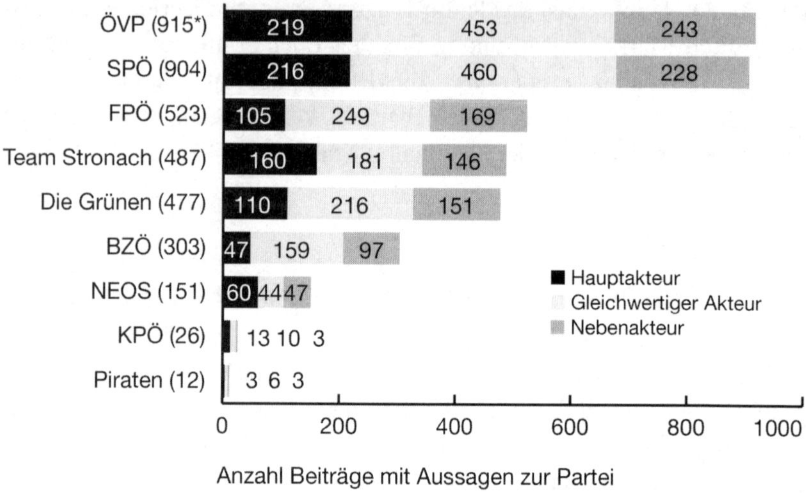

Abbildung 1: Präsenz der Parteien in allen Medien, getrennt nach Rolle als Haupt-, Neben- oder gleichwertiger Akteur; N = 1.825 Beiträge, 3.798 Zuteilungen; Mehrfachzuteilungen von Parteien auf Artikel möglich.

Parteien	Österreich	Kurier	Kronen Zeitung	Die Presse	Kleine Zeitung	Der Standard	Heute	Salzburger Nachrichten	Gesamt
SPÖ	22	14	16	13	17	11	20	4	117
ÖVP	21	15	21	11	15	8	15	7	113
Team Stronach	31	13	16	5	21	11	7	6	110
Grüne	12	7	8	2	6	3	12	4	54
FPÖ	8	8	4	4	7	9	8	2	50
NEOS	5	9	3	7	3	3	2	2	34
BZÖ	5	3	2	1	6	1	7	1	26
KPÖ	0	0	1	1	2	4	1	0	9
Piraten	0	0	0	0	1	1	0	0	2

Abbildung 2: Exklusivartikel über Parteien im Mediensplit; N = 515.

Der Präsenzverlauf zeigt keine besonderen oder unerklärbaren Auffälligkeiten: Da zahlreiche Zeitungen am Sonntag nicht erscheinen, zeigt sich hier jeweils ein natürlicher Rückgang der Präsenz. Die auffällig wenigen Beiträge am 13.9. sind auf eine Fokussierung der Berichterstattung auf Themen wie Telekom-Prozess, Hypo Alpe Adria

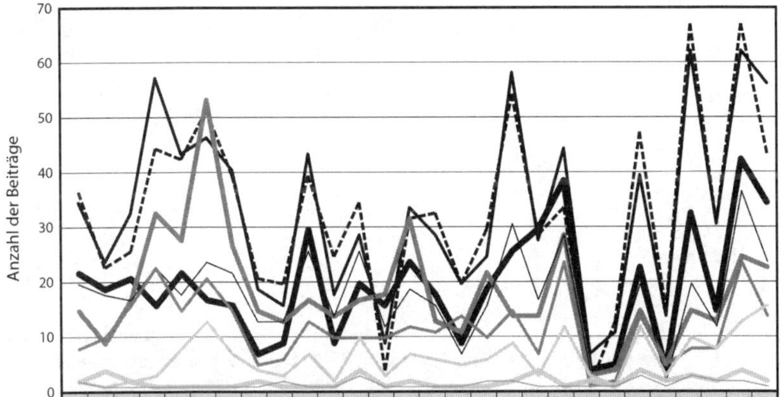

	So 1	Mo 2	Di 3	Mi 4	Do 5	Fr 6	Sa 7	So 8	Mo 9	Di 10	Mi 11	Do 12	Fr 13	Sa 14	So 15	Mo 16	Di 17	Mi 18	Do 19	Fr 20	Sa 21	So 22	Mo 23	Di 24	Mi 25	Do 26	Fr 27	Sa 28
SPÖ	36	22	25	44	42	51	39	20	19	39	24	34	3	31	32	19	29	54	28	33	0	12	47	14	67	30	67	43
ÖVP	34	23	32	57	43	46	40	18	15	43	17	28	8	33	28	19	24	58	27	44	6	10	39	13	62	30	62	56
FPÖ	21	18	20	15	21	16	15	6	8	29	8	19	15	23	17	8	18	25	29	38	3	4	22	3	32	14	42	34
Team Stronach	14	8	16	32	27	53	26	14	12	16	13	16	17	31	12	10	21	13	13	28	2	3	14	4	14	12	44	22
Grüne	19	17	16	22	17	23	21	12	12	25	13	25	11	18	15	6	15	30	16	28	3	4	19	1	19	11	36	23
BZÖ	7	9	15	22	14	20	14	4	5	12	9	9	9	11	10	13	9	14	6	23	0	1	13	4	7	7	23	13
Neos	1	0	1	2	7	12	6	3	2	6	1	9	2	6	5	4	2	8	2	11	2	0	11	2	9	7	12	15
KPÖ	1	3	1	0	0	0	0	1	0	0	0	3	0	1	0	0	0	1	3	0	1	0	3	1	2	1	3	1
Piraten	1	0	0	0	0	0	0	0	1	0	0	2	0	0	0	0	1	1	0	0	0	0	2	0	2	1	1	0

Abbildung 3: Präsenz der Parteien im Zeitverlauf 1.-28.9.2013, keine Trennung zwischen Haupt-, Neben- und gleichwertigem Akteur; N = 1.825 Beiträge, Mehrfachzuteilungen von Parteien auf Artikel möglich.

sowie einige außenpolitische Themen zurückzuführen, die den Raum für wahlkampfrelevante Inhalte stark zurückgedrängt haben. Der starke Einbruch am Samstag, 21.9., ist durch die Wahl am 22.9.2013 in Deutschland und eine verstärkte Berichterstattung darüber bedingt. Gerade in den Qualitätszeitungen wird deutlich Bezug zum deutschen Bundeswahlkampf beziehungsweise dem Ergebnis und den zu erwartenden Szenarien genommen.

Die Präsenz der Parteien im Mediensplit entspricht verhältnismäßig genau dem Gesamtergebnis. So gibt es – abgesehen von den grundsätzlichen Präsenzleadern SPÖ und ÖVP – kein besonders auffälliges Präsenz-Hoch einer Partei in einem Medium, die Verhältnisse zueinan-

Publikation	SPÖ	ÖVP	FPÖ	Team Stronach	Die Grünen	BZÖ	NEOS	KPÖ	Piraten	Summe Anzahl Beiträge
Österreich	199	200	121	112	96	63	24	6	0	821
Kurier	122	124	79	69	68	39	27	5	3	536
Die Presse	126	135	68	63	58	39	30	6	1	526
Kleine Zeitung	112	117	66	71	55	46	20	7	4	498
Kronen Zeitung	116	120	61	63	76	45	6	3	1	491
Der Standard	96	86	51	46	43	20	12	13	2	369
Heute	75	76	45	36	50	31	8	2	1	324
Salzburger Nachrichten	58	57	32	27	31	20	7	1	0	233

Abbildung 4: Präsenz der Parteien im Mediensplit, keine Trennung zwischen Haupt-, Neben- und gleichwertigem Akteur; N = 1.825 Beiträge, Mehrfachzuteilungen von Parteien auf Artikel möglich.

der innerhalb der Medien beziehungsweise der Parteien sind sehr vergleichbar.

Der quantitative Top-Berichterstatter für SPÖ, ÖVP, FPÖ, Team Stronach, Die Grünen und BZÖ ist die Tageszeitung „Österreich". Über die NEOS wird am häufigsten in „Die Presse" berichtet, über die KPÖ am häufigsten in „Heute", der Top-Berichterstatter für die Piraten ist die „Kleine Zeitung".

Analyse der Meta-Themen

Bei der Themenanalyse interessierte zunächst eine grundlegende Ausrichtung eines Artikels beziehungsweise eine Meta-Thematisierung: Steht die Berichterstattung unter dem Generalthema Meinungsforschungsergebnisse zum Wahlausgang beziehungsweise handelt es sich um Beiträge über die zahlreichen TV-Konfrontationen auf allen (öffentlich-rechtlichen und privaten) Fernsehsendern?

Es ist bezeichnend, dass 412 Beiträge von 1.825 (22,6%) die TV-Konfrontationen im ORF, auf ATV beziehungsweise auf Puls 4 zum Thema gemacht haben. Weitere 169 Beiträge (9,3%) widmen sich der Aufbereitung von Ergebnissen der Markt- und Meinungsforschung

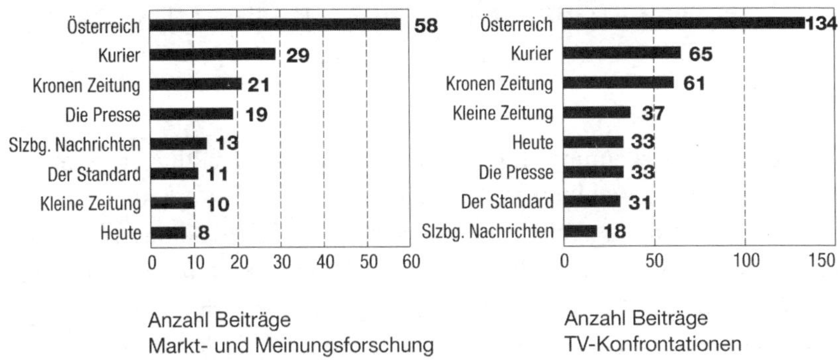

Abbildung 5: Beiträge im Mediensplit mit Berichterstattung über TV-Konfrontationen beziehungsweise über Markt- und Meinungsforschung.

(Sonntagsfrage, Kanzlerfrage, Möglichkeiten der Mandatsmehrheiten etc.).

Dabei zeigt sich eine sehr dichte Aneinanderreihung diverser Analysen von Wahlforschern und –beobachtern, Politikberatern sowie Markt- und Meinungsforschern und bietet eine deutlich wahrnehmbare Plattform dieser Berufsbilder. Dies ist gleichermaßen in der Qualitäts- wie in der Boulevardpresse der Fall, wenngleich „Österreich" doch sehr klar voranliegt.

„Österreich" ist auch jenes Medium, das am weitaus häufigsten die TV-Konfrontationen zum Thema macht. Hier liegen die Qualitätszeitungen geschlossen am Ende der Reihung, wenngleich die Häufung der Berichterstattung über die TV-Präsenz der Politiker/innen insgesamt eindeutig ein Kennzeichen der Wahlkampfberichterstattung 2013 darstellt. Es zeigt sich, dass diese medien-(fernseh-)inszenierten Ereignisse viel Anlass für Berichterstattung geben (von der Einschätzung der Performance der Diskussionsteilnehmer/innen über Realitäts-Checks bis hin zur Thematisierung der Coaches und Berater). Zeitliche Schwerpunkte sind quasi „naturgemäß" an den Tagen nach den TV-Konfrontationen beziehungsweise an Sonntagen bei der Markt- und Meinungsforschung zu erkennen.

Analyse der Schwerpunktthemen im Wahlkampf

Von zentraler Bedeutung in der Analyse sind die inhaltlichen Schwerpunktthemen im Wahlkampf. Es handelt sich dabei um keinen deduktiven Themenkatalog, etwa aus Ressorts hergeleitet, sondern um die tatsächlich vorhandenen Themen in der Berichterstattung. Diese wurden im Laufe der Codierung induktiv erweitert. Innerhalb der Beiträge war eine Mehrfachzuteilung von Themen möglich, da Artikel ja mehrere Themen aufgreifen können.[4]

Von Relevanz waren schlussendlich die folgenden Themen:

- Wahlkampf (Auftakt, Ankündigungen, Begleitung von Politikern an Wahlkampftagen etc.)
- Kritik an anderen Parteien / Politiker/innen
- Koalitionsspekulationen (nur auf zukünftige Koalitionen bezogen, nicht auf die derzeitige)
- Arbeitsplätze
- Arbeitszeit (insb. Zwölf-Stunden-Arbeitstag)
- Pensionen
- Frauenpensionsalter
- Wirtschaftsstandort Österreich (grundsätzliche Aussichten für den Standort, Österreich ist „abgesandelt“)
- Korruption
- EU-Ostöffnung
- Asyl (Flüchtlinge in der Votivkirche, Aufnahme von Syrien-Flüchtlingen)
- Außenpolitische Rolle Österreichs in internationalen Konflikten
- Steuerpolitik allgemein
- Besteuerung von Vermögen („Faymann-Steuern“, „Millionärssteuern“)
- Bildung (Lehrerdienstrecht, Ganztagsschule, gemeinsame Schule, Gymnasium etc.)

---

4 Aus diesem Grunde ergeben sich auch Gesamtsummen von Themenzuteilungen, die weit über der Gesamtanzahl der Beiträge liegen.

- Familie (Ausbau der Kinderbetreuung, Frauen im Beruf, Entlastung der Familien, „Leistungs-Mix“)
- Pflege
- Mariahilfer Straße
- Demokratiepaket (Volksbegehren, -abstimmung und -befragung neu beziehungsweise mehr direkte Demokratie, etc.)
- Wahlaufrufe
- Mindestlohn
- Schuldenabbau
- Gesundheit (Gesundheitssystem, Kassenleistungen, Privatisierung der Kassen, Sozialversicherungen umstrukturieren, Beitragsdebatten, Gratiszahnspange bis 18 etc.)
- Verkehr (Tempo 80 auf Freilandstraßen, Autobahnausbau, Gigaliner, etc.)
- Integration, Migration (Zuwanderungspolitik, Integrationswesen, Sprachförderung von Schülern, Rot-Weiß-Rot-Card etc.)

Auffällig dabei ist, dass Landwirtschaft, EU, Bundesheer, frauenspezifische Themen (Kritik in Artikel vom 23.9.) und die Überwachung durch die NSA im Zusammenhang mit dem Wahlkampf nicht oder kaum thematisiert wurden. Jugendliche beziehungsweise Jugendthemen spielen in der Berichterstattung ebenfalls kaum eine Rolle.

Ein erster Befund zeigt, dass alle Themen rund um den Wahlkampf an sich die Berichterstattung dominieren.

Parteien	Wahlkampf	Kritik an anderen Parteien/ Politikern	Koalitions-Spekulationen	Wahlaufruf	Sachthemen	Summe
ÖVP	45,5	12,5	6,8	0,3	34,9	100
SPÖ	46,2	11,7	5,4	0,7	35,9	100
FPÖ	47,9	15,3	5,9	0,4	30,5	100
Die Grünen	46,0	13,3	5,8	0,5	34,4	100
Team Stronach	58,4	10,4	3,8	0,2	27,2	100
BZÖ	49,0	14,5	5,3	0,2	31,0	100
NEOS	48,9	9,3	10,1	0,0	31,7	100
KPÖ	60,0	5,7	0,0	0,0	34,3	100
Piraten	80,0	0,0	0,0	0,0	20,0	100
Gesamt	48,0	12,5	5,8	0,4	33,2	100

Abbildung 6: Themen je Partei nach wahlkampfzentrierten Themen und Sachthemen.

Auf alle Einzelthemen heruntergebrochen zeigt sich das folgende Bild:

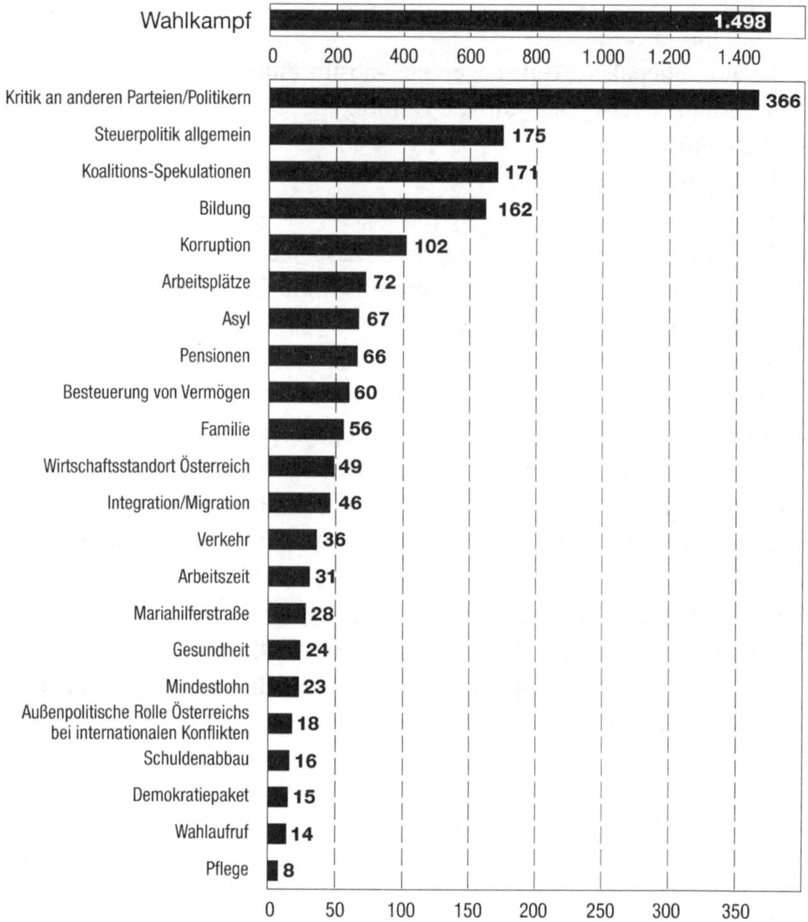

Abbildung 7: Themenzuteilungen aller Parteien in allen Medien; N = 1.825 Beiträge, 3.798 Themenzuteilungen, Mehrfachzuteilungen von Themen auf Artikel möglich.

Besonders auffällig ist die enorme Menge an Beiträgen (1.498 Beiträgen beziehungsweise 82,1%), die (zwar nicht ausschließlich) den Wahlkampf an sich zum Thema machen. Somit bestätigt sich offenbar die These, dass der Wahlkampf nicht die Zeit für Inhalte zu sein scheint, sondern vielmehr von der Selbstreferentialität des Wahlkampfes, von

Kritik an anderen Parteien und Personen und von Koalitionsspekulationen lebt. Insgesamt werden diese Themen immerhin 2.035 Mal aufgegriffen.

Die konkreten Inhalte innerhalb der Kategorie Wahlkampf zeigen einige medienspezifische Ausprägungen: „Kleine Zeitung" und „Kurier" boten mehr Extras (Rubriken, mehrseitige Überblicksberichte und Infos) für Jungwähler als „Krone", „Österreich", „Heute", aber auch als „Presse" und „Standard". Thematisiert wurde weiters der Social-Media-Wahlkampf und seine Offenbarungen (Politiker auf dem Glatteis, Analyse mangelnder Social-Media-Kompetenzen, Empfehlungen). Während die Qualitätszeitungen in ihren Medien-/Kultur-/Kommunikations- oder auch Kommentar-Ressorts dieser Thematik angemessen Platz einräumen, ist in den Boulevardblättern kaum etwas darüber zu lesen. Etwaige Mobilisierungsversuche der Parteien finden allerdings selten Eingang in die Berichterstattung, das Thema „Wahlaufruf" wurde kaum zugeteilt.

Steuerpolitik allgemein ist mit 175 Zuteilungen auf dem 3. Platz das erste sachpolitische Thema, gefolgt von Bildung (162 Thematisierungen) und Korruption (102 Thematisierungen). Die weiteren Themen folgen mit jeweils deutlich weniger als hundert Zuteilungen.

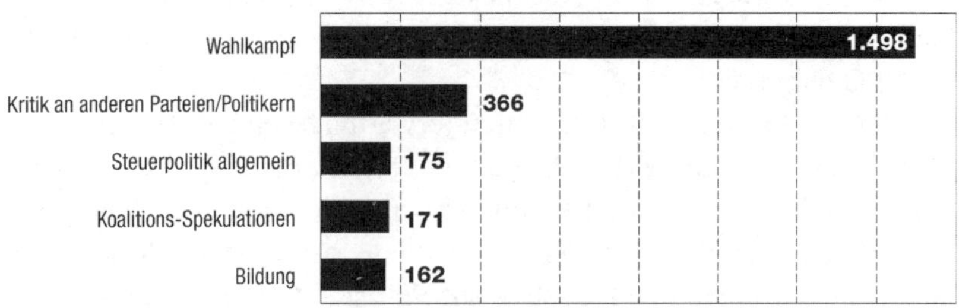

Abbildung 8: Top-fünf-Themen-Zuteilungen in allen Medien gesamt; N = 2.372 Themenzuteilungen.

Die Themen Wahlkampf, Kritik an anderen Parteien/Personen, Steuerpolitik allgemein, Koalitionsspekulationen sowie Bildung sind über alle Medien hinweg die Top-fünf-Themen in der Berichterstattung über die Nationalratswahl 2013. Mit 2.372 Zuteilungen machen sie 62,5 Prozent der Gesamtanzahl an Themenzuteilungen aus.

In allen untersuchten Printmedien sind Wahlkampf und Kritik an anderen Parteien/Personen an jeweils erster und zweiter Stelle. Die weiteren Themen wechseln auf den Rängen drei bis fünf, ausgenommen in „Heute“ und „Der Standard“: In „Heute“ fallen Koalitionsspekulationen nicht unter die Top-fünf-Themen, dafür findet sich das Thema Korruption an fünfter Stelle; in „Der Standard“ gelangt das Thema Bildung nicht in die Top-fünf-Themen, dafür aber Integration/Migration (4. Stelle).

Die Themenpräferenzen unterscheiden sich in Qualitäts- und Boulevardmedien kaum: Der einzig nennenswerte Unterschied liegt beim Thema Besteuerung von Vermögen, das in den Qualitätsmedien auf Rang 5 liegt, in den Boulevardmedien auf Rang 16.

Betrachtet man die Top-fünf-Themen bezogen auf die einzelnen Parteien, so findet sich Wahlkampf bei jeder Partei an erster Stelle. Danach folgt Kritik an anderen Parteien/Personen immer auf dem zweiten Rang mit Ausnahme der NEOS (Koalitionsspekulationen auf Platz zwei). Bis auf BZÖ und FPÖ rangiert Bildung durchwegs innerhalb der Top-fünf-Themen pro Partei, weitere häufige Themen sind Koalitionsspekulationen, Korruption und Steuerpolitik allgemein. Die FPÖ bildet hier eine Ausnahme, sie wird intensiv mit Asyl beziehungsweise Integration/Migration thematisiert. Dies ist auf die neuerliche Räumung der Votivkirche zurückzuführen, die die FPÖ für Wahlkampfzwecke genutzt hat. Diese beiden Themen werden auch grundsätzlich am häufigsten mit der FPÖ dargestellt.

Bei den Grünen stellt Korruption (erwartungsgemäß) das drittwichtigste Thema dar, da sie das Thema auch insgesamt am stärksten besetzten. Der Wirtschaftsstandort Österreich wird mit Abstand am häufigsten der ÖVP zugeschrieben. Die Themen Bildung, Arbeitszeit, Steuerpolitik allgemein sowie Familie sind stark auf SPÖ und ÖVP konzentriert.

Die Themen auf den letzten Rängen sind Pflege, Wahlaufrufe, Schuldenabbau, Demokratiepaket, Verkehr und Mindestlohn. Auch das neue Verkehrskonzept der Mariahilfer Straße wird kaum im Zusammenhang mit dem Wahlkampf thematisiert.

AGENDA FIT

Die MediaWatch erstellt in Kooperation mit APA-OTS eine Codierung der Übereinstimmung von Parteien in ganz konkreten inhaltlichen Positionen auf Bundesebene, die über OTS kommuniziert wurden.[5] Hier zeigt sich, zu welchen Themen die Parteien aktiv Inhalte kommuniziert haben und in welchen Positionen sie übereinstimmen. Gerade in Wahlkampfzeiten ist es von großem Interesse, zu welchen Themen die Parteien Aussendungen verbreiten und ob diese Botschaften den Weg in die Berichterstattung finden, sowie weiters, bei welchen Parteien es inhaltliche Übereinstimmungen gibt. Generell schlagen sich die im Wahlkampf kommunizierten Themen nur bedingt in der medialen Berichterstattung nieder, da weniger inhaltliche Themen im Mittelpunkt stehen, sondern in diesem Zeitraum vor allem der Wahlkampf selbst zum Thema gemacht wird.

Während in der ersten Septemberhälfte durchwegs eine Themenvielfalt der erkennbaren Positionen vor allem bei SPÖ, FPÖ und ÖVP zu beobachten war, nimmt diese in der zweiten Monatshälfte zur Wahlwoche hin deutlich ab. SPÖ und FPÖ, allen voran allerdings die ÖVP, senden gegen Ende des Vorwahlzeitraums deutlich häufiger aus, wiederholen aber klare Positionen zu ihren jeweiligen Kernthemen. Bei der SPÖ sind dies in erster Linie Bereiche wie Arbeitszeit und Pensionen, Frauenpolitik, Bildung sowie Steuern: für Senkung des Eingangssteuersatzes, für die Finanztransaktionssteuer, gegen die Ausdehnung der Höchstarbeitszeit auf zwölf Stunden, für Angleichung von Teilzeit- und Vollzeitkräften in Bezahlung und Aufstiegschancen, gleiche Bezahlung für Männer und Frauen, Ausbau der Ganztagsschule und der Rechtsanspruch auf Kinderbetreuung.

Die ÖVP positioniert sich in ihren Aussendungen zum Wahltag hin immer wieder als jene Partei, die den nächsten Kanzler stellen will. Ihre kommunizierten Kernpositionen liegen im Bereich der flexiblen Arbeitszeitmodelle, der Steuerbegünstigungen für Familien, der Mitarbeiterbeteiligungen an Unternehmen sowie der generellen Wahlfreiheit im Bildungsbereich. Vor allem die klare Ablehnung der verpflichtenden

5 www.apa-mediawatch.at beziehungsweise www.ots.at/politik

Ganztagsschule wird in den Tagen vor der Wahl wiederholt zum Ausdruck gebracht.

Die Aussendungen der Oppositionsparteien im September zeigen hinsichtlich der transportierten Standpunkte ein sehr differenziertes Bild. Während die erstmals antretenden Kleinparteien NEOS und das Team Stronach eine sehr geringe thematische Streuung in konkreten Positionierungen aufweisen (im September jeweils nur drei verschiedene deutlich erkennbare Aussagen), besetzen Die Grünen in erster Linie ihre spezifischen Themengebiete Umwelt, Tierschutz und Korruption. An sozial- beziehungsweise bildungspolitischen Positionierungen stimmen die Grünen hinsichtlich der Einführung eines zweiten Pflichtkindergartenjahres sowie dem Rechtsanspruch auf Kinderbetreuung gemeinsam mit ÖVP und SPÖ beziehungsweise der SPÖ alleine als Befürworter überein.

Die FPÖ bezieht in ihren Aussendungen im September konkret zu Themenschwerpunkten wie EU-Asylpolitik, Atomausstieg (hier finden sich Überschneidungen mit den Grünen und der SPÖ gegen EU-Subventionen für Atomkraft), Integration und Datenschutz Stellung. Eindeutig zeichnet sich ein EU-kritischer Kurs in den Eigenaussagen ab, insbesondere gegen die EU-Fiskalunion, Hilfszahlungen an Griechenland, dem ESM allgemein sowie der künftigen EU-Arbeitsmarktöffnung im Osten. In mehreren OTS im September betont die FPÖ ihre klare Haltung gegen Zuwanderung türkischstämmiger Staatsbürger sowie dem im Raum stehenden EU-Beitritt der Türkei.

Zu nicht sehr häufig transportierten, aber deutlich erkennbaren Überschneidungen kommt es zwischen fast allen Parteien über den gesamten Monat September verteilt. FPÖ und SPÖ befürworten etwa die Erhöhung der Familienbeihilfe und die Senkung des Eingangssteuersatzes. Alle drei Großparteien, SPÖ, ÖVP und FPÖ, sprechen sich für Wahlfreiheit im Bildungssystem aus, auch wenn unterschiedliche Positionierungen zu konkreten Lösungsvorschlägen eingenommen werden. Das BZÖ tritt gemeinsam mit der ÖVP klar für Studienplatzfinanzierungsmodelle durch Private sowie für die Anrechnung von Karenzzeiten auf Pensionen auf. SPÖ und ÖVP befürworten gleichermaßen den Ausbau der Ganztagsschule. ÖVP und die NEOS sprechen sich beide für die

Senkung von Lohnnebenkosten aus, mit dem Team Stronach verbindet laut OTS-Aussagen die ÖVP mit deren Forderungen nach Mitarbeiterbeteiligungen an Unternehmen.

ANALYSE DES FRAMINGS

Bei den Framings interessieren stets Inhalte, die über eine reine Themenzuteilung hinausgehen. Der erste Frame untersucht, ob die Berichterstattung personen-, themen- oder parteienzentriert ist, ob ein gemischter Fokus vorliegt oder gar keiner erkennbar ist. Die Personenzentrierung bezieht sich nicht nur auf den Spitzenkandidaten / die Spitzenkandidatin der jeweiligen Partei, sondern auch auf andere Personen.

Parteien	Personen-zentriert	Parteien-zentriert	Themen-zentriert	Gemischt Framing	Framing nicht erkennbar	Gesamt
ÖVP	333	151	105	312	14	915
SPÖ	322	152	104	306	20	904
FPÖ	199	98	41	170	15	523
Team Stronach	252	76	32	117	10	487
Die Grünen	165	93	43	170	6	477
BZÖ	134	61	17	85	6	303
NEOS	43	49	8	48	3	151
KPÖ	8	10	1	6	1	26
Piraten	4	5	0	2	1	12
Summe Anzahl Beiträge	1.460	695	351	1.216	76	3.798

Abbildung 9: Frame 1 „personen-, themen-, parteienzentriert" im Parteiensplit; N = 1.825 Beiträge, Mehrfachzuteilungen der Parteien auf die Frames aufgrund der Akteursstruktur möglich.

Bei allen Parteien überwiegt klar die Personenzentrierung in der Berichterstattung, ebenfalls durchgängig gefolgt von einer Parteienzentrierung. Eine Fokussierung auf die Themen ist nur in vergleichsweise geringem Ausmaß gegeben. Besonders auffällig ist die starke Personenzentrierung beim Team Stronach. Bei den NEOS ist eine gleich starke Zentrierung auf die Partei und Personen zu erkennen; letztere bezieht sich nicht nur auf den Spitzenkandidaten, sondern auch auf den Förderer Hans Peter Haselsteiner. Auch alle Medien berichten zum größten Teil personenzentriert.

Der zweite Frame beschäftigt sich mit der Frage, ob in der Berichterstattung Lösungsvorschläge der Parteien für Sachprobleme oder ein Verharren in Problemen thematisiert werden.

Parteien	Lösungsvorschläge der Parteien für Sachprobleme	Verharren in Problemen	Framing nicht erkennbar	Gesamt
ÖVP	182	100	633	915
SPÖ	183	87	634	904
FPÖ	61	63	399	523
Team Stronach	70	35	382	487
Die Grünen	74	44	359	477
BZÖ	39	32	232	303
NEOS	30	7	114	151
KPÖ	5	2	19	26
Piraten	1	1	10	12
Summe Anzahl Beiträge	645	371	2.782	3.798

Abbildung 10: Frame 2 „Lösungsvorschläge der Parteien für Sachprobleme" vs. „Verharren in Problemen" im Parteiensplit; N = 1.825 Beiträge, Mehrfachzuteilungen der Parteien auf die Frames aufgrund der Akteursstruktur möglich.

Das Ergebnis dieses Framings korrespondiert gut mit der Tatsache, dass die Berichterstattung nur zu einem kleineren Teil inhaltliche Themen umfasst. So sind auch im überwiegenden Teil der Beiträge weder ein Verharren in Problemen noch Lösungsvorschläge für Sachprobleme erkennbar. Falls diese Ebene doch thematisiert wird, so überwiegen bei allen Parteien jene Artikel, die Lösungsvorschläge nachzeichnen. Umgekehrt gibt es auch kein Medium, das vorrangig das Verharren in Problemen behandeln würde.

Im Mittelpunkt des dritten Frames steht die Frage, ob die Berichterstattung vergangenheitsbezogen, zukunftsbezogen oder ambivalent war.

Die Parteien werden mit ihren Themen größtenteils zukunftsbezogen dargestellt, der hohe Anteil an nicht erkennbarer Orientierung ist auf die zahlreichen Artikel zum Thema Wahlkampf zurückzuführen. Heruntergebrochen auf die Medien gibt es insgesamt nur 97 von 1.825 Beiträgen (5,3%), die erkennbar vergangenheitsbezogen berichten.

Parteien	Zukunfts-bezogen	Vergangenheits-bezogen	Ambivalent	Framing nicht erkennbar	Gesamt
ÖVP	254	61	189	411	915
SPÖ	251	50	181	422	904
FPÖ	100	38	102	283	523
Team Stronach	99	22	93	273	487
Die Grünen	114	25	92	246	477
BZÖ	69	23	53	158	303
NEOS	64	4	25	58	151
KPÖ	4	2	7	13	26
Piraten	5	0	2	5	12
Summe Anzahl Beiträge	960	225	744	1.869	3.798

Abbildung 11: Frame 3 Inhalte sind „zukunftsbezogen“ vs. „vergangenheitsbezogen“ vs. „ambivalent“ im Parteiensplit; N = 1.825 Beiträge, Mehrfachzuteilungen der Parteien auf die Frames aufgrund der Akteursstruktur möglich.

WIRKUNGSCHANCEN-ANALYSE

Die Wirkungschancen-Analyse ist ein neuer Analysezugang der Media-Watch, der sich mit der Chance auf Aufmerksamkeit beschäftigt und damit mit der Chance auf Wirkung der Berichterstattung beim Publikum: Die Basis für die Wirkungschancen-Analyse sind die Aufmerksamkeitsfaktoren, die anzeigen, wie attraktiv ein Medium die Artikel gestaltet und wie groß die Chance demnach ist, dass die Rezipientinn/en auf einen Artikel aufmerksam werden. Dabei werden verschiedene Parameter berücksichtigt (Größe/Platzierung des Artikels, Ressort, journalistische Darstellungsform sowie aufmerksamkeitsfördernde Elemente wie Bilder, Grafiken etc.). Aus diesen Faktoren wird eine Aufmerksamkeitschance in Prozent errechnet, die wiederum mit der Reichweite aus der Media-Analyse multipliziert wird.[6] Daraus ergibt sich eine qualifizierte Reichweite beziehungsweise eine qualifizierte Anzahl an potenziellen Leserkontakten.

Die erste Frage bei der Wirkungschancen-Analyse war, in wie vielen Artikeln eine Partei in allen untersuchten Medien gemeinsam mit welcher durchschnittlichen Aufmerksamkeitschance genannt wird und welche qualifizierte Reichweite für diese Partei sich daraus ergibt. Die Gra-

6 Nettoreichweite laut Media-Analyse 2012.

phik zeigt, wie viel Prozent Aufmerksamkeit eine Partei durchschnittlich über alle Medien hinweg erreicht (y-Achse). Auf der x-Achse zeigt sich, wie hoch die qualifizierte Reichweite dieser Beiträge ist (Aufmerksamkeitschance in % x Nettoreichweite). Die Größe der Bubbles nimmt Bezug auf die Anzahl der Artikel, in denen die jeweilige Partei genannt wird.

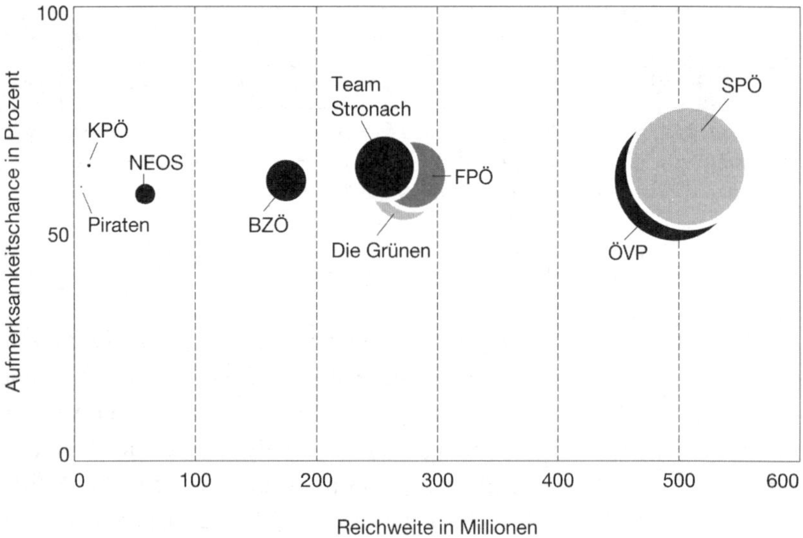

Abbildung 12: Wirkungschancen-Analyse: nach Aufmerksamkeitsfaktoren qualifizierte Reichweite je nach Partei über alle Medien.

Es zeigt sich klar, dass die Regierungsparteien SPÖ und ÖVP über alle Medien hinweg die größte Anzahl an Beiträgen, eine durchschnittliche Aufmerksamkeitschance von rund 63,3 Prozent und eine qualifizierte Reichweite von um die 500 Millionen potenzieller Leserkontakte erreichen.

Auffällig ist, dass die Medien den Parteien im Durchschnitt eine sehr ähnlich attraktive beziehungsweise aufmerksamkeitsgenerierende Gestaltung einräumen, was sich in sehr vergleichbaren Werten der Aufmerksamkeitschance zeigt. Die geringste Aufmerksamkeitschance erzielen die NEOS mit 58,7 Prozent, die höchste die KPÖ mit 65 Prozent (allerdings mit einer sehr geringen Beitragszahl), gefolgt von der SPÖ mit einem Faktor von 64,7 Prozent.

Der zweite Aspekt, der im Zusammenhang mit der Wirkungschance von besonderem Interesse ist, fragt danach, welche Chance auf Aufmerksamkeit ein einzelnes Medium den Parteien einräumt. Hier zeigt sich doch ein differenzierteres Bild.

In den folgenden exemplarischen Darstellungen ist ersichtlich, wie viel qualifizierte Reichweite (potenzielle Leserkontakte gewichtet nach Aufmerksamkeitschance) eine Partei in einer einzelnen Tageszeitung erzielt. Die Größe der Bubbles bezieht sich wiederum auf die Anzahl der Artikel.

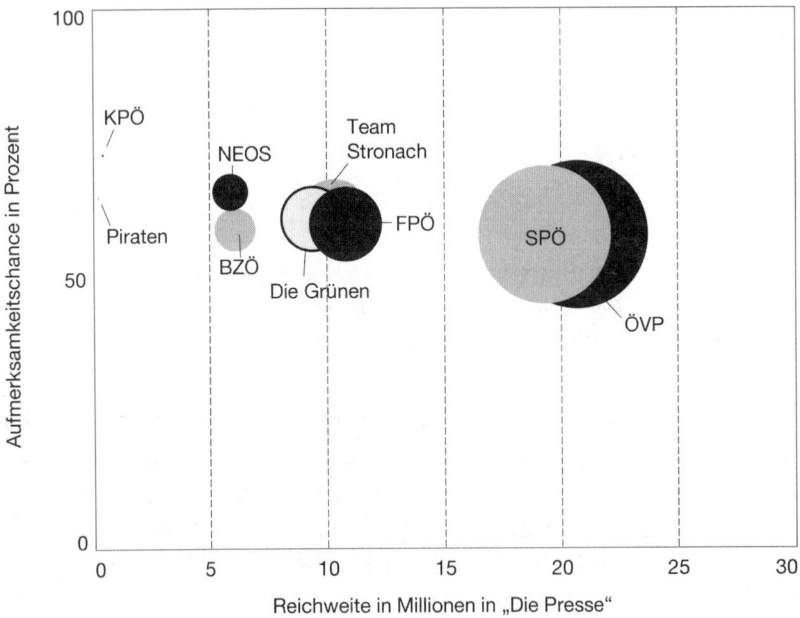

Abbildung 13: Wirkungschancen-Analyse: nach Aufmerksamkeitsfaktoren qualifizierte Reichweite je nach Partei in „Die Presse“.

Das Bild, das die Wirkungschancen-Analyse für „Die Presse“ zeigt, findet sich sehr ähnlich auch in „Der Standard“ und „Kurier“. Im Gegensatz zu „Die Presse“ widmet „Der Standard“ der KPÖ mehr Raum, die SPÖ erreicht eine höhere qualifizierte Reichweite. Der „Kurier“ zeigt grundsätzlich eine etwa doppelt so hohe qualifizierte Reichweite und widmet BZÖ und NEOS zahlreiche Artikel, die damit eine hohe qualifizierte Reichweite erzielen.

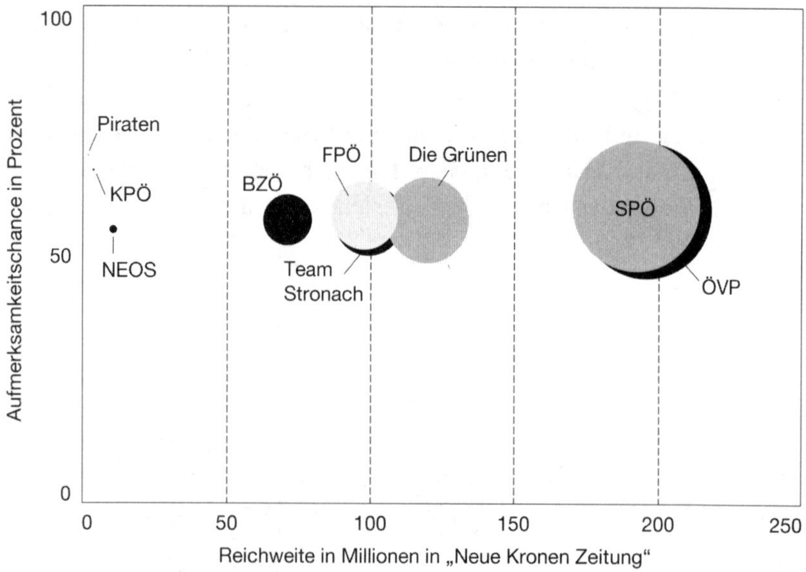

Abbildung 14: Wirkungschancen-Analyse: nach Aufmerksamkeitsfaktoren qualifizierte Reichweite je nach Partei in „Neue Kronen Zeitung".

Die Ergebnisse der Wirkungschancen-Analyse für „Österreich" sind bis auf wenige Unterschiede mit jenen der „Kronen Zeitung" zu vergleichen. So widmet „Österreich" den Grünen deutlich weniger Raum und Prominenz im Blatt, während die FPÖ und die NEOS stärker vertreten sind. Zudem liegt die höchste qualifizierte Reichweite bei rund 82 Millionen potenziellen Leserkontakten.

Im Rahmen der Wirkungschancen-Analyse können einige Parameter, die zu erhöhter Aufmerksamkeit führen, hervorgehoben werden.

So finden sich nur in 87 von 1.825 Beiträgen (4,8%) Nennungen von (auch mehreren) Parteien auf der Titelseite. Die Nennung auf einer Titelseite wird mit einer hundertprozentigen Aufmerksamkeitschance gleichgesetzt, da jeder Leser, der diese Zeitung in Händen hält, Kontakt mit dem Akteur bekommt.

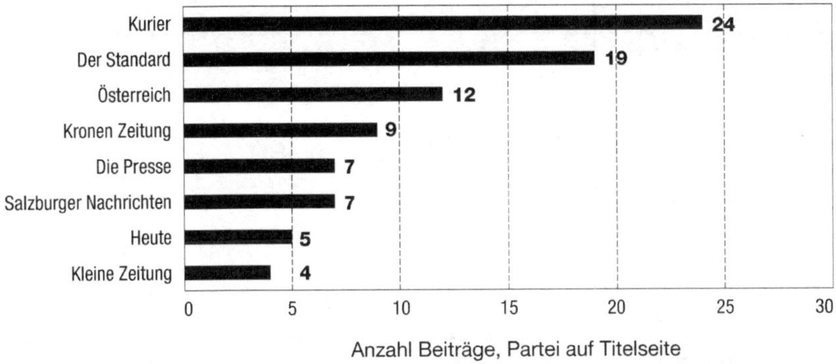

Abbildung 15: Nennungen von Parteien auf der Titelseite im Mediensplit, N = 87.

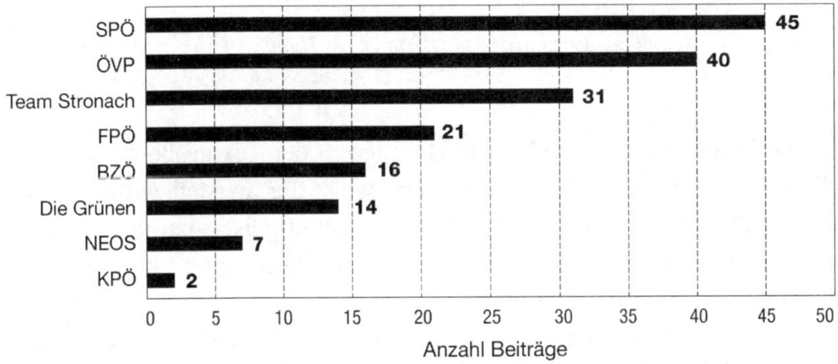

Abbildung 16: Nennungen von Parteien auf der Titelseite; N = 176 Nennungen in 87 Beiträgen.

Ein weiterer hoch relevanter Aufmerksamkeitsfaktor ist die Größe des Artikels für eine Partei als Hauptakteur, da die Rolle des Hauptakteurs üblicherweise große Aufmerksamkeit verspricht.

Die „Kleine Zeitung" räumt den Parteien als Hauptakteur am häufigsten großflächige Beiträge ein; in elf Beiträgen ist die Textgröße größer als fünfzig Prozent der Seitenfläche. „Österreich" weist immerhin noch sechs große Beiträge auf. Der „Standard", „Kronen Zeitung" und „Salzburger Nachrichten" haben nur sehr selten große Textflächen, während „Die Presse" und „Heute" gar keine derartigen Beiträge publizieren.

In den meisten Medien beträgt die Textgröße des Großteils der Artikel zwischen einem und zehn Prozent. „Die Presse", „Kurier" und „Ös-

Medium	Partei als Hauptakteur	Beiträge (+50% Seitengröße)
Kleine Zeitung (11)	ÖVP	3
	NEOS	2
	Team Stronach	2
	BZÖ	1
	Die Grünen	1
	FPÖ	1
	SPÖ	1
Österreich (6)	Team Stronach	2
	Die Grünen	1
	FPÖ	1
	ÖVP	1
	SPÖ	1
Der Standard (2)	Die Grünen	1
	Team Stronach	1
Slzbg. Nachrichten (1)	ÖVP	1
Krone (1)	ÖVP	1
Die Presse (0)	-	0
Heute (0)	-	0

Abbildung 17: Großflächige Beiträge für Parteien als Hauptakteure im Mediensplit.

terreich" zeigen auch noch viele Beiträge in der Textgröße 21 bis dreißig Prozent. Nur die „Kleine Zeitung" weist die meisten Artikel in der Textgröße elf bis zwanzig Prozent auf. Wichtig ist anzumerken, dass es beinahe immer zusätzlich Bilder und/oder Grafiken gibt, die die Gesamtgröße der Beiträge erhöhen.

Schließlich ergibt auch die journalistische Darstellungsform unterschiedliche Grade an Aufmerksamkeit (Nachricht/Meldung, subjektive Formen, Interview). Die meisten Interviews, die prinzipiell hohe Aufmerksamkeit versprechen, werden in „Österreich" veröffentlicht (neun Prozent der relevanten Beiträge in dieser Zeitung), in „Kronen Zeitung" und „Heute" sind es jeweils nur zwei Prozent. In allen anderen Medien liegt der Prozentsatz an Interviews gleichmäßig zwischen fünf und sieben Prozent. Die meisten subjektiven Darstellungsformen, insbesondere Kommentare, drucken die „Salzburger Nachrichten" (29%), gefolgt von „Der Standard" und „Die Presse" mit jeweils 22 Prozent. „Kurier" und „Kronen Zeitung" verwenden 15 Prozent der Berichte auf subjektive Darstellungsformen, bei den anderen Medien sind es acht bis zehn Prozent.

Julia WIPPERSBERG, Irene CZERMAK, Tobias HOFFERBERT, Iris KOLL

SCHLUSSBEMERKUNGEN

Die Berichterstattung zum Nationalratswahlkampf ist über alle untersuchten Tageszeitungen hinweg auffallend homogen. Klare Bevorzugungen von einzelnen Parteien sind in keiner untersuchten Tageszeitung zu erkennen, weder hinsichtlich Themen noch hinsichtlich Frames oder Wirkungschancen. Unterschwellige Wahlempfehlungen konnten nicht festgestellt werden.

Auch wenn eine Wirkung dieser Berichterstattung unumstritten erscheint: Über konkrete Auswirkungen der Berichterstattung auf das Wahlergebnis könnte auf dieser Datenbasis nur spekuliert werden.

Das Ergebnis unterstreicht, dass eine individuelle thematische Schwerpunktsetzung in der Berichterstattung bei hoch strukturierten Ereignissen wie einer Nationalratswahl kaum möglich ist.

XV

Wie sich Politiker im Web selbst beschädigen: Beobachtungen aus dem ersten richtigen Onlinewahlkampf

Was könnte man aus diesem Wahlkampf im Netz lernen? Vor allem, was man nicht tun sollte: nicht aggressiv sein, nicht nerven, sich nicht ständig selber auf die Schulter klopfen.

Ingrid Brodnig

Digitale Medien haben tatsächlich etwas Entlarvendes. Manch ein politischer Akteur vergisst, dass er auch online auf einer Bühne steht und sein Verhalten bewertet wird – übrigens auch von jenen, die nur stillschweigend zuschauen. Auf Twitter ist immer wieder zu beobachten, wie namhafte Personen sich zu einem gewissen Grad selbst entzaubern. Sehr oft sind das ausgerechnet Pressesprecher, die so betriebsblind ihre eigene Partei oder den eigenen Chef verteidigen, dass sie ebendiesen schaden.

Das bekannteste Beispiel lieferte Sven Pöllauer, der Sprecher von Justizministerin Beatrix Karl (ÖVP). Er fiel mit außergewöhnlicher Nonchalance auf und schadete dadurch wohl auch seiner Chefin. Zur Erinnerung: Ein 14-Jähriger wurde in der Justizanstalt Josefstadt brutal vergewaltigt, wie der „Falter“ berichtete. Ministerin Karl wurde daraufhin in die „ZiB 2“ eingeladen, wo sie über die Vergewaltigung eines 14-Jährigen sagte: „Strafvollzug ist kein Paradies.“

Der „Standard“ bezeichnete dies als „Selbstdemontage einer Ministerin“. Um fair zu sein: Ihr eigener Pressesprecher hat ordentlich zu dieser Demontage beigetragen. Auf Twitter zeigte er sich keineswegs einsichtig, sondern reagierte umso aggressiver. Er spielte den Fall herunter, machte sich über Journalisten lustig, die das Ganze thematisierten. Da fielen Sätze wie, „ich glaube, Sie reden nur mit den Experten, von denen Sie IHRE Meinung bestätigt bekommen“ oder „ich glaube, man sarf (sic!) nicht der Meinung verfallen, dass die Mainstream-Meinung auf Twitter der der Bevölkerung entspricht“ – Letzteres ist eine klare Verharmlosung der Vergewaltigung eines 14-Jährigen.

Wenn man so aggressiv und vehement einen Standpunkt vertritt, noch dazu einen unhaltbaren, kann man nur verlieren. Das mag ein Extrembeispiel sein, aber es verdeutlicht, dass man sich als politischer Akteur mit so einem schroffen Ton durchaus selbst schadet. Der Onlinewahlkampf 2013, hierzulande der erste wirkliche Wahlkampf im Web, war geprägt von Aggression. In den Tagen und Wochen vor dem Urnengang wirkte Twitter wie ein Pulverfass, das durch jede kleine verbale Reiberei zur Explosion gebracht werden konnte. Natürlich ist es ganz normal, dass zu Wahlkampfzeiten Friktionen umso sichtbarer werden und auch manch ein Showkampf inszeniert wird. Aber viele Auseinandersetzungen wirkten online keineswegs orchestriert, sondern viel mehr wie ein Unfall, bei dem man nicht wegschauen kann.

Das ist bedenklich, weil sich das politische System und seine Vertreter mit solch ungeschickter Aggression selbst beschädigen. Niemand mag selbstgefällige Streithanseln, denen jegliche Selbstironie fremd zu sein scheint. Offensichtlich fehlt es hier einigen Parteien oder Parteifunktionären an einer klaren Definition, welches Bild man im Netz abgeben und womit man Sympathie sammeln möchte. Ein Fehler.

Das Internet kann von Politikern auch für das Gegenteil genutzt werden: Um sich als konstruktive Stimme, sozusagen als „Macher“, zu positionieren. Das bekannteste Beispiel dafür ist wohl US-Präsident Barack Obamas Wahlkampfslogan „Yes We Can“, der gewiss auch zum „Gefällt mir"-Gestus der Netzcommunity gepasst hat. Auch eine österreichische Partei hat in diesem Wahlkampf sehr erfolgreich Selbstdarstellung betrieben: die NEOS.

Sie haben online vieles richtig gemacht: positiv kommuniziert, Streit vermieden, im Zweifelsfall waren sie lieber locker als ernst. Das ist gerade für eine Partei wichtig, die sich als Hoffnungsträger präsentieren und bloß nicht mit den üblichen Streithanseln assoziiert werden will.

Das ist ihnen auch gelungen: Mit lauter positiven Botschaften, auch mit ein bisschen Augenzwinkern, sammelte die neue Bewegung mehr als 40.000 Fans auf Facebook und stellte sich als konstruktive Kraft dar. In welche Richtung diese Kraft das Land denn bewegen will, darüber wurde dann gar nicht mehr so genau diskutiert. Wohin Parteichef Matthias Strolz mit seinen Flügeln (die er oft als Metapher brachte) genau fliegen will, ist nicht so ganz klar. Aber offensichtlich gibt es eine generelle Sehnsucht nach Bewegung in diesem Land und das Internet kann ein Tool sein, um dies zu kanalisieren und potenzielle Wähler zu mobilisieren.

Man könnte nun über das Internet schimpfen und sagen: So ein triviales Medium, alles nur Daumen-hoch-Politik auf 140 Zeichen! Aber das wäre eine viel zu verkürzte Analyse. Online wird nur vieles noch sichtbarer, was es offline schon längst gibt.

Der heimische Demokratiediskurs war vor der Erfindung des Internets wohl kaum intelligenter. Auch das durchschnittliche Wahlplakat hat nicht mehr als 140 Zeichen. Also bitte: Wer die Verrohung oder die Trivialisierung der österreichischen Politik auf die neuen Medien schieben will, der redet sich die alten Medien und die Vergangenheit schön.

In vielen Facetten hat das Netz die politische Debatte bereits bereichert, gerade weil es nicht auf 140 Zeichen beschränkt ist, sondern auch die Möglichkeit zur Vertiefung bietet. Das zeigte sich etwa in der Aufarbeitung der Nationalratswahl. Einen der spannendsten Kommentare zum grünen Wahlergebnis selbst schrieb Volker Plass von der grünen Wirtschaft. Man könnte ihn als Politiker aus der zweiten, wenn nicht aus der dritten Reihe bezeichnen, der der breiten Bevölkerung wohl eher nicht bekannt ist. Aber über Facebook stießen viele auf seine Analyse zur Wahl. So etwa schrieb er in seinem öffentlichen Beitrag:

„In den Kernbereichen – dort, wo Wahlen entschieden werden – waren wir schwach aufgestellt: In der grünen Sozialpolitik herrscht seit Jahren Tiefschlaf. In der Gesundheitspolitik sind wir weitestgehend abgemeldet. In der Bildungspolitik, wo wir Substanz haben, ist es schwierig, uns neben der SPÖ zu profilieren. Grundlegende Systemkritik ist leider nicht vorhanden. Nennenswerte budgetäre Einsparungsvorschläge auch nicht. Und die Wirtschaftspolitik ... naja! Stattdessen haben wir praktisch zur Gänze auf das Korruptionsthema gesetzt. (...) Die Menschen hörten uns zu. Sie gaben uns Recht. Und waren dankbar, dass wir diesen Job erledigen. Aber dann fragten sich offenbar viele: Was hat das mit mir zu tun? Geben mir die Grünen damit für mein Leben auch Hoffnung? Schafft mir das einen Arbeitsplatz? Sichert das meine Pension? Bringt uns das den fehlenden Kinderarzt in unserer Gemeinde?"

Man muss Volker Plass nicht zustimmen, aber es ist ein Beitrag, der zur Diskussion einlädt, ein Text, den die meisten ohne Internet wohl nicht gelesen hätten. Ganz offensichtlich tragen die sozialen Medien zur Debatte über die politische Kultur des Landes bei. Auch wenn nicht alle Blog-Beiträge oder Twitter-Meinungsschnipsel supereloquent oder durchdacht sein mögen, so sind sie doch eine wichtige Ergänzung. Allerdings besteht hier das Problem, dass diese Beiträge oft nur jene Bürger und Politikinteressierten finden, die bereits Teil hochinformierter Netzwerke sind oder gezielt danach gesucht haben. Die vermeintliche Elite reproduziert sich online also sehr oft selbst.

Dabei kann das Netz auch einen sehr niederschwelligen Zugang zur Politik bieten und ein breiteres Publikum anlocken. Das beste Beispiel dafür ist Humor.

Der spielte erstmals in diesem Onlinewahlkampf auch eine Rolle. Humor kann eine schlagkräftige Waffe sein. Denn nichts (ausgenommen von Katzenvideos) verteilt sich auf den sozialen Medien so schnell wie ein guter Witz, der auch noch ein Körnchen Wahrheit enthält. Im Wahljahr 2013 starteten eine Reihe neuer Seiten, die sich über das politische Hickhack lustig machten – allen voran dietagespresse.com, ein österreichisches Satireportal, das vom 22-jährigen Wiener Studenten Fritz Jergitsch betrieben wird. Der erfand vor der Wahl Gags wie: „Umfrage: Niemand will NEOS wählen, weil jeder glaubt, eh niemand will NEOS wählen". Und nach der Wahl: „Stronach-Abgeordnete auf Ebay zum Verkauf".

Die Scherze dieser Hobby-Schmähführer sind vielleicht nicht jedermanns Sache, aber sie bereichern die politische Debatte gewiss um ein paar Lacher. Politischer Humor wird somit etwas, an dem mehr Menschen aktiv teilhaben können.

Dass die Onlinesatire floriert, liegt auch daran, dass die Technologie massentauglicher geworden ist. In wenigen Minuten kann man online ein Blog auf Tumblr.com einrichten und mit lustigen Bildchen und Überschriften die eigene Meinung abgeben. Oder wie Jergitsch meint: „Man muss sich nur vorstellen: Wie viel Aufwand wäre ein Satireportal vor der Verbreitung des Internets gewesen?"

In Zukunft werden wir noch viel mehr Seiten sehen, die sich gezielt über den politischen Gegner lustig machen wollen, die ihn mit Humor entwaffnen wollen. Hier verschwimmt die Grenze zwischen berechtigter Satire, witzigem Aktionismus und Dirty Campaigning.

Ein spannendes Beispiel ist das Blog „When You Really Act Like ÖVP", siehe whenyoureallyactlikeoevp.tumblr.com. Zwei anonyme Studentinnen machen sich darin über jene Partei lustig, über die sie sich ganz besonders oft ärgern müssen. Sie porträtieren die Volkspartei als unfähige, egozentrische Truppe, die nur am eigenen Machterhalt interessiert ist. Dafür nutzen sie animierte GIFs, also bewegte Bilder von tolpatschigen Katzen oder inkompetenten Sportlern. Etwa sieht man, wie ein Hase mit einer schlafenden Katze kuschelt, und darüber steht: „When ÖVP tries to ‚warn' about Rot-Grün", zu Deutsch: Wenn die ÖVP versucht, vor Rot-Grün zu warnen. Auf einem anderen GIF wiederum will ein Boxer den Gegner schlagen und trifft sich selbst. Dazu heißt es: „When Spindi attacks at the TV-Duell." Also: Wenn ÖVP-Chef Spindelegger eine Attacke im TV-Duell reitet.

Das Blog „When You Really Act Like ÖVP" ist auf Englisch, weil das bei Tumblr-Seiten so üblich ist. Es gibt zum Beispiel auch die Seite „When You Really Live in Wien", siehe whenyoureallyliveinwien.tumblr.com. Das Ganze zeigt, wie skurril der Humor im Web mitunter ist.

Mit so schrägen, von der Netzkultur geprägten Aktionen tun sich natürlich die Großparteien schwer. ÖVP und SPÖ schauen im Netz sehr alt aus, nicht zuletzt deshalb, weil ihnen die Politiker fehlen, die glaubwürdig in den sozialen Medien präsent sind. Wer von den roten oder schwarzen Abgeordneten nutzt Twitter und Facebook geschickt?

Stimmt: Die ÖVP hat Sebastian Kurz, der als Nachwuchshoffnung der Volkspartei offensichtlich auch das junge Gesicht im Netz darstellen soll. Jedoch war es eher peinlich, als die ÖVP in einem YouTube-Video mit den zahlreichen „Erfolgen" des jungen Staatssekretärs warb. Twitter-User gratulierten ihm darin zu seinen „coolen" Ideen, mehr als 7000 Menschen drückten bei einem Facebook-Eintrag auf „Gefällt mir", auch Jubelmeldungen in den Medien wurden abgebildet. Allein: Das stimmte nicht. Die Zeitungsartikel und digitalen Fans waren Fiktion. Als der „Standard" dies nachrecherchierte, rechtfertigte ein ÖVP-Sprecher den Werbefilm damit, dass hier nicht „das echte Internet" vorgeführt werde – was prompt für Hohn sorgte.

In der SPÖ ist es nicht besser. Offensichtlich fehlen auch hier die Politiker, die im Netz zu Hause sind. Freilich gibt es einzelne lobenswerte Ausnahmen, doch streng genommen fiel die SPÖ nur ein einziges Mal wirklich online auf: Als sich Bundeskanzler Werner Faymann in seiner Funktion als Regierungschef auf Steuerkosten einen Facebook-Account zulegte – das war im Jahr 2011. Seither postet der Kanzler (und vor allem sein Team) dort eher nichtssagende Meldungen.

In diesem Wahlkampf fiel die SPÖ dadurch auf, dass sie nicht auffiel. Online versuchte man offensichtlich in erster Linie, keine schweren Fehler zu begehen, was funktioniert haben mag, aber nicht sehr mutig ist. Die Zurückhaltung im Netz passt übrigens generell zum roten Wahlkampf, der sich ganz auf die Kernwähler fokussierte, die sind eher die Generation „Kronen Zeitung" als die Generation Facebook. Eine digitale Zukunftsstrategie schaut anders aus.

Ist das Netz für den Wahlkampf wichtig? Klar! Aber natürlich ist es nicht alleine wahlentscheidend. Immer wieder hört man den Satz: „Im Internet werden keine Wahlen gewonnen." Das ist ungefähr so aufschlussreich wie die Aussage: „Im Radio werden keine Wahlen gewonnen." Oder: „Auf Wahlplakaten werden keine Wahlen gewonnen." Natürlich ist das Netz nur ein Kanal von vielen, aber einer, der immer wichtiger wird und den man mitbedenken muss – vor allem, wenn man jene Bürger ansprechen will, die sich vorrangig online informieren. Auch das zeigten die NEOS: Die haben mit Sicherheit viele ihrer Wähler online erreicht. Das ganze Parteiprofil ist auf eine junge, bürgerliche, digital gut vernetzte Wählerschaft ausgerichtet, da war das Internet ein wichtiger Kanal. Auch wenn die NEOS mit fünf Prozent nur eine Kleinpartei sind, zeigt ihr Erfolg, dass man online Stimmen gewinnen (oder eben liegenlassen) kann.

Doch wie gewinnt man diese Stimmen? Online ist oft von einer „Filter Bubble" die Rede. Wir sitzen alle in einer Blase – oder genauer gesagt: in vielen unterschiedlichen Blasen, die nur wenig Kontakt miteinander haben. Die Fragmentarisierung der Gesellschaft ist ein politisches Problem, weil Parteien nicht mehr an ihre klassischen Wählerschichten herankommen und diese frustrierten Bürger dann sehr oft von Demagogen angesprochen werden. Das beste Beispiel ist die FPÖ, die mittlerweile viele Menschen anspricht, die die SPÖ nicht mehr erreicht. Die Freiheitlichen setzen dabei aktiv auf das Netz und nutzen die Fragmentarisierung online, um eine digitale Parallelrealität aufzubauen.

Das wichtigste Web-Tool der Rechtspopulisten ist FPÖ-TV. Auf einem YouTube-Kanal posten die Freiheitlichen ihre Version der Wirklichkeit. Im August vor der Wahl hieß es im „FPÖ-TV-Magazin" etwa: „Während sich die Freiheitlichen auch heute noch für unsere Österreicher einsetzen, haben andere Parteien neue Wählerschichten für sich entdeckt. Die SPÖ vertraut stark auf jene Neo-Österreicher, deren Wurzeln in der Türkei liegen. Deutschkenntnisse werden nicht vorausgesetzt, tauchen doch immer wieder Inserate und Plakate in türkischer Sprache auf." Gleich danach wurde ein Werbespot der FPÖ als vermeintliche Nachricht gezeigt und anschließend erklärte die Moderatorin, dass nicht nur die FPÖ-Werbekampagne ein Publikumserfolg sei, sondern auch ihr TV-Kanal: „in weniger als einem Jahr verzeichnet unser YouTube-Kanal mehr als eine halbe Million Videoaufrufe".

Natürlich ist nicht das Internet für den Erfolg der Rechtspopulisten verantwortlich – niemand wählt die FPÖ wegen Facebook oder YouTube. Aber diese Kanäle machen es den Freiheitlichen leichter, ihre Version der Realität zu verkünden und jene Bürger zu adressieren, die mit der Realität der Mainstreammedien nichts mehr anfangen können, etwa, weil sie keine Nachrichten mehr lesen oder dem Medienapparat als Ganzes misstrauen. Im Pluralismus des Netzes kommen auch die Demagogen öfter zu Wort.

Das Problem dabei: Offensichtlich hinken andere Parteien hinterher, haben weder eine inhaltliche noch eine mediale Lösung, um diese frustrierten Bürger wieder zu erreichen und zu überzeugen. Wo bleiben die vergleichbaren Webangebote der politischen Konkurrenten, bei denen ebenfalls in leichter Sprache politische Anliegen erklärt werden?

Der Onlinewahlkampf 2013 zeigt also vor allem, was noch fehlt und falsch gemacht wird. Die große Herausforderung ist, wie im Web eine Abkopplung der vermeintlichen Elite (also der sozioökonomisch Bessergestellten) vom Rest der Bevölkerung vermieden werden kann. Das Netz ist für diese Kluft in der Gesellschaft nicht verantwortlich, aber es ist ein weiterer Ort, wo diese überbrückt gehört. Derzeit verfestigen viele Parteien das negative Bild, das viele Bürger von ihnen haben. Es scheint, als hätten einige politische Akteure die entscheidenden Fragen noch nicht beantwortet: Welches Bild gebe ich online von mir und meinem politischem Berufsethos ab? Und warum sollte bei mir irgendwer auf „Gefällt mir“ klicken?

XVI

Das Wahljahr 2013

Von Themen und Trends, die die Nationalratswahl entschieden haben, vom Wahlverhalten und Wählerströmen – und von der viel diskutierten Rolle der Meinungsforscher bei alldem.

Franz SOMMER und Paul UNTERHUBER

Im Wahljahr 2013 hatten Meinungs- und Wahlforscher Hochkonjunktur: Eine bundesweite Volksbefragung zum Thema Berufsheer/Wehrpflicht am 20. Jänner, eine Serie von Landtagswahlen (Niederösterreich und Kärnten am 3. März, Tirol am 28. April, Salzburg am 5. Mai) und am 29. September noch die Nationalratswahl – so dicht gedrängt ist der Wahlkalender nur selten. Die Nachfrage nach Prognosen war groß, die Gefahr, sich damit zu blamieren, noch größer: Ein Institut sah die VP-Niederösterreich mit Landeshauptmann Erwin Pröll auf 46 Prozent abstürzen, aus dem immer wieder propagierten Kopf-an-Kopf-Rennen bei der Volksbefragung wurde ein fast zwanzigprozentiger Vorsprung für die Befürworter der Wehrpflicht. Und während der Tiroler Landeshauptmann Günther Platter die Prognosen gleich um mehrere Prozentpunkte übertreffen konnte, kam es für die Salzburger Landeshauptfrau Gabi Burgstaller noch viel schlimmer, als ohnehin befürchtet. Und in Kärnten blieb kein Stein auf dem anderen: Rekordverluste für die Freiheitliche Partei Kärntens (minus 27 Prozentpunkte) – so ein Ergebnis hat es in der österreichischen Wahlgeschichte bei Landtagswahlen noch nie gegeben.

In dieser Dramatik hat das wohl auch niemand für möglich gehalten. Fast ist man versucht zu sagen: selbstverständlich auch die Meinungsforscher nicht. Obwohl die in den letzten beiden Wochen vor der Wahl erhobenen „Rohdaten“ (deklarierte Wahlabsichten) mehrmals hintereinander einen SPÖ-Vorsprung in der Größenordnung von 15 bis zwanzig Prozentpunkten gegenüber der FPK anzeigten. Aufgrund des herrschenden negativen Meinungsklimas für die FPK und langjähriger Erfahrungswerte ging man von einer Unterdeklaration der blauen Wähler aus. Aber spätestens am Wahltag war klar: Diese Annahmen stimmten einfach nicht. Zwar gelang es, die Wähleranteile für ÖVP, Grüne, BZÖ und Team Stronach ziemlich genau zu treffen, aber zwanzig Prozentpunkte Vorsprung für die SPÖ statt der vorausgesagten zehn – eine beeindruckende Punktlandung war das jedenfalls nicht.

Aber von solchen Rückschlägen lassen sich Demoskopen erfahrungsgemäß nicht nachhaltig erschüttern. Ex post gibt es immer irgendeine mehr oder weniger plausible Erklärung für die geringe Treffsicherheit von Wahlprognosen. Und außerdem: Wenn eine über viele Jahre dominante Landeshauptmannpartei wie die FPK in Kärnten plötzlich rund zwei Drittel ihrer Wähler verliert, sollte man vielleicht tatsächlich etwas gnädiger sein und einen weniger strengen Maßstab anlegen als sonst.

TRACK POLLING VOR DER NATIONALRATSWAHL 2013

Ähnlich wie für Politiker und Parteien gilt auch für die Wahlforscher: Nach der Wahl ist vor der Wahl. Und mit der Nationalratswahl am 29. September konnten sie wenige Monate nach den turbulenten Regionalwahlen ihr gesamtes Arsenal neuerlich in Stellung bringen – das Track Polling, die Wahltagsbefragung und die Wählerstromanalyse.

Im Rahmen des Track Polling GFK Austria wurden ab der vorletzten Augustwoche in insgesamt sieben Befragungswellen die für eine Wahl relevanten Parameter erhoben: Beteiligungsabsicht, Entscheidungssicherheit, Wahlabsicht NRW Jetzt, erinnertes Wahlverhalten NRW Letzt, Parteibindung (Stamm- und Wechselwähler NRW 2008–2013).

Neben ungestützten Wahlmotiven wurden den Befragten auch ausgewählte politische Themen vorgelegt, die nach der Wichtigkeit für die Wahlentscheidung am 29. September zu bewerten waren. Dass die dringlichsten Themen der Befragten (nach dem Anteil an „Sehr wichtig"-Antworten) tatsächlich den stärksten Einfluss auf die Wahlentscheidung hatten, ist praktisch auszuschließen. Die Einflussfaktoren, die eine Änderung des Wahlverhaltens bewirken, sind in den meisten Fällen sehr komplex und lassen sich nie auf eindimensionale Zusammenhänge reduzieren.

Tabelle 1: Die wichtigsten Themen aus der Sicht der Befragten

Antwortvorgaben, 4-stufige Skala Reihung nach „sehr wichtig"-Antworten	Sehr wichtig in Prozent
Die Bekämpfung der Arbeitslosigkeit	72
Die Sicherheit der Pensionen	70
Der Schutz vor Kriminalität	64
Die Korruption und Bestechlichkeit vieler Politiker	63
Die Reform des Bildungssystems	61
Die Förderung von Familien	61
Der Wirtschaftsstandort Österreich	59
Die steigenden Preise	54
Die hohe Staatsverschuldung	51
Wie es mit dem Euro weitergeht	46
Neue Steuern und Belastungen	41
Die Förderung von Wachstum	40
Eine Steuerreform	40
Die Einmischung der EU in unsere Angelegenheiten	33
Der Zustrom von Ausländern und Asylanten	31
Die Integration von Zuwanderern	29
Ein gleiches Pensionsantrittsalter von Frauen und Männern	26

Quelle: GfK Austria, vier Wellen kumuliert (N = 2.000 Interviews), Ende August – Ende September 2013.

UNENTSCHLOSSEN VS. UNSICHER – DER FEINE UNTERSCHIED

In den letzten Tagen vor einer Wahl beherrscht oft der hohe Anteil an „unentschlossenen Wählern" die Schlagzeilen der Wahlberichterstattung. Der Tenor dabei: Da 25, dreißig oder mehr Prozent der Wahlberechtigten noch „unentschlossen" sind, sei der Ausgang der Wahl noch völlig offen. Aber in Wirklichkeit geht die Zahl der tatsächlich noch unentschlossenen Wähler gerade in den letzten beiden Wochen signifikant zurück. Daran hat auch die stark gesunkene Parteibindung nicht viel geändert.

Aber warum wird die Zahl der Unentschlossenen in unrealistische Höhen geschraubt? Der Hauptgrund dafür ist geradezu banal: Nichtdeklarierte, von denen die meisten ohnehin nicht zur Wahl gehen, werden häufig als „unentschlossen" eingestuft. Dazu kommt noch, dass auch unsichere, noch nicht definitiv festgelegte Wähler mit Unentschlossenen gleichgesetzt werden. Außerdem wird ignoriert, dass „unsichere" Wähler sehr oft eine Neigung zu einer bestimmten Partei haben. Wenn Befragte in einem Interview sagen, dass sie sich in ihrer Wahlentscheidung noch nicht definitiv festgelegt haben, bedeutet das nicht, dass sie zum Befragungszeitpunkt noch nicht wissen, welcher Partei sie ihre Stimme geben werden. Obwohl der Anteil an deklarierten „Spätentscheidern" auch bei der Nationalratswahl 2013 neuerlich zugenommen hat, lag die Zahl der Unentschlossenen (in der „harten" Definition) weit unter zehn Prozent.

BETEILIGUNGSABSICHT UND WAHLBETEILIGUNG

Ein Trendmuster wiederholt sich bei fast jeder Wahl: In den letzten zwei bis drei Wochen vor dem Wahltermin steigt die Beteiligungsabsicht an, gleichzeitig geht die Entscheidungsunsicherheit markant zurück. Die in Umfragen vor der Wahl erhobene Beteiligungsabsicht ist immer wesentlich höher als die tatsächliche Wahlbeteiligung.

Hinter diesem Phänomen verbirgt sich ein Messproblem: Da gibt es zunächst das in der Umfrageforschung bekannte Phänomen der technischen Erreichbarkeit: Nichtwähler sind viel schwerer zu erreichen als Wähler. Aber noch wesentlich stärker ausgeprägt sind die Effekte, die aus der Verweigerung von Interviews resultieren. Die Bereitschaft, an einem Interview mit politischen Fragestellungen teilzunehmen, ist bei Wählern im Schnitt zwei bis drei Mal so hoch wie bei Nichtwählern. Strenggenommen sind die Stichproben daher zumindest in einer relevanten Dimension nicht repräsentativ – auch wenn sie die Grundgesamtheit der Wahlberechtigten nach Merkmalen wie Geschlecht, Alter, Schulbildung, Stadt/Land etc. ziemlich genau abbilden. Deklarierte Nichtwähler sind in den Umfragen vor einer Wahl immer stark unterrepräsentiert. Für die Schätzung der Wahlbeteiligung ist die gemessene Wahlbeteiligungsabsicht daher immer nur ein Ausgangswert, der aufgrund von langjährigen Erfahrungswerten deutlich nach unten revidiert wird.

Tabelle 2: Beteiligungsabsicht und Entscheidungssicherheit in den Wochen vor der Nationalratswahl 2013

In Prozent der Befragten insgesamt	Beteiligungsabsicht: „Gehe sicher wählen"	Entscheidungssicherheit: „Bin noch völlig unsicher"
19.8. - 5.9. 2013	71	12
9.9. - 19.9. 2013	73	9
20.9. - 26.9. 2013	80	5
Veränderung	+9	-7

Quelle: GfK Austria, Track Polling GFK, bundesweite Repräsentativumfragen, Datenbasis: 3.500 Interviews, sieben 500er-Wellen (kumuliert).

Die Wahlabsichten der deklarierten Wechsler

Ähnliche Messprobleme wie bei der Beteiligungsabsicht treten auch bei der Wahlabsicht auf. Nur ein Beispiel: Wenn die Grünen in den „Rohdaten" (deklarierte Wahlabsichten) drei Prozentpunkte vor den Freiheitlichen liegen, heißt das noch lange nicht, dass das auch im Wahlergebnis so sein wird. In den deklarierten Wahlabsichten sind die Grünen immer überrepräsentiert, die Blauen oft sogar massiv unterrepräsentiert. Auch hier spielen die technische Erreichbarkeit und unterschiedliche Verweigerungsquoten eine zentrale Rolle. Die Deklarationsbereitschaft ist zwar keine Konstante, trotzdem gibt es für Grüne und Freiheitliche ausreichend Erfahrungswerte, die bei früheren Wahlgängen gewonnen werden konnten.

Bei neuen politischen Gruppierungen gab es diese Erfahrungswerte nur zum Teil (Liste „FRANK“, „Team Stronach“) bzw. überhaupt nicht (NEOS). Aber die Wahlabsichten in der hochmobilen Wählergruppe der deklarierten Wechsler (Wahlabsicht NRW 2013 andere Partei als beim erinnerten Wahlverhalten NRW 2008) ließen Mitte September bereits ziemlich klare Konturen des Wahlergebnisses erkennen: Die Blauen legten nur moderat zu, die enorme Dynamik in Richtung Grüne schwächte sich markant ab, die Trendkurve bei der Stronach-Partei zeigte bereits seit Monaten steil nach unten, der Vorsprung der SPÖ gegenüber der ÖVP verringerte sich, das BZÖ verharrte deutlich unter der Vier-Prozent-Hürde und die neue Liste NEOS tauchte erstmals klar erkennbar am demoskopischen Radarschirm auf.

Bis Mitte September war von den NEOS in den Umfragen nicht viel zu sehen, aber plötzlich waren sie da, wiederum am deutlichsten erkennbar in der hochmobilen Wählergruppe der deklarierten Wechsler: Fünf Prozent Ende August, zehn Prozent Mitte September, 19 Prozent in der letzten Woche vor dem Wahltag. Spätestens in der letzten Woche vor der Wahl konnte oder musste man davon ausgehen: Die neue Partei mit der Parteifarbe Pink wird den Sprung über die Vier-Prozent-Marke schaffen und mit acht bis zehn Abgeordneten ins Parlament einziehen. Parallel dazu gingen die Wahlabsichten für die Grünen bei den Wechslern 2013–2008 kontinuierlich zurück – von 33 Prozent Ende August auf 14 Prozent Ende September. Damit war auch für die Grünen klar, dass sie ihre ursprünglich hoch gesteckten Ziele (15 Prozent plus) deutlich verfehlen werden.

Tabelle 3: Deklarierte Wechsler 2013 - 2008 mit Wahlabsicht für die Grünen und NEOS

In Prozent der deklarierten Wechsler, NRW 2008-2013	Wahlabsicht GRÜNE	Wahlabsicht NEOS
19.8. - 5.9. 2013	33	5
9.9. - 19.9. 2013	19	10
20.9. - 26.9. 2013	14	19
Veränderung	-19	+14

Quelle: GfK Austria, Track Polling GFK, bundesweite Repräsentativumfragen, Datenbasis: 3.500 Interviews, sieben 500er-Wellen (kumuliert).

Deklarierte Wechsler 2013–2008 Team Stronach

mit Wahlabsicht für das „Team Stronach" (Liste FRANK)

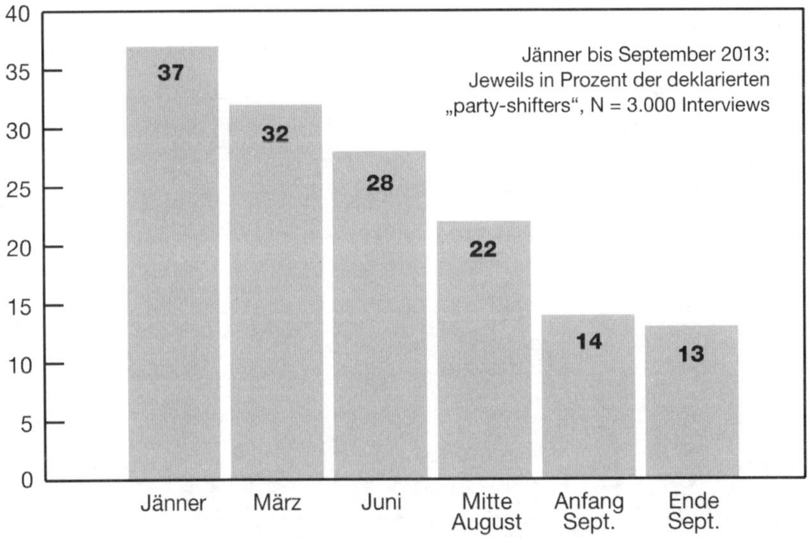

Quelle: Telefonumfragen GFK Austria vor der Nationalratswahl 2013.

Kaum Auswirkungen hatte der plötzliche Höhenflug der NEOS auf die Blauen. Diese beiden Parteien kommen sich nicht in die Quere, Potenzialüberschneidungen gibt es zwar, aber quantitativ relevant sind sie nicht. Die Strache-FPÖ war in der Schlussphase in anderen Wählersegmenten unterwegs. Zunächst ging es darum, möglichst viele ehemalige BZÖ- und Haider-Wähler 2008 zu gewinnen. Und um über die Zwanzig-Prozent-Marke zu kommen, musste es ihr auch gelingen, zur

Stronach-Partei abgewanderte FPÖ-Wähler 2008 zurückzuholen. Und diese „Rückholaktion" verlief für die Blauen durchaus erfolgreich.

Am deutlichsten sichtbar wird das bei den „schwankenden" Wählern, die ursprünglich überlegt haben, der Liste FRANK ihre Stimme zu geben. Von allen „schwankenden" Wählern erklärten 43 Prozent der FPÖ-Wähler, dass sie ursprünglich mit dem Gedanken gespielt hatten, die Stronach-Partei zu wählen. Bei allen anderen „schwankenden" Wählern war der entsprechende Wert viel niedriger (ÖVP-Wähler 19 Prozent, SPÖ-Wähler zwölf Prozent, NEOS-Wähler fünf Prozent, Grüne-Wähler vier Prozent).

„Schwankende" Wähler, die überlegt haben, der Liste FRANK ihre Stimme zu geben

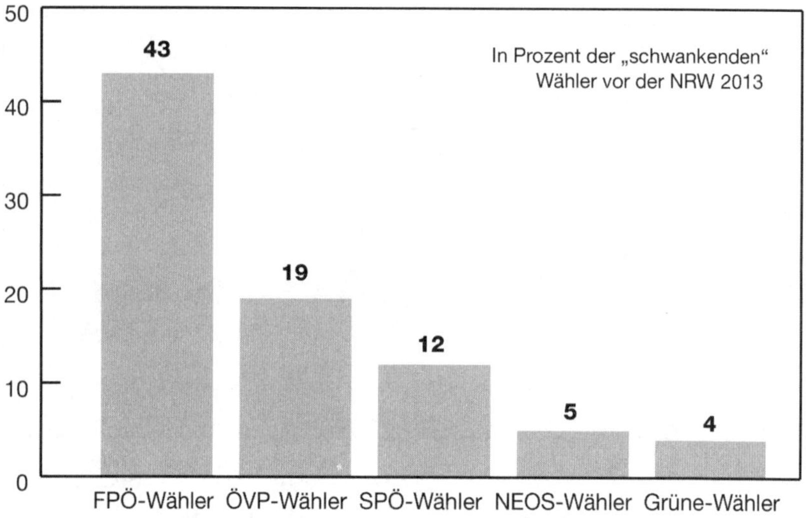

Quelle: Telefonische Wahltagsbefragung, M&R-Institut.

DAS ERGEBNIS DER NATIONALRATSWAHL 2013

Ganz große Überraschungen gab es bei der Nationalratswahl am 29. September 2013 nicht. Im Wesentlichen bewegten sich die Ergebnisse in den erwarteten Korridoren. Lediglich der SPÖ-Vorsprung gegenüber der ÖVP ist geringer ausgefallen, als noch Mitte September zu erwarten war. Mit einem gemeinsamen Wähleranteil von 50,8 Prozent verfügen die beiden Koalitionsparteien SPÖ und ÖVP über 99 Parlamentssitze (SPÖ 52, ÖVP 47), die vier Oppositionsparteien bringen es auf 83 Mandate (FPÖ 40, Grüne 24, Liste FRANK 10, NEOS 9), eine „wilde" Abgeordnete gehört keinem der sechs Parlamentsklubs an.

Die Verschiebungen in den wahlpolitischen Stärkeverhältnissen der Parteien sind erheblich: Das BZÖ erreichte 2008 mit Jörg Haider noch 10,7 Prozent der Stimmen und 21 Mandate und ist jetzt nicht mehr im Parlament vertreten. Der gemeinsame Wähleranteil von FPÖ und BZÖ hat sich im Vergleich zu 2008 von 28,2 Prozent auf 24,1 Prozent verringert.

Die Wähleranteile der Parteien im Langfristtrend Nationalratswahlergebnisse 1945-2013) dokumentieren den dramatischen Abstieg der Traditionsparteien SPÖ und ÖVP. Im Jahr 1975 konnten SPÖ und ÖVP noch 93,4 Prozent der gültigen Stimmen und 85,8 Prozent der Wahlberechtigten auf sich vereinigen. Am 29. September 2013 brachten es die ehemaligen Großparteien nur mehr auf einen gemeinsamen Wähleranteil von 50,8 Prozent. Da die Wahlbeteiligung nahezu kontinuierlich zurückgeht, sehen die Zahlen gemessen an den Wahlberechtigten noch viel dramatischer aus: Lediglich 37,3 Prozent der Wahlberechtigten gaben ihre Stimme bei der Nationalratswahl 2013 entweder der SPÖ oder der ÖVP. Vor etwas mehr als einem Jahrzehnt (bei der Nationalratswahl 2002) stimmten noch 65,4 Prozent der Wahlberechtigten für ÖVP und SPÖ.

Tabelle 4: SPÖ und ÖVP bei Nationalratswahlen 1945-2013: Abstieg der einstigen Großparteien, gemeinsamer Wähleranteil schrumpft auf 50,8 Prozent

Wahljahr	Wahlbeteiligung in Prozent	SPÖ+ÖVP in Prozent der gültigen Stimmen	SPÖ+ÖVP in Prozent der Wahlberechtigten
Nationalratswahl 1945	94,3	94,4	88,0
Nationalratswahl 1956	96,0	89,0	83,9
Nationalratswahl 1966	93,8	90,9	84,3
Nationalratswahl 1975	92,9	93,4	85,8
Nationalratswahl 1986	90,5	84,4	75,0
Nationalratswahl 1995	86,0	66,3	55,7
Nationalratswahl 2002	84,3	78,8	65,4
Nationalratswahl 2006	78,4	69,7	53,7
Nationalratswahl 2008	78,8	55,2	42,6
Nationalratswahl 2013	74,9	50,8	37,3
Veränderung 1945-2013	- 19,4	- 43,6	- 50,7

Quelle: Amtliche Wahlstatistik, BMI.

DIE WÄHLERSTROMANALYSE

Sie sind aus der Wahlberichterstattung nicht mehr wegzudenken, sie gehören unmittelbar nach der Wahl genauso dazu wie die Plakate vor der Wahl: die Wählerstromanalysen. Wenn auf den TV-Schirmen bunte Scheiben zwischen bunten Säulen hin- und herspringen, macht sich bei den an Wahlen interessierten Zusehern eine Mischung aus Erstaunen, Belustigung und Skepsis breit. Und eine ordentliche Portion Skepsis ist durchaus angebracht. Da Stimmzettel kein Mascherl haben, kann natürlich niemand ausrechnen, wie viele Stimmen zwischen zwei Wahlen von der Partei A zu den Parteien B und E gewandert sind und umgekehrt. Aber man kann Wählerwanderungen auf der Grundlage von Wählerstromanalyse-Modellen, die auf Wahrscheinlichkeitsberechnungen beruhen, einigermaßen genau schätzen. Je nach Modellannahme fallen die Wählerströme jedoch recht unterschiedlich aus. Und eine Frage stellt sich dann immer wieder aufs Neue: Welche Wählerstromanalyse ist jetzt richtiger, also näher an den tatsächlichen Wählerwanderungen? Eine allgemein gültige Antwort auf diese Frage kann es nicht geben.

Wie alle Modelle reduzieren auch Wählerstromanalyse-Modelle Komplexität. Dass zwischen zwei Nationalratswahlen zehntausende

Wähler sterben und gleichzeitig zehntausende junge Menschen, ab 16 Jahre aufwärts erstmals wahlberechtigt werden, ignorieren die gängigen Wählerstromanalysen einfach. Trotzdem können Wählerstromanalysen durchaus aussagekräftige Ergebnisse liefern, insbesondere wenn sie auf Individualdaten (Wahltagsbefragungen) zurückgreifen. Die in den folgenden Tabellen dokumentierten Wählerstromanalyse-Ergebnisse hat das Institut für Wahl-, Sozial- und Methodenforschung ermittelt. Drei Datenebenen wurden dabei miteinander verknüpft: Wahlergebnisse auf Gemeinde- bzw. Sprengelebene, Volkszählungsergebnisse und Umfrageergebnisse (Wahltagsbefragungen). Die zentralen Ergebnisse im Überblick:

– Anders als bei der Nationalratswahl 2008 haben SPÖ und ÖVP vergleichsweise wenig an die FPÖ verloren. Verluste an die Nichtwähler, an die Liste FRANK (Stronach), an die NEOS und auch an die Grünen haben diesmal eine wesentlich größere Rolle gespielt. Die FPÖ-Gewinne stammen überwiegend von ehemaligen BZÖ-Wählern (und das nicht nur in Kärnten).

– Die ÖVP hat stärker an die Nichtwähler verloren als die SPÖ (ÖVP 4,9 Prozent der ÖVP-Wähler 2008, SPÖ 3,9 Prozent der SPÖ-Wähler 2008). Vom BZÖ konnte die ÖVP mit 4,1 Prozent (ÖVP-Stimmen NRW 2013) deutlich mehr Stimmen zurückgewinnen als die SPÖ mit 2,4 Prozent (SPÖ-Stimmen NRW 2013).

Tabelle 5: Wählerstromanalyse: SPÖ-Verluste bei der NRW 2013 in Prozent der SPÖ-Wähler 2008

Bezugsbasis: SPÖ-Stimmen NRW 2008	Österreich gesamt
SPÖ verliert an die Nichtwähler	3,9
SPÖ verliert an die GRÜNEN	3,3
SPÖ verliert an die Liste FRANK	3,2
SPÖ verliert an die FPÖ	2,1
SPÖ verliert an die Liste NEOS	1,7
SPÖ verliert an andere Parteien	1,0
2008 und 2013 SPÖ gewählt (SPÖ-„Haltequote")	84,8
GESAMT	100,0

Quelle: Institut für Wahl-, Sozial- und Methodenforschung.

Tabelle 6: Wählerstromanalyse: ÖVP-Verluste bei der NRW 2013 in Prozent der ÖVP-Wähler 2008

Bezugsbasis: ÖVP-Stimmen NRW 2008	Österreich gesamt
ÖVP verliert an die Nichtwähler	4,9
ÖVP verliert an die Liste NEOS	3,8
ÖVP verliert an die Liste FRANK	3,1
ÖVP verliert an die GRÜNEN	2,7
ÖVP verliert an die FPÖ	2,6
ÖVP verliert an andere Parteien	0,7
2008 und 2013 ÖVP gewählt (ÖVP-„Haltequote")	82,2
GESAMT	100,0

Quelle: Institut für Wahl-, Sozial- und Methodenforschung.

– Die Liste FRANK (Stronach) hat weit weniger ehemalige FPÖ-Wähler gewinnen können, als in den Wochen vor der Wahl zu erwarten war. Lediglich etwas mehr als zehn Prozent der Stronach-Stimmen stammen von FPÖ-Wählern 2008. Fast ein Drittel der Stronach-Stimmen sind nach der vorliegenden Wählerstromanalyse ehemalige SPÖ- und ÖVP-Wähler (Bezugsbasis NRW 2008).

– Ehemalige Dinkhauser- und BZÖ-Wähler stellen gemeinsam fast die Hälfte der Stronach-Stimmen.

Tabelle 7: Wählerstromanalyse: Woher kommen die Stimmen der Liste FRANK? (in Prozent der FRANK-Stimmen 2013)

Bezugsbasis: FRANK-Stimmen NRW 2013	Österreich gesamt
Liste Frank gewinnt von der Liste Fritz	27,3
Liste Frank gewinnt vom BZÖ	20,0
Liste Frank gewinnt von der SPÖ	17,1
Liste Frank gewinnt von der ÖVP	14,7
Liste Frank gewinnt von der FPÖ	10,7
Liste Frank gewinnt von Nichtwählern	7,1
Liste Frank gewinnt von den GRÜNEN	2,4
Liste Frank gewinnt von anderen Parteien	0,7
GESAMT	100,0

Quelle: Institut für Wahl-, Sozial- und Methodenforschung.

– Ehemalige Wähler des Liberalen Forums haben bei dieser Wahl nahezu geschlossen die NEOS gewählt. Rund jeder fünfte NEOS-Wähler kommt von der ÖVP, rund jeder zehnte von der SPÖ. In Relation gesehen haben die Grünen stärker an die neue Gruppierung verloren als die ÖVP.

Tabelle 8: Wählerstromanalyse: Woher kommen die Stimmen der Liste NEOS? (in Prozent der NEOS-Stimmen 2013)

Bezugsbasis: NEOS-Stimmen NRW 2013	Österreich gesamt
NEOS gewinnen vom Liberalen Forum	41,4
NEOS gewinnen von der ÖVP	19,5
NEOS gewinnen von den GRÜNEN	13,2
NEOS gewinnen von der SPÖ	9,9
NEOS gewinnen von der FPÖ	5,8
NEOS gewinnen von Nichtwählern	5,6
NEOS gewinnen vom BZÖ	3,0
NEOS gewinnen von anderen Parteien	1,6
GESAMT	100,0

Quelle: Institut für Wahl-, Sozial- und Methodenforschung.

Wahlverhalten nach Gruppen

Ähnlich wie bei den Wählerströmen produzieren die Wahlforscher auch in einem anderen Bereich zum Teil sehr unterschiedliche Ergebnisse. Geht es um das Wahlverhalten von Berufsgruppen, weichen die Ergebnisse oft mehrere Prozentpunkte voneinander ab. Und die Ergebnisse müssen deshalb nicht a priori falsch sein. Aufgrund der niedrigen Fallzahlen in den Subgruppen der Stichproben sind Fehlerintervalle im Bereich plus/minus fünf bis plus/minus zehn Prozent eher die Regel als die Ausnahme. Das Problem viel zu kleiner Fallzahlen in relevanten Subgruppen lässt sich nur durch große Stichproben (z. B. N = 5.000) entschärfen.

An der Frage, ob die Arbeiter mehrheitlich SPÖ oder FPÖ gewählt haben, entzünden sich immer wieder kontroverse Diskussionen. Bei der Nationalratswahl 2013 weisen drei Datenquellen (Institut für Wahl-, Sozial- und Methodenforschung, GFK Austria, M&R-Institut) bei den Arbeitern einen Vorsprung der SPÖ gegenüber der FPÖ aus: Bei GFK

Austria ist der Vorsprung mit zwei Prozent am geringsten, bei M&R mit acht Prozent am größten.

Wähleranteile der SPÖ und FPÖ bei Arbeitern

Drei verschiedene Datenquellen im Vergleich

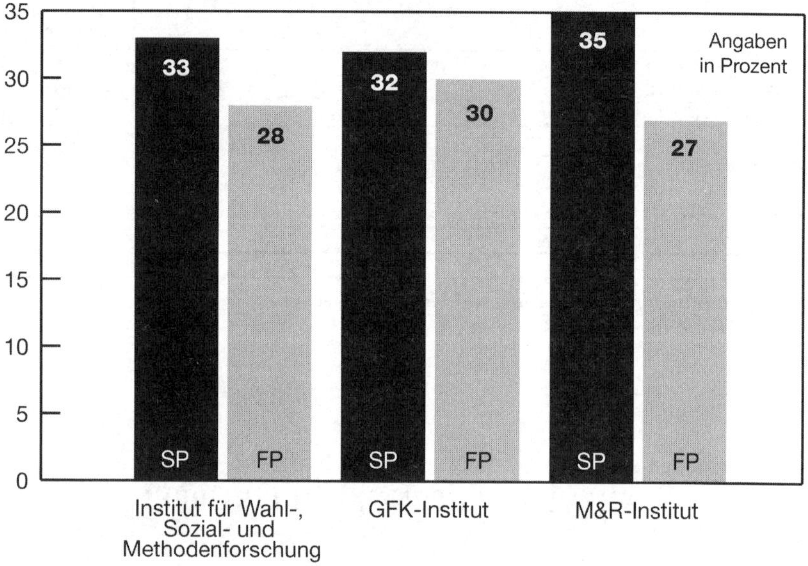

Quelle: GFK-Institut: 3.000 Interviews, M&R-Institut: 1.250 Interviews, Institut für Wahl-, Sozial- und Methodenforschung: Aggregatdatenanalyse.

HINTERGRUNDFAKTOREN DES WAHLVERHALTENS

Qualitative Merkmale der Befragten wirken sich auf das Wahlverhalten oft deutlich stärker aus als sozio-demografische Merkmale. Beispielsweise ist die Konfession bei ÖVP-Wählern einer der stärksten Hintergrundfaktoren überhaupt. Von den befragten Wählern, die aufgrund ihrer „Kirchgangsfrequenz“ als „katholische Kernschichtenwähler“ einzustufen sind, haben bei der Nationalratswahl am 29. September 2013 nach eigenen Angaben 49 Prozent ihre Stimme der ÖVP gegeben, von

Tabelle 9: Wahlverhalten Nationalratswahl 2013 nach Berufsgruppen

Berufsgruppen	SPÖ in%	ÖVP in%	FPÖ in%	Grüne in%	BZÖ in%	Frank in%	Neos in%
Selbständige, Mithelfende	11	46	15	12	3	5	6
Beamte	29	21	18	17	3	5	7
Angestellte	22	20	19	20	4	5	9
Arbeiter	33	21	28	5	4	7	3
Schüler/Studenten	16	20	16	27	6	5	10
Pensionisten/ Rentner	33	28	18	8	3	5	5

Quelle: Institut für Wahl-, Sozial- und Methodenforschung - Verknüpfung von Wahlergebnissen und Volkszählungsergebnissen auf Gemeindeebene (Aggregatdaten) und Einbeziehung von Individualdaten aus Wahltags-Befragungen.

den befragten Wählern ohne Religionsbekenntnis dagegen nur elf Prozent.

Bei regelmäßigen Lesern von Boulevardzeitungen liegt der gemeinsame Wähleranteil von SPÖ und FPÖ bei 62 Prozent, bei regelmäßigen Lesern anderer Zeitungen (vor allem Qualitäts- und Bundesländerzeitungen) nur bei 34 Prozent.

Die Einstellung zur Europäischen Union bzw. zum Euro wirkt sich ganz massiv auf FPÖ-Wähler aus. Wer im EU-Beitritt mehr Nachteile für die österreichische Bevölkerung sieht, hat bei der Nationalratswahl am 29. September zu 36 Prozent FPÖ gewählt (SPÖ 25 Prozent, ÖVP 16 Prozent, Grüne vier Prozent). Wer dagegen der Meinung ist, dass der EU-Beitritt für die österreichische Bevölkerung mehr Vorteile gebracht hat, wählt nur selten FPÖ (SPÖ 28 Prozent, ÖVP 29 Prozent, FPÖ acht Prozent, Grüne zwanzig Prozent).

Einen noch stärkeren „Split" in der österreichischen Wählerlandschaft erzeugt die Einstellung der Befragten zum Thema „Politikversagen": Von den befragten Wählern, die der Meinung sind, dass die österreichische Politik dauernd versagt, haben bei der Nationalratswahl nur 19 Prozent für SPÖ und ÖVP gestimmt, 81 Prozent für eine Oppositionspartei. Bei Befragten, die der Meinung sind, dass die österreichische Politik selten beziehungsweise nie versagt, ist es genau umgekehrt: 79 Prozent dieser Wählergruppe entschieden sich für SPÖ oder ÖVP, der Rest für eine andere Partei.

Tabelle 10: Wahlverhalten Nationalratswahl 2013 nach Merkmalen und Meinungen der befragten Wähler

Merkmale der Befragten	SPÖ in%	ÖVP in%	FPÖ in%	Grüne in%	BZÖ in%	Frank in%	Neos in%
KONFESSION							
Kathol. Kernschichten	23	49	11	7	2	6	2
Kathol. Randschichten	25	22	24	12	4	6	5
Ohne Bekenntnis	29	11	18	21	2	3	8
ZEITUNG							
Boulevard	30	20	32	4	3	6	3
Andere Zeitungen	25	30	9	20	4	4	7
POLITIK VERSAGT							
Dauernd	10	9	51	8	4	10	6
Oft	22	17	24	14	4	9	6
Manchmal	30	29	14	13	4	3	5
Selten/nie	41	38	9	7	1	1	2
EU-BEITRITT							
Mehr Vorteile	28	29	8	20	2	3	8
Mehr Nachteile	25	16	36	4	6	9	2
EURO							
Eher Vorteile	26	28	9	23	1	5	6
Eher Nachteile	28	20	30	5	4	7	4

Quelle: M&R-Institut, Wahltagsbefragung 2013, Datenbasis: 1.250 Interviews.

METHODISCHE „WARNHINWEISE“ – DIE DEMOSKOPISCHE PRAXIS

Die Wahltagsbefragung ist gewissermaßen die „Königsdisziplin“ der Wahlforschung. Befragt werden nur Wähler, die auch wirklich bereit sind, Farbe zu bekennen. Wer bei der Frage nach der gewählten Partei kneift, landet – anders als beim Track Polling in den Wochen vor der Wahl – nicht in den Kategorien Antwortverweigerer/Nichtwähler/Unentschlossene, sondern wird rasch verabschiedet: Ein paar statistische Pseudofragen, und das war's dann auch schon.

Wer dagegen ohne größere Scheu preisgibt, bei welcher Partei er/sie diesmal ein Kreuzerl gemacht hat und bei welcher Partei vor fünf Jahren, wird von Interviewer/innen durch ein dichtes Fragenprogramm geschleust. Skizzenhaft ein paar Beispiele aus dem Repertoire der Wahltagsbefragung: Wann haben Sie sich festgelegt? Was war der ausschlaggebende Grund? Warum haben Sie bei dieser Wahl einer anderen Partei Ihre Stimme gegeben als bei der letzten Wahl? Welche Themen waren für Ihre Wahlentscheidung wichtig, welche nicht?

Der Wahltagsbefragung verdanken wir unser Wissen über die Motive und die sozio-demografische Zusammensetzung einzelner Wählergruppen, über Hintergrundfaktoren der Wahlentscheidung, über Wählerwanderungen, über die Beliebtheit von Spitzenkandidaten und die Kompetenzzuschreibungen für die verschiedenen Parteien in wahlentscheidenden Themenfeldern.

Aber obwohl die Wahltagsbefragung im Besonderen und die empirische Wahlforschung im Allgemeinen fundierte Erkenntnisse über die Trends und Ergebnisse einer Wahl liefern, werden Schwächen und Unwägbarkeiten der eingesetzten Instrumente oft zu wenig hinterfragt, manchmal sogar komplett ausgeblendet:

- In den Medien veröffentlichte Meinungsumfragen gaukeln oft eine Scheinexakthcit vor, dic cs in dcr demoskopischen Realität nicht gibt, gar nicht geben kann. Auf der Basis von ein paar hundert Interviews wird oft seitenweise über detaillierte Ergebnisse in kleinen Subgruppen berichtet. Weit abseits der Schlagzeilen, sozusagen im Kleingedruckten, steht dann noch etwas von Schwankungsbreiten und Fehlerintervallen plus/minus. Aber die meisten sehen nur die großen Schlagzeilen, mit den kleinen „Warnhinweisen“ können die wenigsten etwas anfangen.
- Wer kann schon sagen, ob eine bestimmte Partei in der Wählergunst gerade bei 23 oder 24 Prozent liegt? Natürlich gibt es Erfahrungswerte und standardisierte Messverfahren. Aber die Wahlforscher und Demoskopen kämpfen zunehmend mit einem Problem: Durch den stetigen Rückgang der Parteibindungen werden die Wähler immer unberechenbarer, sie reagieren viel stärker als früher auf plötzlich auftretende Ereignisse und Stimmungen.
- Dazu kommt noch ein Trend, der vor allem bei politischen Umfragen zunehmend Kopfzerbrechen macht: Die Zahl der Interviewverweigerer nimmt seit Jahren kontinuierlich zu. Mit hoher Wahrscheinlichkeit hängt das mit dem schwindenden Ansehen der Politik zusammen. Wenn am Beginn eines Telefoninterviews das Stichwort „Po-

litik“ fällt, legen potenzielle Befragte oft wortlos auf oder – noch schlimmer – sie deponieren vorher noch ziemlich unverblümt das Götz-Zitat. Daher muss sich die Demoskopie auch die Frage stellen lassen: Wie repräsentativ ist eine Umfrage noch, wenn auf ein realisiertes Interview mehrere Verweigerungen kommen?

Die rigorosen Vorgaben der Stichprobentheorie sind in der demoskopischen Praxis nur schwer zu erfüllen. Wer die Schwächen und Unwägbarkeiten der eingesetzten Instrumente kennt, beurteilt auch die Ergebnisse von Wahltagsbefragungen und Wählerstromanalysen differenzierter. Bei der Analyse des Wahlverhaltens einzelner Berufsgruppen beispielsweise würde allein ein Blick auf die Fehlerintervalle so manchen Diskurs über das „richtige“ Ergebnis von vornherein relativieren.

XVII

WAHLKAMPFFINANZIERUNG

Für die Kampagnen 2013 galt erstmals seit Jahrzehnten eine Begrenzung der Wahlkampfkosten. Durch die Übernahme von Wahlwerbungskosten durch Parlamentsklubs wurde die Wahl zum ersten großen Praxistest für das neue Parteiengesetz.

Hubert SICKINGER

Die Wahlkampffinanzierung war bereits bisher stets ein wichtiges Thema der Berichterstattung über Wahlkampagnen: Für die WählerInnen sind die Ausgaben der Parteien in Form von Plakaten und Inseraten, aber auch Direct Mailings/Postwurfsendungen und Give Aways in Wahlkampfzeiten stets stärker sichtbar als in wahlkampflosen Perioden (und, in negativer Perzeption, als „Verschwendung von Steuermitteln" häufig ein Ärgernis). Für die Medien sind Wahlkampfkosten stets ein (Neben-)Thema der Wahlkampfberichterstattung – auch dann, wenn nicht (wie 2006) die mutmaßliche Finanzierung einer Partei selbst ein Wahlkampfthema bildet.[1] Für die Parteien stellen die Wahlkampfausgaben stets eine erhebliche finanzielle Belastung dar und sind nicht selten Grund für eine länger andauernde Verschuldung – insbesondere wenn die Ausgaben letztlich höher als geplant waren und/oder das Wahlergeb-

1 Vgl. Sickinger 2006.

nis schlechter als erhofft ausfiel, da der Verteilungsschlüssel der staatlichen Parteienfinanzierung weitgehend vom Wahlergebnis abhängt.[2]

2013 war die Wahlkampffinanzierung aber aus zwei Gründen ein besonders prominentes Thema:

- Erstmals machten neue gesetzliche Rahmenbedingungen für die Transparenz der Parteifinanzen und eine Begrenzung der Wahlwerbungskosten das Thema auch praktisch unmittelbar relevant: Nach dem 2012 beschlossenen neuen Parteiengesetz (PartG)[3] darf jede Partei (einschließlich ihrer KandidatInnen) für Wahlwerbung in den 82 Tagen vor der Nationalratswahl[4] maximal sieben Millionen Euro ausgeben. Zudem sind Großspenden (ab 50.001 Euro) nun unverzüglich dem Rechnungshof zu melden und von diesem auf dessen Website zu veröffentlichen (und wurden daher auch zum möglichen Wahlkampfthema). Spenden über 3.500 Euro müssen (allerdings mit deutlicher Verspätung) im jährlichen Rechenschaftsbericht ausgewiesen werden, blieben somit außerhalb der unmittelbaren Wahlkampfberichterstattung.
- Zweitens trat mit dem Team Stronach ein neuer Mitbewerber auf, der deklariertermaßen ausreichend finanzielle Ressourcen hatte, mit den bereits etablierten Parteien mitzuhalten beziehungsweise diese beim Einsatz von Werbemitteln sogar noch zu übertreffen.

Während das Auftreten neuer Parteien – neben Team Stronach auch NEOS – insgesamt höhere Wahlwerbungskosten als in früheren Wahlen erwarten ließ, war aufgrund der Begrenzung der Wahlwerbungskosten zumindest für SPÖ, ÖVP und wohl auch FPÖ ein deutlich kostendämpfender Effekt gegenüber bisherigen (regulären, d.h. nicht auf vorzeitigen Neuwahlen wie 2002 und 2008 basierenden) Wahlkampagnen zu erwarten. Während im Verlauf des Wahlkampfs zunächst vor allem die Fragen im Vordergrund standen, ob die Parteien die Beschränkung der Wahlwerbungskosten einhalten würden beziehungsweise bestimmte Konstruktionen (etwa spendenfinanzierte Kandidatenkomitees)

---

2 Vgl. zu alldem Sickinger 2009, 2013.

3 Bundesgesetz über die Finanzierung politischer Parteien (Parteiengesetz 2012 – PartG), BGBl. I 2012/56.

4 Formal: zwischen Stichtag der Wahl und Wahltag.

genützt werden könnten, diese zu umgehen, geriet in der Schlussphase des Wahlkampfs vor allem die Finanzierung von Wahlwerbung durch Parlamentsklubs ins Zentrum der öffentlichen Aufmerksamkeit. Der Nationalratswahlkampf 2013 wurde dadurch (mit zum Zeitpunkt des Abschlusses dieses Aufsatzes noch ungewissem Ausgang) zum ersten echten Praxistest des neuen Parteiengesetzes.

Die Begrenzung der Wahlwerbungskosten

Mit der Begrenzung von Wahlwerbungskosten griff der Gesetzgeber frühere gesetzliche Regulierungsversuche (zur Nationalratswahl 1975) und Diskussionen (vor der Nationalratswahl 2006)[5] in modifizierter Form auf. Den Hintergrund für diese Regelung dürfte vor allem die beträchtliche Verschuldung der Bundesparteiorganisationen beider Großparteien nach den Nationalratswahlen 2006 und 2008 in der ersten Jahreshälfte 2012 (dem Zeitpunkt der Diskussion des neuen PartG) gebildet haben.[6]

Nach § 4 Abs. 1 PartG darf zwischen dem Stichtag einer Nationalrats-, Landtags-, Gemeinderats- oder Europawahl und dem Wahltag jede Partei für Wahlwerbung maximal sieben Millionen Euro ausgeben. In die Höchstsumme sind auch die Ausgaben einzelner Wahlwerber einzurechnen, die auf einem von der politischen Partei eingebrachten Wahlvorschlag kandidiert haben. Nur Ausgaben eines Wahlwerbers für Wahlwerbung, die speziell auf seine Person abgestimmt ist, bleibt bei dieser Berechnung bis zu einem Betrag von 15.000 Euro außer Betracht. Um Umgehungen zu verhindern, werden juristisch nicht nur die Wahlwerbungskosten „politischer Parteien" (im Sinne des § 1 PartG) und ihrer KandidatInnen, sondern auch „wahlwerbender Parteien" im Sinne des jeweils anwendbaren Wahlgesetzes erfasst (also aller kandidierender Gruppierungen, auch ohne dass hinter diesen eine politische Partei stehen müsste). Die Begrenzung der Wahlwerbungskosten gilt unabhängig davon, ob die Partei staatliche Parteienförderung (des

5 Vgl. Sickinger 2006, 170–175; 2009, 425–429.

6 Vgl. zur Vorgeschichte des PartG 2012 Sickinger 2013a.

Bundes oder einer anderer Gebietskörperschaft, für deren Vertretungsorgan kandidiert wird) bezieht.

Der regulierte Zeitraum ergibt sich aus dem jeweiligen Wahlgesetz und beträgt im Falle der Nationalratswahl seit 2013 82 Tage[7] (bei früheren Nationalratswahlen waren es ca. zehn Wochen). Wann die Rechnungen (etwa für Plakate und Inserate) tatsächlich bezahlt werden, ist irrelevant, die Begrenzung kann also nicht durch die Bezahlung der Rechnungen vor oder nach dem regulierten Zeitraum unterlaufen werden.[8] § 4 Abs. 2 PartG führt relativ detailliert (aber nicht abschließend: „insbesondere") an, was als Wahlwerbungsausgaben zu verstehen ist:

„(2) Ausgaben für die Wahlwerbung sind insbesondere:

1. Außenwerbung, insbesondere Plakate,
2. Postwurfsendungen und Direktwerbung,
3. Folder,
4. Wahlkampfgeschenke zur Verteilung,
5. Inserate und Werbeeinschaltungen in Print-, Hörfunk- und audiovisuellen Medien,
6. Kinospots,
7. Bruttokosten für parteieigene Medien, soweit sie in höherer Auflage oder höherer Anzahl als in Nichtwahlkampfzeiten verbreitet werden,
8. Kosten des Internet-Werbeauftritts,
9. Kosten der für den Wahlkampf beauftragten Kommunikations-, Media-, Werbe-, Direktwerbe-, Event-, Schalt-, PR- und ähnliche Agenturen und Call-Centers,
10. zusätzliche Personalkosten,
11. Ausgaben der politischen Partei für die Wahlwerber,
12. Ausgaben der politischen Partei für natürliche Personen und Personengruppen zur Unterstützung eines Wahlwerbers."

Gesetzlich limitiert sind die Ausgaben der Partei und ihrer Wahlwerber. Hingegen ist offen, ob Ausgaben von dritter Seite für die Partei oder einzelne Kandidaten – etwa durch spendenfinanzierte Personenko-

---

[7] Zögernitz/Lenzhofer 2013, 48.

[8] Siehe den Text des § 4 Abs. 1 1. Satz PartG: „Jede politische Partei darf *für die Wahlwerbung zwischen dem Stichtag der Wahl und dem Wahltag* zu einem allgemeinen Vertretungskörper oder dem Europäischen Parlament maximal 7 Millionen Euro aufwenden". So wie hier: Zögernitz/Lenzhofer 2013, 49.

mitees für die jeweiligen Spitzenkandidaten – unter diese Beschränkung fallen. Eindeutig geregelt ist in § 4 Abs. 2 Z 12 nur, dass Ausgaben der Partei für derartige Komitees jedenfalls unter Wahlkampfausgaben fallen – im Umkehrschluss kann argumentiert werden, dass unabhängig von der Partei finanzierte Ausgaben derartiger Komitees eben nicht unter § 4 PartG fallen.[9] Entsprechende Ausgaben tatsächlich unabhängiger Wählerkomitees zugunsten bestimmter KandidatInnen – oder z.B. auch mit der politischen Linie einer Partei konform gehende Themenkampagnen von Verbänden und NGOs – fallen somit jedenfalls nicht unter die Begrenzung der Wahlwerbungskosten.

Bei der Beurteilung der Frage, ob es sich tatsächlich um unabhängige Wahlkampfaktivitäten handelt, müsste im Einzelfall allerdings berücksichtigt werden, dass Kandidatenkomitees, zumindest bislang in der politischen Praxis in Österreich, nie tatsächlich unabhängig waren und ihre Aktivitäten stets eng mit der jeweiligen Parteikampagne koordiniert haben, es sich also nicht um *unkoordinierte(s)* „independent expenditures/electioneering“ (so die Schlüsselbegriffe in den USA) zugunsten eines Kandidaten oder einer Partei handelt.[10] Falls es sich also tatsächlich – nachweisbar – lediglich um eine Zweckkonstruktion zur Umgehung von Wahlwerbungskostenlimits oder der Offenlegung von Spenden handeln sollte, müsste dies von den Kontroll- und Sanktionsinstanzen wohl auch entsprechend beurteilt und sanktioniert werden.

Abgrenzung von Wahlwerbungskosten, die wichtigsten Werbemittel

Eine praktisch relevante Frage ist, ob von der Begrenzung der Wahlwerbungskosten tatsächlich die relevanten Ausgaben der Parteien betroffen sind. Dies berührt zum einen den festgesetzten Zeitraum, da sich Wahlkämpfe zeitlich schwer eingrenzen lassen.[11] Bei einem re-

9 So Zögernitz/Lenzhofer 2013, 75.

10 Sickinger 2013, 236.

11 Vgl. zu Wahlkämpfen in Österreich Plasser 2012.

gulär zu erwartenden Wahltermin – wenn die Legislaturperiode also nicht durch Neuwahlen vorzeitig beendet wird – beginnt die konkrete Kampagnenplanung bereits ein bis zwei Jahre vor dem Wahltermin mit systematischer Meinungsforschung (dem sogenannten Benchmark-Survey), um die Zielgruppen der künftigen Kampagne und mögliche Wahlkampfbotschaften zu entwickeln und in Focus-Groups testen zu können. Auch in Zeiten zwischen den Wahlen geben die Parteien Mittel für Außenwerbung, Inserate und ihre Web-Auftritte aus, Zwischenkampagnen dienen der Schärfung des Profils in bestimmten Sachfragen. Darüber hinaus sind in einem föderalistischen System (mit zusätzlichen Europaparlaments- und Bundespräsidentenwahlen) kaum Jahre ohne bundesweite oder zumindest für innerparteilich wichtige Landesparteiorganisationen relevante Landtagswahlen zu verzeichnen (das Jahr 2012 bildete von dieser Regel eine seltene Ausnahme).

Dennoch ist die vom Gesetzgeber gewählte Begrenzung der Wahlwerbungskosten für die letzten zweieinhalb Monaten vor dem Wahltag zumindest prinzipiell durchaus sinnvoll, da empirische Erhebungen zeigen, dass sich der Großteil der Werbemittelkosten (und zusätzlichen Kosten, die Parteiorganisationen durch Wahlkämpfe entstehen) auf die letzten fünf bis sechs Wochen vor dem Wahltag konzentrieren.[12] Dies zeigte sich auch 2013 (siehe weiter unten).

Zweitens ist eine scharfe Abgrenzung der Wahlwerbungskosten von sonstigen Parteiausgaben nur in primär wahlkampf- und kandidatenorientierten Systemen (wie den USA oder Kanada), nicht aber in politischen Systemen mit stark ausgebauten Massen- und Apparateparteien möglich.[13] Denn auch wenn die Parteiorganisationen beträchtliche Mittel für ihre eigene Systemerhaltung binden, stellt eine zahlenmäßig starke Mitglieder- und Funktionärsbasis im Wahlkampf zugleich ein großes Reservoir an MitarbeiterInnen zur Verfügung, auf die Wahlkampagnen bis heute ebenfalls angewiesen sind: Ohne gut organisierten permanenten Parteiapparat haben Parteien einen massiven Wettbe-

[12] Am Beispiel der Nationalratswahl 2006, die diesbezüglich sehr gut mit 2013 vergleichbar war, siehe Sickinger 2009, 417–419; Lederer 2007.

[13] Vgl. zur Unterscheidung wahlkampf- und kandidatenorientierter vs. parteiorientierter (v.a. kontinentaleuropäischer) Parteiensysteme Naßmacher 2002, 2009.

werbsnachteil. Auch „Routinekosten“ der Parteiorganisationen sind somit wahlkampfrelevant. Im PartG wurde dafür die Lösung gewählt, dass Personalkosten dann unter die Wahlwerbungsausgaben fallen, wenn es sich gegenüber Nichtwahlzeiten *um zusätzliche Kosten* handelt – also zusätzliche Wahlhelfer eingestellt werden. Dasselbe gilt für Zusatzkosten bereits existierender Parteimedien, sofern diese in höherer Auflage als außerhalb von Wahlkampfphasen an Haushalte verschickt werden.

Insgesamt fallen – für den regulierten Zeitraum – die meisten Ausgaben für Werbemittel und wahlkampflogistische Kosten, die in der österreichischen Praxis bisher tatsächlich relevant sind, unter die gesetzliche Begrenzung von sieben Millionen Euro. Im Einzelnen:

- Strategieberatung durch externe Wahlkampfberater („Spin-Doktoren“) sowie Meinungsforschung[14] sind offenbar die einzigen wichtigen Ausgabenposten für Wahlkampagnen, die überhaupt nicht in die Wahlwerbungskostenbegrenzung einzurechnen sind. Dies liegt nicht nur daran, dass derartige Beratung wie erwähnt bereits lange vor dem Wahltermin einsetzt, sondern hauptsächlich an der Fokussierung der Begrenzung auf Werbemittel- und Werbeträgerkosten.
- Kreativleistungen der beauftragten Kommunikations-, Media-, Werbe-, Direktwerbe-, Event-, Schalt-, PR- und ähnliche Agenturen fallen hingegen ausdrücklich unter die Wahlwerbungskostenbeschränkung.[15] Bei diesen Ausgaben geht es um die konkrete operative Umsetzung der Wahlkampfstrategie.
- Inserate in Printmedien[16] dienen nicht nur der Sichtbarmachung der eigenen Wahlkampfbotschaften für die Leserschaft, sondern zielen informell in einem je nach Medium allerdings unterschiedlichen Ausmaß oft auch auf eine (freundlichere) Berücksichtigung in der redaktionellen Berichterstattung. Isoliert betrachtet bilden Inserate das mit Abstand teuerste Werbemittel, das besonders in den letzten Wochen vor dem Wahltag intensiv eingesetzt wird.
- Außenwerbung:[17] Die Kosten von Großplakaten mit 16 beziehungs-

---

14 Vgl. Hofer 2005, 2010.

15 Erfasst durch § 4 Abs. 2 Z 9 PartG.

16 Erfasst durch § 4 Abs. 2 Z 5 PartG.

17 Erfasst durch § 4 Abs. 2 Z 1 PartG.

weise 24 Bögen sind isoliert betrachtet die mit Abstand teuersten Werbemittel. Zu nennen sind sowohl die Kosten für die Werbefläche (Tarife des Plakatierunternehmens), aber (was üblicherweise nicht angeführt wird) auch die Herstellungskosten der Plakate. Kostenintensiv (und als Werbeträger attraktiv) sind darüber hinaus City Lights und Rolling Boards. Kleinplakate (Ein- bzw. Zwei-Bogen-Plakate) werden hingegen typischerweise auf Dreieckständern affichiert, die den Landes- beziehungsweise Stadtparteiorganisationen gehören (oder auf von Gemeinden gratis zur Verfügung gestellten Werbeflächen); diese (in größeren Städten in der Intensivwahlkampfphase das Stadtbild ebenfalls prägenden) Werbemittel sind für die Parteien daher vergleichsweise sehr günstig, da ihnen die Werbefläche selbst unentgeltlich zur Verfügung steht (also nur Herstellungs- und Affichierungskosten anfallen).

- Persönlich adressierte Briefe (Direct Mailings) an Angehörige spezieller Zielgruppen bilden seit den 1990er-Jahren ein Kernelement österreichischer Wahlkampagnen, zuvor waren vor allem unadressierte Postwurfsendungen beziehungsweise Sonderausgaben von Parteizeitungen beziehungsweise -zeitschriften an alle Haushalte üblich.[18] Die Basis derartiger Aussendungen bildet vor allem die amtliche Wählerevidenz, deren Datensätze den bereits im Nationalrat vertretenen Parteien vom Innenministerium unentgeltlich zur Verfügung gestellt werden. Diese Daten umfassen Name, Geburtsdatum, Geschlecht, Wohnort und akademische Abschlüsse, was individualisierte Aussendungen an Pensionisten und der Pensionierung nahe Altersgruppen (etwa über 55-Jährige) sowie an Erst- beziehungsweise Jungwähler sowie eine gezielte regionale Streuung ermöglicht. Zusätzlich verfügen die Parteien auch über Adressen ihrer eigenen Mitglieder. Darüber hinausgehende Differenzierungen etwa nach politischen Präferenzen, Beruf, Familienstand und Kindern im Haushalt, Einkommen, Studium, bestimmten Konsummustern (z.B. Automarken), Zeitschriften- und Zeitungsbezug, Vereinsmitgliedschaften und Vermögensstand sind mit diesen Daten freilich nicht möglich. Dafür

[18] Beides wird erfasst durch § 4 Abs. 2 Z 2 PartG (Postwurfsendungen und Direktwerbung).

wären Verknüpfungen mit dem Datenmaterial kommerzieller Adressenverlage erforderlich, die am (im Vergleich zu Vorbildern aus den USA viel strengeren) Datenschutz auf enge Grenzen stoßen würden. Die Professionalität und Zielgruppengenauigkeit derartiger persönlich formulierter Zuschriften ist in Österreich noch stark ausbaufähig, steigt aber von Wahl zu Wahl, der dafür aufgewendete finanzielle Einsatz ebenfalls. Nach den aktuellen Posttarifen für Parteien und Wahlwerber liegen die Kosten für eine (zielgruppenspezifisch und regional modifizierte) Massenaussendung von Parteien bei einer einzigen Aussendung an alle Wahlberechtigten bei einer bundesweiten Wahl bei deutlich mehr als einer Million Euro allein an Posttarifen (Digitaldruck ohne Herstellungskosten).[19] Zumindest bei den größeren Parteien sind derartige Aussendungen ein Standardelement von Wahlkampagnen, wobei die Kosten teilweise nicht von der Bundespartei, sondern den Landesparteiorganisationen getragen werden (also nicht alle Bundesländer oder alle WählerInnengruppen gleichermaßen bearbeitet werden). Postwurfsendungen („an einen Haushalt"), etwa von Wahlzeitungen oder Broschüren, sind vom Postversand zwar deutlich günstiger als Direct Mailings, erlauben allerdings mit Ausnahme regionaler Streuung keine weitere Differenzierung.

- Die viel billigere Variante von Direct Mailings stellen prinzipiell E-Mails dar, allerdings sind Massenaussendungen ohne – vorherige – Einwilligung der Adressaten datenschutzrechtlich nicht erlaubt. Die Parteien erreichen somit auf diesem Weg lediglich Personen, die als Mitglieder ihre E-Mail bekannt gegeben oder sich freiwillig in einen Verteiler eingetragen haben. Der Aufbau und Einsatz eines E-Mail-Verteilers ohne Einwilligung der Empfänger wäre nicht nur kontraproduktiv (da unerwünschte E-Mails von einem beträchtlichen Teil der EmpfängerInnen als Belästigung empfunden würden), sondern auch ein negatives Wahlkampfthema.
- Kosten des Web- und Social-Media-Auftritts der Partei sowie einzel-

[19] Tarif Sponsoring.Post (für gemeinnützige Organisationen (insb. Kirchen und Religionsgemeinschaften), Vereine, politische Parteien, Wahlwerber), Quelle: http: //www.post.at/geschaeftlich_versenden_zeitungen_zeitschriften_sponsoring_post.php#7491.

ner KandidatInnen (keineswegs nur mehr der SpitzenkandidatInnen) bilden erst seit wenigen Jahren einen relevanten Ausgabeposten. Neben den Kosten der Erstellung und Betreuung der eigenen Websites und Accounts sind ebenso Kosten für Onlinewerbung auf fremden Websites zu berücksichtigen.[20]

- Direkte Ansprache ist auch über Telefonmarketing möglich. Derartige Techniken werden seit der zweiten Hälfte der 1990er-Jahre gelegentlich von Parteien eingesetzt, allerdings primär für klar umrissene Zielgruppen (etwa zur Kontaktierung ausgetretener Mitglieder). „Robo-Calls“ (automatisierte Anrufe mit Werbebotschaften von Band) sind in Österreich unzulässig.
- Wahlveranstaltungen und die Wahlkampftouren der wichtigsten Kandidaten bilden seit jeher Standardelemente von Wahlkampagnen: Speziell die Auftaktveranstaltungen sowie zentrale Wahlveranstaltungen in den Ländern sind maßgeblich auch als Mediengroßereignisse gedacht und entsprechend aufwändig (und teuer) – Kosten, die in Nichtwahlzeiten nicht anfallen. Bisher noch nie quantifiziert wurden die Kosten der Logistik von Wahlveranstaltungen (Bühnenaufbau usw.), da derartige Daten von den Parteien selbst bislang nicht bekannt gegeben wurden. Hinzu kommt bei den Großparteien eine große Zahl kleinerer Veranstaltungen einzelner – auch weiter hinten, nicht selten an „unwählbarer“ Stelle gereihter – Listenkandidaten vor Ort. Auch wenn diese Kosten in § 4 Abs. 2 PartG nicht ausdrücklich angeführt sind, bilden sie über den damit verbundenen zusätzlichen Personal- und Sachaufwand sehr wohl einen Teil der erfassten Ausgaben für Wahlwerbung.
- Werbespots in den Österreich-Fenstern deutscher Privatfernsehanstalten und im österreichischen Privatrundfunk (TV und Radio)[21] sind bislang eine noch relativ kostengünstige Werbevariante, die aber mit zunehmender Reichweite der Werbefenster und privaten Sendeanstalten teurer und zugleich für Zielgruppenansprache der Parteien attraktiver wird. Für derartige Werbespots sind auch die Herstellungskos-

[20] Erfasst durch § 4 Abs. 2 Z 8 PartG.

[21] Erfasst durch § 4 Abs. 2 Z 5 PartG.

ten, nicht nur die bloßen Kosten der Ausstrahlung, zu berücksichtigen.

- Kinowerbung ist insofern attraktiv, weil sie primär junge Zielgruppen erreicht und vergleichsweise kostengünstig ist.[22]
- Kleine Wahlgeschenke („Give Aways")[23] dienen vor allem als Anknüpfungspunkt für Gespräche bei lokalen Verteilaktionen, Ansprachen und Infoständen, machen die Parteien aber zudem im privaten Umfeld „sichtbar". Sie werden in hohen Stückzahlen von der Bundespartei eingekauft, ihre Kosten werden dann aber häufig den nachgeordneten Parteiorganisationen weiterverrechnet.
- Die Herstellung von Foldern (Informationsbroschüren) einzelner KandidatInnen wird meist von diesen selbst getragen. Derartiges individualisiertes Wahlkampfmaterial bildet ein Kernelement von Persönlichkeitswahlkämpfen nicht vorrangig gereihten KandidatInnen, Direct Mailings – die grundsätzlich noch attraktiver wären – stoßen an die Grenze der Finanzierbarkeit beziehungsweise (in Wahlkreisen mit typischerweise einigen hunderttausend Wahlberechtigten) häufig auch an die Gesamtobergrenze der Wahlwerbungskosten der Gesamtpartei, da sie den individuell zustehenden Betrag von 15.000 Euro meist deutlich sprengen würden.
- Nicht zuletzt fällt auch gegenüber normalen Perioden erhöhter Personal- und Sachaufwand der jeweiligen Partei (etwa durch temporäre Beschäftigung von Wahlhelfern) unter die gesetzlich erfassten Wahlwerbungskosten.[24]

Transparenz der Wahlkampffinanzierung, Regeln für (Wahlkampf-)Spenden und Sanktionen

§ 5 Abs. 3 PartG verlangt, dass der Nachweis der Wahlwerbungsaus-

22 Erfasst durch § 4 Abs. 2 Z 6 PartG.
23 Erfasst durch § 4 Abs. 2 Z 4 PartG.
24 Erfasst durch § 4 Abs. 1 und Abs. 2 Z 10 PartG.

gaben im Rechenschaftsbericht der Partei für das Wahljahr in Form eines eigenen Abschnitts auszuweisen ist, der je nach der betreffenden Ebene im ersten (Bundesorganisation) oder zweiten Teil (Landes- und Gemeindeorganisationen) aufzunehmen ist. Dieser „Nachweis" bedeutet nicht notwendigerweise, dass die Partei in diesem Abschnitt detailliert ihre Ausgaben aufschlüsseln muss: Dem Wortlaut des Gesetzes[25] könnte in der „minimalistischsten" Interpretation sogar ein Bestätigungsvermerk der beiden den Rechenschaftsbericht testierenden Wirtschaftsprüfer Genüge tun, dass die Partei die Begrenzung von sieben Millionen Euro eingehalten hat (im Falle einer Überschreitung ist allerdings wegen der Sanktionsregelung der Überschreitungsbetrag anzuführen, da dessen Kenntnis die Voraussetzung für die Verhängung einer Sanktion darstellt). Falls der Rechnungshof bei der Überprüfung der Rechenschaftsberichte allerdings (etwa aufgrund von hinreichend substantiierter Medienberichterstattung über Überschreitungen oder von Hinweisen anderer Parteien oder Bürgern) konkrete Anhaltspunkte hat, an der Richtigkeit eines derartigen Bestätigungsvermerks zu zweifeln, hat er der Partei Gelegenheit zur Stellungnahme zu geben und die Bestätigung der Richtigkeit durch deren Wirtschaftsprüfer zu verlangen.[26] Räumt die verlangte Stellungnahme die konkreten Anhaltspunkte für Unrichtigkeiten und Unvollständigkeiten nicht aus, kann der Rechnungshof einen weiteren Wirtschaftsprüfer durch Los (aus einer von der Kammer der Wirtschaftstreuhänder erstellten Liste) bestimmen und mit der Prüfung der Korrektheit des Rechenschaftsberichts – hier konkret der Wahlkampfkostenabrechnung – beauftragen.[27] Zur Nationalratswahl 2013 gibt es jedenfalls bereits wenige Wochen nach dem Wahltag sehr klare Hinweise darauf, dass von mehreren (zumindest zwei) Parteien das Limit tatsächlich überschritten wurde, ein diesem Verdacht widersprechender Prüfvermerk somit hinterfragt werden müsste.

Die Sanktion im Fall der Überschreitung des Höchstbetrags von bis zu 25 Prozent (Wahlkampfausgaben bis 8,75 Millionen Euro) liegt bei

---

25 Der Verweis in § 5 Abs. 3 PartG auf die einzuhaltenden Wahlwerbungskosten zielt nur auf § 4 Abs. 1, nicht auf die detaillierte Aufschlüsselung in Abs. 2.

26 § 10 Abs. 4 PartG.

27 § 10 Abs. 5 PartG.

zehn Prozent der Überschreitung, weitere Überschreitungen (von mehr als 25 Prozent) sind mit Geldbuße in Höhe von zwanzig Prozent dieser zweiten Überschreitung zu sanktionieren (§ 10 Abs. 8 PartG). Diese Geldstrafen mögen für Parteien, die sich grundsätzlich um die Einhaltung der gesetzlichen Bestimmungen bemühen, durchaus ausreichend sein. Falls es eine Partei allerdings bewusst darauf anlegt, sich nicht an die Sieben-Millionen-Begrenzung zu halten, um sich dadurch einen Vorteil zu verschaffen, dürfte ihr abschreckender Wert gering sein: Sollte eine Partei das Doppelte der erlaubten Summe für Wahlwerbung ausgeben, würde dies lediglich zu einer Geldbuße von 1,225 Millionen Euro führen, nachgewiesene Wahlwerbungskosten von zehn (statt sieben) Millionen Euro hätten eine Geldbuße von 425.000 Euro zur Folge.

Eine wichtige Rahmenbedingung für Wahlkämpfe besteht auch in der Transparenz der Aufbringung der nötigen Mittel für den Wahlkampf, also über die Einnahmen der Parteien und KandidatInnen. Grundsätzlich fallen alle (seit 2000 gegründeten, in irgendeinem allgemeinen Vertretungskörper vertretenen beziehungsweise für Wahlen kandidierenden) Parteien ab 1. 1. 2013 unter die durch das PartG 2012 völlig neu formulierte Rechenschaftspflicht (§ 5-7 PartG).[28] Die Rechenschaftsberichte (§ 5 PartG) haben nun nicht mehr nur die Einnahmen und Ausgaben der Bundesparteiorganisationen, sondern in einem eigenen Teil auch die territorialen Gliederungen (Landes- sowie Bezirks- und Gemeindeorganisationen) zu erfassen, was bisher nicht der Fall war.[29] Rechtlich eigenständige nicht-territoriale Gliederungen der Partei (Teilorganisationen) sowie „nahestehende Organisationen" (Vorfeldorganisationen), die über die in den Statuten festgelegte wechselseitige Beeinflussung der Willensbildung – Entsenderechte in Parteiorgane wie vor allem Parteitage beziehungsweise umgekehrte Einflussmöglichkeiten der Partei auf diese Organisationen – definiert werden, sind zwar nicht in die Rechenschaftsberichte der Partei für die Einnahmen und Ausgaben aufzunehmen, wohl aber gilt auch für sie die Verpflichtung zur Meldung von

28 Vgl. zu dieser ausführlich Sickinger 2013, 35–58; Zögernitz/Lenzhofer 2013, 80–127; Eisner u.a. 2012, 55–82.

29 Zur bis 2012 geltenden Rechenschaftspflicht vgl. Sickinger 2009, 113–121.

Spenden, Inseraten und Sponsorings in den entsprechenden Anhängen zum Rechenschaftsbericht gemäß § 6 PartG.

Unverzüglich dem Rechnungshof zu melden sind allerdings nur Spenden, die im Einzelfall 50.000 Euro übersteigen, dieser hat sie ebenso unverzüglich im Internet zu veröffentlichen.[30] Andere Spenden an die Partei, ihre Wahlwerber und Abgeordneten sind (unter Nennung von Name und Anschrift des Spenders sowie der Höhe) nur im jährlichen Rechenschaftsbericht zu publizieren, sofern der Gesamtbetrag im Rechnungsjahr 3.500 Euro übersteigt – dieser ist allerdings erst Ende September des Folgejahres fertigzustellen und dem Rechnungshof zu übermitteln. Für *„Sponsorings"* (worunter v.a. Geld- und Sachleistungen anlässlich von Veranstaltungen fallen; § 2 Z 6) gelten ab einem jährlichen Gesamtbetrag von 12.000 Euro dieselben Rechenschaftspflichten wie für Spenden über 3.500 Euro. *Inserate* in Medien, deren Medieninhaber eine Partei oder parteinahe Organisation ist, sind auszuweisen, wenn diese *im Einzelfall* (hier zählt nicht das gesamte jährliche Inseratenvolumen) den Wert von 3.500 Euro übersteigen (§ 7 PartG). Allerdings ist für Sponsorings und Inserate – beides Finanzierungen, die auch für Wahlkampfaktivitäten wichtig sind – keine unverzügliche Meldepflicht an den Rechnungshof vorgesehen. Kriterium für Sponsorings und Inserate (bis 2012 typische Mittel, de facto Spenden an Parteien steuerbegünstigt zuzuwenden) ist eine Gegenleistung der Partei. Übersteigt die Bezahlung im Falle eines Inserats oder eines Sponsorenbeitrags allerdings nachweislich dessen tatsächlichen ökonomischen Wert, so gelten für den (überbezahlten) Differenzbetrag die Regeln für Spenden.[31]

Ein zeitnaher Überblick ist somit nur über Spenden vorgeschrieben, die im Einzelfall zumindest 50.001 Euro betragen. Auf diesem Weg erfuhr die Öffentlichkeit immerhin, dass Frank Stronach seiner Partei zwischen 2. 11. 2012 und 9. 4. 2013 insgesamt 9,469 Millionen Euro gespendet hatte. Spätere Zuwendungen leistete Stronach allerdings formal nicht als Spenden, sondern als Darlehen – mit dem Effekt, dass diese einerseits nicht als Spenden zu melden waren (erst die Umwandlung eines Darlehens in eine Schenkung ist als Spende deklarationspflichtig)

---

30 Siehe: http://www.rechnungshof.gv.at/beratung/parteispenden.html

31 Zögernitz/Lenzhofer 2013, 55 (Rz.37); Sickinger 2013, 50.

und zweitens die Partei letztlich stärker als bei einer Spende von ihm abhängig machte (wie sich bald nach dem Wahltermin erweisen sollte). Aus der Spendenveröffentlichung wurde weiters deutlich, dass der Bauindustrielle Hans Peter Haselsteiner zwischen 9. 4. und 14. 8. 2013 in drei Tranchen insgesamt 444.741 Euro an das Liberale Forum – de facto an dessen Wahlbündnis mit NEOS – bezahlt und damit einen wichtigen Beitrag zu dessen Wahlkampfkosten geleistet hatte. Der Grund für den „unrunden" Betrag (eine Tranche von 144.741 Euro am 16. 7.) wurde von NEOS ausführlich kommuniziert – Haselsteiner verdoppelte die Spenden, welche diese Partei in einem bestimmten Zeitraum gesammelt hatte. Allerdings veröffentlichte NEOS – ohne gesetzliche Verpflichtung – auf der eigenen Website[32] sehr penibel bereits seit der offiziellen Gründung seine Spenden (im Zeitraum vom 1. Jänner bis 30. September insgesamt 1.334.269 Euro von Privatpersonen, 32.613 Euro an Sammelspenden sowie 165.000 Euro an Privatdarlehen,[33] die im Falle des Nichteinzugs in den Nationalrat in Spenden umgewandelt worden wären).

Spendenverbote und die Wahlkampffinanzierung durch Parlamentsklubs im Nationalratswahlkampf 2013

Darüber hinaus gelten seit 1. 7. 2012 auch *Spendenannahmeverbote* für Parteien sowie für deren Abgeordnete und WahlwerberInnen (§ 6 Z 6 PartG):

§ 6. (1) Jede politische Partei kann nach Maßgabe der folgenden Bestimmungen Spenden (§ 2 Z 5) annehmen.

(...)

32 http://neos.eu/transparenz/

33 Beträge zwischen 5.000 und 50.000 Euro, mit einer Ausnahme ohne Nennung des Darlehensgebers.

(6) Politische Parteien *dürfen keine Spenden annehmen von*:

1. parlamentarischen Klubs im Sinne des Klubfinanzierungsgesetzes 1985, BGBl. Nr. 156, und Landtagsklubs,
2. Rechtsträgern im Sinne des § 1 Abs. 2 Publizistikförderungsgesetzes 1984, BGBl. Nr. 369, und von Ländern geförderten Bildungseinrichtungen der Parteien,
3. öffentlich-rechtlichen Körperschaften,
4. gemeinnützigen Einrichtungen im Sinne des § 4a Abs. 2 Z 1 bis 3 Einkommensteuergesetz 1988, BGBl. Nr. 400, sowie Einrichtungen, die der Förderung des Breitensports dienen,
5. Unternehmungen und Einrichtungen, an denen die öffentliche Hand mit mindestens 25 vH beteiligt ist,
6. ausländischen natürlichen oder juristischen Personen, sofern die Spende den Betrag von 2 500 Euro übersteigt,
7. natürlichen oder juristischen Personen, sofern es sich um eine Spende in bar handelt, die den Betrag von 2 500 Euro übersteigt,
8. anonymen Spendern, sofern die Spende im Einzelfall mehr als 1 000 Euro beträgt,
9. natürlichen oder juristischen Personen, die erkennbar eine Spende eines nicht genannten Dritten weiterleiten wollen, sofern die Spende mehr als 1 000 Euro beträgt,
10. natürlichen oder juristischen Personen, die der Partei erkennbar in Erwartung oder als Gegenleistung eines bestimmten wirtschaftlichen oder rechtlichen Vorteils eine Spende gewähren wollen und
11. Dritten, die Spenden gegen ein von der Partei zu zahlendes Entgelt für diese Partei einwerben wollen.

(7) *Nach Abs. 6 unzulässige Spenden sind von der Partei unverzüglich*, spätestens mit Einreichung des Rechenschaftsberichts für das betreffende Jahr, *an den Rechnungshof weiterzuleiten*. Der Rechnungshof hat die eingehenden Beträge auf einem gesonderten Konto zu verwahren und überdies in seinem Tätigkeitsbericht (Art. 126d Abs. 1 B-VG) anzuführen.

Im Nationalratswahlkampf am relevantesten erwies sich das Spendenverbot für Parlamentsklubs: Grünen-Spitzenkandidatin Eva Glawischnig konfrontierte SPÖ-Spitzendkandidat Werner Faymann in der ORF-Wahldiskussion am 9. September mit dem Vorwurf, die bundesweiten Plakate durch den Parlamentsklub finanziert zu haben (als Medieninhaber wurde im Impressum nämlich der SPÖ-Parlamentsklub genannt) –

was die SPÖ noch am selben Abend und in einer Pressekonferenz am folgenden Tag auch tatsächlich einräumte. Die Plakatsujets wiesen (abgesehen vom kleingedruckten Impressum) keinerlei Bezug zur parlamentarischen Arbeit auf, sondern enthielten Fotos von Bundeskanzler Werner Faymann mit Slogans wie „Mit sicherer Hand für Österreich", „Mit sicherer Hand für die Pensionen", „Mit sicherer Hand für Arbeitsplätze", „Gegen Lohnkürzungen" oder „Gegen Schwarz-Blau" und jeweils das Logo der SPÖ-Bundespartei: Die bundesweite Plakatkampagne (Großplakate, City Lights, nicht auf den regionalen Spitzenkandidaten zugeschnittene Dreieckständer-Plakate) wurden also vom Parlamentsklub bezahlt.[34] Bereits in den Folgetagen wurde offenkundig, dass auch die FPÖ und in geringerem Ausmaß wohl auch das BZÖ den Parlamentsklub für die Mitfinanzierung des Wahlkampfs herangezogen hatten: FPÖ und BZÖ hatten Inserate (die optisch der Wahlkampflinie der Bundespartei folgten, auch wenn sie – aus Sicht der Rezipienten wohl nur nebenbei – auch auf die Parlamentsarbeit verwiesen) vom jeweiligen Parlamentsklub bezahlen lassen.[35] Vor allem aber wurde Mitte September die Direct-Mailing-Kampagne der FPÖ (direkt adressierter Brief und zwölfseitige Wahlbroschüre – offenbar an alle oder zumindest den Großteil der Wahlberechtigten) laut Impressum durch den Parlamentsklub bezahlt.

Seitens der betroffenen Parteien wurde als Rechtfertigung angeführt, dass es den Parlamentsklubs aufgrund des Klubfinanzierungsgesetzes[36] gestattet sei, aus der staatlichen Klubfinanzierung auch Öffentlichkeitsarbeit zu bezahlen. Dies ist zwar nicht falsch, bis 2008 waren sogar 39 Prozent der Klubfinanzierung ausdrücklich für die Öffentlichkeitsarbeit des Klubs gewidmet gewesen. Wegen der dadurch

---

[34] Siehe ausführlich: Verstoß gegen Transparenzgesetz? SPÖ wegen Plakaten in Bedrängnis. ORF online, 10. 9. 2013, http://orf.at/stories/2197945/2197943, abgefragt 10. 9. 2013; SPÖ-Plakate: Partei wird „alle Kosten übernehmen", diepresse.com, 10. 9. 2013, http://diepresse.com/home/politik/nrwahl2013/1450843/, abgefragt 10. 9. 2013.

[35] Ö1 Morgenjournal vom 11. 9. 2013.

[36] Bundesgesetz, mit dem die Tätigkeit der Klubs der wahlwerbenden Parteien im Nationalrat und im Bundesrat erleichtert wird (Klubfinanzierungsgesetz 1985 – KlubFG), BGBl. 1985/156 idF. I 2008/139.

geradezu provozierten Querfinanzierungen[37] war allerdings 2008 der § 1 des KlubFG verschärft worden: Seither dürfen staatliche Förderungen der Parlamentsklubs ausdrücklich nur mehr für die „Erfüllung *der parlamentarischen Aufgaben der Klubs*“ verwendet werden. Diese Bestimmung gilt allerdings nur für die Haupteinnahmequelle der Parlamentsklubs, die staatliche Klubförderung, nicht aber für etwaige Klubabgaben der Mandatare. Sie verhinderte auch nicht, dass der FPÖ-Parlamentsklub zwischen 2007 und 2011 laut Rechenschaftsberichten der FPÖ-Bundespartei insgesamt 5,7 Millionen Euro an die Partei überwies (und damit de facto wohl den Hauptteil der finanziellen Sanierung der Partei übernahm). Eben solche Querfinanzierungen sollten durch das (aus dem deutschen Parteiengesetz übernommene) Spendenverbot für Parlamentsfraktionen ab 2012 unterbunden werden.

Durch das Spendenannahmeverbot sind – nach der auch öffentlich geäußerten Rechtsmeinung des Verfassers – derlei Finanzierungen sehr wohl erfasst, da § 6 Abs. 6 Z 1 PartG gegenüber dem KlubFG sowohl lex posterior als auch lex specialis ist (eine später beschlossene speziellere Regelung geht einer früheren beziehungsweise allgemeineren gesetzlichen Regelung vor). Nach der Legaldefinition in § 2 Z 5 PartG ist

5. „*Spende*“: jede Zahlung, Sachleistung oder lebende Subvention, die natürliche oder juristische Personen

a. einer politischen Partei oder

b. einer wahlwerbenden Partei, die keine politische Partei ist, oder

(…)

f. an Wahlwerber, die auf einem von einer politischen Partei eingebrachten Wahlvorschlag kandidiert haben, ohne entsprechende Gegenleistung gewähren.“

Laut Bericht des Verfassungsausschusses verstand der Gesetzgeber Folgendes unter „Sachleistungen“: „Als Sachleistung ist auch die Kostenübernahme Dritter anzusehen, soweit dadurch ein ökonomischer Vorteil bei den unter lit. a bis f genannten Personen und Organisationen entsteht.“[38] Bei der Finanzierung von Kernelementen einer Wahlkampa-

[37] Siehe Sickinger 2009, 278 f.; 2013, 163 f.

[38] 1844 der Beilagen XXIV. GP – Ausschussbericht NR – Berichterstattung.

gne – eben Plakaten (im Fall der SPÖ der gesamten bundesweit geschalteten Plakatkampagne!), Inseraten oder im Falle der FPÖ der Direct-Mailing-Kampagne – handelt es sich wohl eindeutig um „Sachleistungen" zugunsten der Partei, welche diese ansonsten selber zu finanzieren gehabt hätte, denn eine Wahlkampagne kommt in Österreich selten ohne derartige Werbemittel aus (siehe weiter oben). Sofern diese Interpretation zutrifft, gilt die Regel des § 6 Abs. 7 PartG: Die Partei hat die unzulässige Spende (jedenfalls ab dem Zeitpunkt, ab dem sie von der Unzulässigkeit der Spendenannahme weiß) unverzüglich an den Rechnungshof weiterzuleiten. Im Falle einer Kostenübernahme Dritter entspricht der Spendenwert den Ausgaben des Dritten – hier des Parlamentsklubs. Geschieht dies nicht, so hat die Partei zudem eine Geldbuße in Höhe des Ein- bis Dreifachen der unzulässigen Spende zu erwarten. Es war insofern folgerichtig, dass die SPÖ nach Bekanntwerden der Plakatfinanzierung des Parlamentsklubs zwar betonte, es handle sich nach ihrer Rechtsauffassung weiterhin um zulässige Öffentlichkeitsarbeit des Klubs, aber sich bereit erklärte, bis zur Klärung dieser Rechtsfrage durch den Parteien-Transparenz-Senat im Bundeskanzleramt die Bezahlung selber zu übernehmen. Das von den betreffenden Parteien beziehungsweise ihren Klubjuristen gebrachte Argument, die Spitzenkandidaten seien zugleich Klubmitglieder (im Falle von FPÖ und BZÖ sogar Klubobleute) und es handle sich auch deshalb nicht um eine Spende, weil der Klub ja ein eminentes Interesse an einem guten Wahlresultat habe, müssen die vorgesehenen Kontrollinstanzen bewerten – klar ist jedenfalls, dass im Falle von SPÖ und FPÖ jedenfalls die Bezahlung siebenstelliger Beträge an die Parlamentsklubs „ausgelagert" wurde.

Weiter oben wurde erwähnt, dass fraglich ist, ob Wahlwerbungsausgaben spendenfinanzierter Kandidatenkomitees unter die Begrenzung der Wahlwerbungskosten fallen. Im Sinne des beschriebenen breiten Spendenbegriffs ist allerdings festzuhalten, dass derartige Wahlkampfausgaben sehr wohl als Sachspende an die Partei oder den/die konkret begünstigten Kandidaten/in bewertet werden können und somit auch im Rechenschaftsbericht der Partei auszuweisen (und im Falle eines einmaligen Werts über 50.000 Euro sogar unverzüglich dem Rechnungshof zu melden) sind. Aus dem Spendenannahmeverbot des § 6 Abs. 6 Z. 9

von „natürlichen oder juristischen Personen, die erkennbar eine Spende eines nicht genannten Dritten weiterleiten wollen, sofern die Spende mehr als 1.000 Euro beträgt“ lässt sich weiters ableiten, dass die Partei außerdem verpflichtet ist, sich über die Spender eines derartigen Komitees (das als solches nicht rechenschaftspflichtig ist) zu informieren, um gegebenenfalls der eigenen Rechenschaftspflicht nachkommen zu können – denn Spenden von mehr als 1.000 Euro wären gegebenenfalls mit Zuwendungen desselben Spenders an die Partei zusammenzurechnen und im Falle des Überschreitens des jährlichen Betrags von 3.500 Euro zu veröffentlichen. In diesem Sinne stehen auch derartige Komitees, falls sie zur Umgehung der gesetzlichen Bestimmungen eingesetzt werden sollten, dennoch nicht in einem rechtsfreien Raum.

DIE KOSTEN DER NATIONALRATSWAHL 2013

Einen wichtigen empirischen Hinweis auf einen Teil der Wahlwerbungskosten der Nationalratswahl 2013 geben Erhebungen des Marktforschungsunternehmens Focus Research. Focus erhebt regelmäßig die Werbeausgaben für die Werbekanäle Außenwerbung, TV/Radio, Inserate in Tages- und Wochenzeitungen, Kinowerbung und Onlinewerbung. Erfasst werden die Listenpreise der Medien, was bei Inseraten überhöhte Werte ergibt, da die meisten Medien teils erhebliche Rabatte gewähren. Bei Außenwerbung (Plakaten, Rolling Boards) dürfte dieser Effekt (etwa Nichtberücksichtigung des üblichen Agenturrabatts von 15 Prozent) geringer sein, da umgekehrt auch die höheren Kosten für besonders vorteilhafte Platzierungen nicht in diesen Zahlen abgebildet sind. Für diesen Befund spricht, dass die von Focus erhobenen Bruttozahlen für die Außenwerbung der Grünen nur wenig über deren eigenen Planungen (1,6 Millionen Euro) liegen.

Tabelle 1: politische Werbung nach Parteien und Medien (Juli bis September 2013)

Parteien	Print	Außen-werbung	TV	Radio	Online-werbung	Gelbe Seiten	Kino	Gesamt
Team Stronach	7.772.644	2.164.594	223.449	328.763	172.642			10.662.093
SPÖ	2.961.891	2.943.356	491.339	302.681	408.167		7.740	7.115.174
ÖVP	3.371.669	1.063.116	349.243	79.325	174.487		14.660	5.052.500
FPÖ	2.027.347	1.084.898	169.838	179.506	9.681			3.471.269
Grüne	1.011.599	1.763.860			156.829		17.059	2.949.348
BZÖ	1.107.001	808.528		70.416	135.573			2.121.518
NEOS	642.480	22.307	191.369	85.158	400			941.714
Sonstige	107.154					1.140		108.294
KPÖ	35.357			30.042	8.235			73.634
Gesamt	19.037.142	9.850.658	1.425.238	1.075.892	1.066.015	1.140	39.459	32.495.544

Quelle: Focus Research.

Interessant sind vor allem folgende Aspekte: Erstens zeigt die zeitliche Verteilung der Werbeausgaben in Tabelle 2, dass trotz beachtlicher Ausgaben im Juli und August sich 79 Prozent (also nahezu vier Fünftel) der Ausgaben für die von Focus erfassten Werbekanäle auf den Monat vor der Wahl konzentrieren:

Tabelle 2: Zeitliche Aufteilung Juli bis September

Parteien	Juli	August	September	Juli-Sept.
Team Stronach	697.640	1.203.329	8.761.123	10.662.093
SPÖ	759.961	1.812.066	4.543.147	7.115.174
ÖVP	94.640	257.360	4.700.499	5.052.500
FPÖ	110.239	497.176	2.863.854	3.471.269
Grüne	7.654	845.291	2.096.402	2.949.348
BZÖ	98.092	220.972	1.802.454	2.121.518
NEOS	67.447	55.764	818.503	941.714
Sonstige	5.367	7.944	94.983	108.294
KPÖ		2.262	71.372	73.634
Gesamt	1.841.041	4.902.165	25.752.338	32.495.544

Quelle: Focus Research.

Zweitens ist sehr auffällig, dass die Ausgaben für Inserate in Printmedien fast doppelt so hoch wie die Ausgaben für Außenwerbung waren (was auch den Befunden für 2006 entspricht). Die Kosten von Wer-

Tabelle 3: Zeitliche Aufteilung nach Werbekanälen – Juli bis September

Werbekanal	Juli	August	September	Juli-Sept.
Außenwerbung	1.300.082	2.447.280	6.103.296	9.850.658
Gelbe Seiten	341	402	397	1.140
Kino			39.459	39.459
Online	78.335	428.278	559.402	1.066.015
Print	406.509	1.878.681	16.751.952	19.037.142
Radio		72.365	1.003.527	1.075.892
TV	55.775	75.158	1.294.304	1.425.238
Gesamt	1.841.041	4.902.165	25.752.338	32.495.544

Quelle: Focus Research.

bespots im Privatfernsehen (in Summe 1,43 Millionen Euro) und Radio (ca. 1,08 Millionen Euro) lagen ca. dreimal so hoch wie 2006, bilden aber nach wie vor einen eher untergeordneten Kostenfaktor (nur die neue Partei NEOS setzte hier einen starken Schwerpunkt). Betrachtet man nur die Parteien, die bereits seit 2008 im Nationalrat vertreten waren (da das Team Stronach, die Partei mit den höchsten Wahlwerbungsausgaben, zugleich einen ungewöhnlich hohen Printanteil aufweist), verschieben sich die Relationen etwas (50,6 Prozent Print, 37 Prozent Außenwerbung), aber auch dann machen die Bruttozahlen für Print ca. die Hälfte der erfassten Wahlwerbungskosten aus.

Tabelle 4: Zeitliche Aufteilung nach Werbekanälen – Juli bis September

Parteien	Print	Außenwerbung	TV	Radio	Onlinewerbung	Gelbe Seiten	Kino
Team Stronach	72,9%	20,3%	2,1%	3,1%	1,6%	0,0%	0,0%
SPÖ	41,6%	41,4%	6,9%	4,3%	5,7%	0,0%	0,1%
ÖVP	66,7%	21,0%	6,9%	1,6%	3,5%	0,0%	0,3%
FPÖ	58,4%	31,3%	4,9%	5,2%	0,3%	0,0%	0,0%
Grüne	34,3%	59,8%	0,0%	0,0%	5,3%	0,0%	0,6%
BZÖ	52,2%	38,1%	0,0%	3,3%	6,4%	0,0%	0,0%
NEOS	68,2%	2,4%	20,3%	9,0%	0,0%	0,0%	0,0%
Sonstige	98,9%	0,0%	0,0%	0,0%	0,0%	1,1%	0,0%
KPÖ	48,0%	0,0%	0,0%	40,8%	11,2%	0,0%	0,0%
SPÖ/ÖVP/FPÖ/ Grüne/BZÖ	50,6%	37,0%	4,9%	3,1%	4,3%	0,0%	0,2%
Alle	58,6%	30,3%	4,4%	3,3%	3,3%	0,0%	0,1%

Quelle: Focus Research.

Auch wenn die von Focus erhobenen Zahlen zumindest bei den Inseratenkosten nach unten zu korrigieren sind, geben sie sicher nicht die Gesamtausgaben jeder Partei für Wahlwerbung wieder: Sie erfassen nicht die Werbeformen Direct Mailings, „Give Aways“, weiters keine Kosten für Veranstaltungen und Wahlkampflogistik, für zusätzlich aufgenommenes Personal und Aufwandsentschädigungen für Wahlhelfer, auch nicht die Ausgaben für externe Beratung, Meinungsforschung und die Leistungen der Werbeagenturen. Die eher bescheidenen Kosten für Onlinewerbung geben nur die geschalteten Banner etc. auf Fremdseiten, nicht die Kosten des eigenen Web-Auftritts der Parteien beziehungsweise ihrer KandidatInnen wieder. Somit sind diese Zahlen wohl noch deutlich nach oben zu korrigieren. Offizielle Angaben über die Einhaltung der Wahlwerbungskostenbegrenzung müssen die Parteien allerdings erst Ende September 2014 in ihren Rechenschaftsberichten machen (die dann voraussichtlich erst Monate später veröffentlicht werden). Diese mangelnde „Zeitnähe“ der Rechenschaftspflicht gehört zweifellos nach wie vor zu den verbliebenen Schwachstellen des österreichischen Parteienrechts.

ZITIERTE LITERATUR

Eisner, Christian/Michael R. Kogler/Andreas Ulrich (2012). Recht der politischen Parteien. Kommentar. Parteiengesetz, Parteien-Fördergesetz, GRECO-Empfehlungen und Bericht, Wien

Hofer, Thomas (2005). Spin-Doktoren in Österreich. Die Praxis amerikanischer Wahlberater. Was sie können, wen sie beraten, wie sie arbeiten, Wien.

Hofer, Thomas (2010). Die Tricks der Politiker, Wien.

Lederer, Andreas (2007). „It's advertising, stupid!" – Strategien und Praktiken politischer Werbung im Nationalratswahlkampf 2006, in: Fritz Plasser/Peter A. Ulram (Hg.): Wechselwahlen. Analysen zur Nationalratswahl 2006, Wien, 39–79.

Naßmacher, Karl-Heinz (2002). Die Kosten der Parteitätigkeit in westlichen Demokratien, in: Österreichische Zeitschrift für Politikwissenschaft 31/1, 7–20.

Naßmacher, Karl-Heinz (2009). The Funding of Party Competition. Political Finance in 25 Democracies, Baden-Baden.

Plasser, Fritz (Hg.) (2010). Politik in der Medienarena. Praxis politischer Kommunikation in Österreich, Wien.

Plasser, Fritz (Hg.) (2012). Erfolgreich wahlkämpfen. Massenmedien und Wahlkampagnen in Österreich, Wien.

Sickinger, Hubert (2006). Money matters. Wahlkampf- und Parteienfinanzierung, in: Thomas Hofer/Barbara Tóth (Hg.): Wahl 2006. Kanzler, Kampagnen, Kapriolen. Analysen zur Nationalratswahl, Wien, 165–183.

Sickinger, Hubert (2009). Politikfinanzierung in Österreich, Wien.

Sickinger, Hubert (2013a). Politisches Geld. Parteienfinanzierung und öffentliche Kontrolle in Österreich, Wien.

Sickinger, Hubert (2013b). Reform der Parteienfinanzierung – doch keine „mission impossible", in: Ferdinand Karlhofer/Sven Jeschke/Günther Pallaver (Hg.): Medienzentrierte Demokratien: Befunde, Trends, Perspektiven. Festschrift für Univ.-Prof. Dr. Fritz Plasser, Wien, 261–277.

Zögernitz, Werner/Stephan Lenzhofer (2013). Politische Parteien – Recht und Finanzierung, Wien.

Chronologie des Nationalratswahlkampfes 2013

2012

September

29.: Frank Stronach gründet seine Partei „Team Stronach“.

Oktober

27.: Die NEOS halten ihren Gründungskonvent ab. Matthias Strolz wird zum Vorsitzenden gewählt. Mit den Piraten, der Christlichen Partei und der Partei „Der Wandel“ treten schließlich vier neue, noch nicht im Parlament vertretene Gruppierungen zu den Nationalratswahlen 2013 an.

2013

Jänner

20.: Die österreichische Bevölkerung stimmt bei einer Volksbefragung mit rund 60 Prozent klar für die Beibehaltung der Wehrpflicht. Die SPÖ hatte sich dagegen eingesetzt, die ÖVP dafür. Die Kampagne wird als erster Testlauf für das „Superwahljahr 2013“ wahrgenommen. ÖVP-Chef Michael Spindelegger ruft selbstbewusst das „Jahr der ÖVP“ aus.

März

3.: Bei den Landtagswahlen in Kärnten stürzt die FPK ab, die SPÖ gewinnt und bildet mit den Grünen und der neu aufgestellten ÖVP eine Regierung. In Niederösterreich kann Landeshauptmann Erwin Pröll (ÖVP) trotz Verlusten die absolute Mehrheit behaupten.

April

28.: Bei den Landtagswahlen in Tirol kann Landeshauptmann Günther Platter den Angriff der neuen Liste „Vorwärts Tirol“ abwehren und koaliert mit den Grünen.

Mai

5.: In Salzburg stürzt die regierende SPÖ nach einem Finanzskandal ab. Die weniger deutlich abgestrafte ÖVP startet eine Koalition mit Grünen und Team Stronach. Das Angebot der SPÖ an die Grünen, deren Spitzenkandidatin zur Landeshauptfrau zu machen, schlagen diese davor aus.

14.: Landwirtschafts- und Umweltminister Nikolaus Berlakovich (ÖVP) kommt wegen seiner Haltung zu bienengefährdenden Pestiziden stark unter Druck. Grüne, Freiheitliche, BZÖ und Team Stronach fordern in einer parlamentarischen Sondersitzung in einem raren gemeinsamen Antrag den Abgang des Ressortchefs.

Juni

20.: Der ÖGB beschließt auf seinem Bundeskongress die Forderung nach der Wiedereinführung von Vermögenssteuern. Die ursprünglich mit 150.000 Euro Vermögen sehr tief angesetzte Grenze wird aber – wohl aus wahltaktischen Gründen – fallengelassen.

23.: Vizekanzler und ÖVP-Chef Michael Spindelegger verwendet erstmals seinen Lieblingsbegriff dieses Wahlkampfes. Die „Entfesselung“ Österreichs respektive der Wirtschaft. In der ORF-„Pressestunde“ kritisierte er die SPÖ, die „alles tut, um Wirtschaftstreibenden das Leben schwer zu machen“.

25.: Nach ÖVP-Umweltminister Berlakovich kommt Justizministerin Beatrix Karl (ÖVP) in der frühsommerlichen Vorwahlphase unter Druck. Nachdem bekannt wurde, dass ein 14-Jähriger in der Justizanstalt Wien-Josefstadt vergewaltig wurde, sagt sie: „Strafvollzug ist nicht das Paradies.“

26.: Die SPÖ präsentiert ihre ersten Wahlplakate – und damit das Grundthema ihres Wahlkampfes. Sie positioniert ihren Spitzenkandidaten für die Nationalratswahl, Werner Faymann, als ruhigen Steuermann. Der Slogan dazu: „Stürmische Zeiten, sichere Hand“.

Juli

4.: Die ÖVP startet ihre Negativkampagne. ÖVP-Generalsekretär Hannes Rauch präsentiert eine Broschüre gegen die „Faymann-Steuern" mit Argumenten gegen die SPÖ-„Stimmungsmache gegen das Eigentum". Neben einer Fibel gegen Rot-Grün und einer gegen Vermögenssteuern ist dies bereits die dritte ihrer Art.

21.: Eine Studie des ÖVP-geführten Finanzministeriums sorgt beim letzten Ministerrat vor dem Sommer für Aufregung zwischen SPÖ und ÖVP. Demnach seien durch Konzernabsiedelungen zwischen 2008 und 2012 ein Steuerausfall von 1,26 Milliarden Euro entstanden und 70.000 Arbeitsplätze verlorengegangen. Wenig später dementieren in der – unter Verschluss gehaltenen Studie genannte Unternehmen dezidiert ihre Abwanderungsgelüste.

22.: Die ÖVP liefert der SPÖ unfreiwillig ein gutes Wahlkampfthema: die Angleichung des Frauenpensionsalters an jenes der Männer. Auch Spitzenkandidat Spindelegger kann sich eine Angleichung bereits 2014 vorstellen, wie er in den „Vorarlberger Nachrichten" erklärt. Die SPÖ wettert empört dagegen – und wird dieses Thema den ganzen Wahlkampf über am Köcheln halten.

August

5.: Nun sorgt eine Studie der Uni Linz – in Auftrag gegeben von den Arbeiterkammern Wien und Oberösterreich – zur Vermögensverteilung in Österreich für Aufregung. Die Annahmen, die der Studie zugrunde liegen, werden öffentlich in Zweifel gezogen, einer der Studienautoren wird in der „ZiB 2" zu seiner angeblichen SPÖ-Nähe befragt.

10.: Monika Lindner beschert dem Team Stronach eine große Blamage. Sie sagt zuerst als Kandidatin zu, springt dann aber wieder ab und kündigt an, ihr Mandat nicht anzunehmen, als der Klubobmann des Team Stronach, Robert Lugar, sie als Speerspitze gegen Raiffeisen und den ORF ankündigt. Nach der Wahl nimmt Lindner das Mandat als „wilde Abgeordnete" doch an und sorgt damit für einen Skandal.

11.: Ein angebliches „Geheimtreffen" von Bundeskanzler Werner Faymann (SPÖ) und dem niederösterreichischen Landeshauptmann Erwin Pröll (ÖVP) sorgt für Spekulationen: In einem Grinzinger Gastgarten sollen sich die beiden in Begleitung von Staatssekretär Josef Ostermayer und dem Pröll-Vertrauten Peter Kirchweger nicht nur in Sachen Weinbegleitung einig geworden sein. Ein handschriftlich verfertigtes Dokument soll dies dokumentieren: „An diesem Tisch ist der Gemischte Satz der Politik offenkundig geworden. Er hat sehr gemundet." Die „Krone" tauft das Ganze „Reblaus-Pakt".

12.: Die SPÖ präsentiert ihre Unterstützungsinitiative für Kanzler und Spitzenkandidat Werner Faymann. Star ist Nobelpreisträger Eric Kandel.

13.: Die frisch präsentierte BZÖ-Bundesliste mit weitgehend unbekannten Persönlichkeiten sorgt bei alteingesessenen BZÖlern für Häme. Die Abgeordneten Ewald Stadler (Europaparlament) und Stefan Petzner kritisierten in mehreren Zeitungen, dass Bucher die Linie von Parteigründer Jörg Haider verlassen habe. Stadler spricht gar von einem „Bucher-LIF". Letztlich scheitert das BZÖ am Einzug ins Parlament.

14.: Die umstrittene Wahlkampagne der FPÖ zum Thema „Nächstenliebe" wird in der Auslandspresse sehr kritisch rezensiert. Die Online-Ausgabe der „Washington Post" berichtet breit über den Slogan „Liebe deine Nächsten – für mich sind das unsere Österreicher".

17.: Frank Stronach posiert bei einem „Kurier"-Interviewtermin „oben ohne" – unten mit Jeans – am Pool und sorgt damit für hämische Kommentare. Im gleichen Gespräch sagt er über seine Listen-Zweite Kathrin Nachbaur: „Sie könnte Ministerin, aber auch Kanzlerin werden." Was damals noch kaum einer ahnt: Tatsächlich wird Nachbaur nach der Wahl die Parteichefin sein.

21.: Eine Aussage von Wirtschaftskammer-Präsident Christoph Leitl am Rande des Forum Alpbach empört die SPÖ. Bei einer gemeinsamen Pressekonferenz mit Finanzministerin Maria Fekter meint er, Österreich sei „abgesandelt".

24.: Die FPÖ muss sich gegen den Vorwurf wehren, einige ihrer Funktionäre seien Mitglieder einer Facebook-Gruppe mit rassistischen Hass-Postings.

25.: Die ÖVP plakatiert ihre zweite Welle an Plakaten mit dem Slogan „Willkommen Zukunft" und dem Gesicht ihres Spitzenkandidaten.

Mit herzlichem Lachen neben einem Kind mit verschmiertem Mund blickt der Vizekanzler von Dreieckständern.

25.: Die umstrittene Verkehrsberuhigung in der Mariahilfer Straße sorgt für Verstimmung in der Wiener SPÖ. Wiens Bürgermeister Michael Häupl (SPÖ) richtet den Grünen via „Kronen Zeitung“ aus: „Die grünen Freunde müssen jetzt eben schauen, dass sie mit wirklich allen gut auskommen.“

29.: Der Wahlkampf geht mit den ORF-TV-Duellen in die heißere Phase. NEOS-Chef Matthias Strolz beschwert sich in einem Offenen Brief an ORF-Generaldirektor Alexander Wrabetz darüber, dass die Nicht-Parlamentsparteien benachteiligt würden.

30.: Schnell wie die Spitzenkandidaten bei den TV-Duellen schießen auch die Umfrageinstitute: Bei der Konfrontation mit Grünen-Bundessprecherin Eva Glawischnig und FPÖ-Chef Heinz-Christian Strache habe Erstere das Match mit 56 Prozent für sich entschieden, erhebt IMAS für die „Krone“ noch am Abend des Duells. Die mediale und umfragetechnische Nachbearbeitung der TV-Duelle prägt den Diskurs der letzten Wochen vor der Wahl von nun an stark.

31.: Erst 57 Prozent der Österreicher wissen, wen sie in vier Wochen wählen werden, berichtet der „Kurier“ unter Berufung auf eine OGM-Umfrage. 2,8 Millionen Wähler sind – viele allerdings mit einer vagen Tendenz für eine Partei – damit noch auf dem Markt. 19 Prozent der Befragten schwanken zwischen zwei Gruppierungen, ebenso viele wollen bei der Nationalratswahl nicht oder weiß wählen. Bei den unter Dreißigjährigen liegt der Anteil der Verweigerer bei 26 Prozent.

September

1.: Der „Kurier“ spürt in Mödling jenen Elektriker auf, auf den sich Michael Spindelegger (ÖVP) in der Puls-4-Konfrontation mit Kanzler Werner Faymann (SPÖ) berufen hatte. Der Mann gibt sich überrascht, outet sich aber gerne als ÖVP-Sympathisant. Die ÖVP versucht das Privatleben ihres Chefs zu inszenieren: Für eine dreiseitige Geschichte in der Sonntags-„Krone“ lässt er sich mit Sohn Matthias (13) ablichten.

8.: Schwarzes Negative Campaigning, zweiter Teil: Die Volkspartei macht in Inseraten gegen den „Zwangstagskindergarten", den die SPÖ wolle, mobil. Die NEOS setzen unterdessen, auch in Einschaltungen, ganz auf ihren „Ministerkandidaten", den Industriellen Hans Peter Haselsteiner: „Habe Mut. Meine Kraft für die Jungen", lautet die Botschaft des langjährigen Strabag-Chefs.

12.: Das neue ORF-Politainment-Format „Wahlfahrt" startet. Josef Bucher (BZÖ) und Frank Stronach als Hanno Setteles Mercedes-Beifahrer locken zu später Stunde bis zu 315.000 Zuseher vor die TV-Geräte. Frank Stronach fordert, die Todesstrafe für Berufsmörder einzuführen. Die mitfahrende Bundeslistenzweite, Kathrin Nachbaur, widerspricht ihm vor laufender Kamera.

13.: Die SPÖ kämpft nach einer Attacke Eva Glawischnigs (Grüne) in der TV-Debatte mit Werner Faymann mit ihrer Wahlkampffinanzierung. Wurden Plakate vom Parlamentsklub bezahlt? Das Impressum lässt darauf schließen. Für die dritte Plakatwelle stoppt die Partei extra die Druckmaschinen. „SPÖ-Bundesgeschäftsstelle, Löwelstraße 18, 1014 Wien" steht nun drauf.

15.: In Bayern holt sich die CSU bei der Landtagswahl die absolute Mehrheit zurück. Die ÖVP schöpft nach einem bisher durchwachsenen Wahlkampf Hoffnung.

17.: Die ÖVP wettert weiter gegen „Faymann-Steuern", und zwar in einem neuen Kinospot. Darin wird dem SPÖ-Chef vorgeworfen, einen Angriff auf „das Elternhaus" und „Omas Sparbuch" zu planen.

20.: Die SPÖ verschickt ihren traditionellen „Wählerinnenbrief". Kanzler Faymann schreibt an mehr als 1,7 Millionen Wahlberechtigte in Wien, Niederösterreich und Oberösterreich. Darin stellt der Kanzler seine „wichtigen Anliegen" vor: „Arbeitsplätze, Pensionen, Ausbildung, medizinische Versorgung und leistbares Wohnen". Zudem warnt der Kanzler – wie zuvor auf roten Plakaten – vor Schwarz-Blau.

22.: In Deutschland feiert Kanzlerin Angela Merkel bei der Bundestagswahl einen Erdrutschsieg und verpasst nur knapp die absolute Mehrheit. Die SPD bleibt unter den Erwartungen, die Grünen verlieren, die FDP fliegt aus dem Bundestag. Die „Alternative für Deutschland" scheitert nur knapp an der Fünf-Prozent-Hürde. In Österreich reklamieren ÖVP und SPÖ den Sieg Merkels für sich – die ÖVP sieht sich nach dem Sieg der Schwesterpartei im Aufwind, die SPÖ will auch für Werner Faymann einen ähnlichen Kanzlerbonus lukrieren.

22.: Die SPÖ geht mit deutlichem Vorsprung in die letzte Wahlkampfwoche: Wie eine Reihe anderer Meinungsforschungsinstitute sieht auch OGM (780 Befragte für den „Kurier") die Kanzlerpartei mit 27 Prozent an erster Stelle. Dahinter folgt die ÖVP mit 22, knapp vor der FPÖ mit 21 Prozent. Die Grünen kommen in der Sonntagsfrage auf 14 Prozent. Das Team Stronach kann laut der Umfrage (maximale Schwankungsbreite 3,6 Prozent) nur mit sechs Prozent rechnen, BZÖ und NEOS sieht OGM mit vier Prozent knapp im Nationalrat.

25.: Der TV-Wahlkampf geht ins Finale – und ermüdet zusehends die Wählerschaft. Das zweite „Kanzler-Duell" zwischen SPÖ-Chef Werner Faymann und ÖVP-Obmann Michael Spindelegger verfolgen am Sonntag vor dcr Wahl auf ATV im Schnitt 171.000 Seher. Das erste Aufeinandertreffen der Koalitionsspitzen auf Puls 4 hatten Ende August noch durchschnittlich 280.000 Zuschauer gesehen. Auch die dritte und letzte Kanzlerkonfrontation am Dienstag vor der Wahl im ORF sehen weniger Zuschauer als andere Duelle davor. Das Duell selbst wird sehr energisch geführt. „Du weißt ja gar nicht, wie die Menschen leben", wirft Faymann Spindelegger vor. „Du sitzt schon zu lange im Bundeskanzleramt, dort gehörst du einmal weg", kontert Spindelegger.

25.: Auch sonst naht das Wahlkampffinale. Die Grünen sind „3 Tage wach". SPÖ-Chef Faymann besucht noch einmal alle neun Bundesländer und schaut dabei auch bei den Nachtdiensten der Rettung und der Polizei vorbei. ÖVP-Obmann Spindelegger wirbt noch in Oberösterreich, Salzburg und der Steiermark um Stimmen.

26.: Kein Wahlkampf, ohne dass die Grünen am Ende nicht doch miteinander streiten. Der frühere EU-Abgeordnete Johannes Voggenhuber zieht via Facebook über die grüne Kampagne her und nennt sie „erschreckend". Irritiert scheint auch die grüne Ikone Freda Meissner-Blau, die zuerst ankündigt, diesmal nicht Grün zu wählen – weil sich die Partei in Salzburg „mit denen, die den ganzen Finanzskandal begonnen haben, ins Bett legt". Dann versichert sie, ihre Vorzugsstimme dem grünen Abgeordneten Karl Öllinger zu geben. Er schafft den Einzug ins Parlament nicht.

28.: Letzte Aufregung vor dem Wahltag: Am Freitag vor der Wahl tauchen gefälschte Türhänger und Plakate mit für die SPÖ problematischen Aussagen auf. Sie sind im SPÖ-Layout gehalten und mit SPÖ-Logo versehen und suggerieren, dass für die SPÖ die Wahl bereits gelaufen sei.

29.: Bei der Wahl verlieren die regierenden SPÖ und ÖVP deutlich, halten aber (knapp) die Stimmen- und (deutlicher) die Mandatsmehrheit. Gewinner sind neben der FPÖ und den Grünen vor allem die NEOS, die aus dem Stand den Einzug in den Nationalrat schaffen. Das gelingt zwar auch dem Team Stronach, das aber klar hinter den ursprünglichen Erwartungen bleibt. Das BZÖ schafft acht Jahre nach seiner Gründung die Vier-Prozent-Hürde nicht mehr.

Quelle: APA-Wahlcountdown, eigene Recherchen.

Die Autoren

Meret Baumann ist 1978 in Basel geboren und in Zürich aufgewachsen. Nach der Matura Praktikum in einer PR-Agentur in Zürich. 1998 bis 2004 Studium der Rechtswissenschaften in Zürich und Rom. Während und nach dem Studium in einer Züricher Anwaltskanzlei tätig. 2005 Praktikum in einer PR-Agentur in New York, danach Stage bei der Schweizerischen Botschaft in Rom mit den Schwerpunktthemen Innenpolitik und Recht. 2006 Volontariat in der Auslandredaktion der Neuen Zürcher Zeitung, danach Mitglied der Nachrichtenredaktion. Ab 2008 Dienstredaktorin des Auslandressorts und verantwortlich für die Dossiers Italien, Internationale Rechtsfragen sowie für den Jahresrückblick „NZZ Chronik". Seit Februar 2013 Korrespondentin für Österreich und Ungarn in Wien.

Ingrid Brodnig, geb. 1984 in Graz, ist politische Redakteurin der Wiener Wochenzeitung „Falter" und dort auch für Netzpolitik zuständig. Sie studierte Journalismus und Unternehmenskommunikation an der FH Joanneum, ihre Arbeit wurde bereits mit mehreren Preisen ausgezeichnet. Im Jänner 2014 erscheint ihr erstes Buch „Der unsichtbare Mensch. Wie die Anonymität im Internet unsere Gesellschaft verändert" (Czernin-Verlag). Sie ist auch auf Twitter: twitter.com/brodnig

Irene Czermak studiert Publizistik und Politikwissenschaft an der Universität Wien sowie Wirtschaftsrecht an der WU Wien. Seit Mai 2011 war sie für die MediaWatch zunächst als Mitarbeiterin in Codierung und Qualitätsmanagement tätig. Derzeit ist sie mit Projektmanagement und der Mitarbeit an Produktentwicklung der MediaWatch befasst. Ihr Studienschwerpunkt im Bereich der Politikwissenschaft liegt im Masterstudium auf Politischer Theorie sowie Österreichischer Politik.

TILLMANN FUCHS beginnt seine Karriere bei Kurt Falks „Die ganze Woche", wo er bis zum Verlagsleiter aufsteigt. 1993 wechselt er zu RTL, wo er schließlich in der Chefredaktion bei Hans Mahr landet. Nach sieben Jahren holt Herbert Kloiber Fuchs nach Wien, um Privat-TV in Österreich zu etablieren. Zwei Jahre später erhält ATV unter Fuchs' Führung die Privat-TV Lizenz. 2003 macht er sich mit einem Telekommunikations-Service selbstständig. 2007 engagiert ihn Frank Stronach, um einen Themen-Park in Oberwaltersdorf zu realisieren. In der Folge übernimmt Fuchs verschiedene Geschäftsführungen und Aufgaben für Stronach und wird zuletzt im Juni für die Dauer der Kampagne mit der Wahlkampfleitung des Team Stronach betraut.

MAG. STEFAN HIRSCH, Jahrgang 1975, ist Kommunikationschef der SPÖ. Er studierte Kommunikations- und Politikwissenschaft an der Universität Wien. Vor seiner Tätigkeit in der Parteizentrale der SPÖ fungierte er seit 2007 als Sprecher in der Bundesregierung. Er war Pressesprecher des Bundesministers für Landesverteidigung (später Landesverteidigung und Sport) Norbert Darabos sowie von Bundeskanzler Alfred Gusenbauer. Bevor Hirsch in der Bundespolitik tätig wurde, stand er der damaligen Wiener Gesundheits- und Sozialstadträtin Renate Brauner als Sprecher zur Seite.

DR. THOMAS HOFER, M.A., ist Politikberater und geschäftsführender Gesellschafter von *H&P Public Affairs* in Wien (www.hppa.at). Studierte als Fulbright-Stipendiat Wahlkampfmanagement und Public Affairs an der Graduate School of Political Management in Washington, D.C. und Kommunikationswissenschaft und Anglistik an der Uni Wien. Langjähriger Innenpolitikredakteur des „profil". Unterrichtet Kampagnenmanagement an der Uni Wien und dem Studiengang Journalismus an der FH Wien. Hofer war lange Vorstandsmitglied der European Association of Political Consultants (EAPC) und ist Fellow am Institut für Medien- und Kommunikationspolitik (IfM) in Berlin. Zahlreiche Buchveröffentlichungen zum Thema Wahlkampfmanagement: „Die Tricks der Politiker" (2010), „Wahl 2008" (2008), „Obama. Der schwarze Visionär – Zeitenwende für die Weltpolitik?" (2008), „Wahl 2006" (2006), „Spin Doktoren in Österreich" (2005).

BAKK. PHIL. TOBIAS HOFFERBERT belegt derzeit das Magisterstudium Publizistik- und Kommunikationswissenschaft an der Universität Wien. Seine Magisterarbeit verfasst er zum Thema Nation Branding. Seit 2010 ist er als Tutor/Wissenschaftlicher Mitarbeiter bei verschiedenen Lehrveranstaltungen an der Publizistik tätig. Bei MediaWatch Institut für Medienanalysen GmbH arbeitet er seit 2011 und befasst sich derzeit mit der Erstellung von Medienresonanzanalysen, Projektmanagement und Innovation.

AO. UNIV. PROF. DR. LOTHAR HÖBELT, geboren 1956, ist seit 1980 an der Universität Wien tätig. 1982 Promotion sub auspiciis praesidentis; seit 1997 außerordentlicher Universitätsprofessor für neuere Geschichte; 1992 Gastprofessor an der University of Chicago; seit 2001 Lehrbeauftragter an der Theresianischen Militärakademie. Von 1992 bis 2002 war Höbelt Konsulent des Freiheitlichen Bildungswerks. 2002 rief er zu „blauen Leihstimmen" für Wolfgang Schüssel auf. Veröffentlichungen zur Nachkriegsgeschichte u.a.: „Von der Vierten Partei zur Dritten Kraft. Die Geschichte des VdU" (Stocker, 1999); „Defiant Populist. Jörg Haider and the Politics of Austria" (Purdue UP, 2003).

MAG. PHIL. IRIS KOLL ist seit 2003 Analystin bei der MediaWatch Institut für Medienanalysen GmbH und bearbeitet vor allem internationale Projekte aus den Bereichen Wirtschaft und Politik. Sie studierte Übersetzungswissenschaft für die Sprachen Französisch und Englisch an der Leopold-Franzens-Universität in Innsbruck.

HANS MAHR, Jahrgang 1949, ist einer der profiliertesten Medienmanager und Medienconsulter Österreichs. Er begann seine berufliche Karriere bei der „Kronen Zeitung", wurde dann Büroleiter des Wiener Bürgermeisters Leopold Gratz und war anschließend verantwortlich für die erfolgreichen Wahlkampfkampagnen der SPÖ unter Bundeskanzler Kreisky. Nach dem Ausscheiden von Bruno Kreisky aus der Politik kehrte Hans Mahr zur „Kronen Zeitung" zurück, wo er 1989 zum Geschäftsführer ernannt wurde und in dieser Funktion bis 1993 aktiv war. 1994 berief ihn der deutsche Privatsender RTL als Direktor für Information und Sport nach Deutschland. Nach elf Jahren wechselte er dann 2005 als Direktor für die Bereiche Sport und New Business zum Pay-TV Sender Premiere (heute Sky). Seit 2006 ist er mit seinem Unternehmen mahrmedia freischaffend tätig.

DR. LEONARD NOVY, geboren 1977, ist Mitglied der Institutsleitung des Instituts für Medien- und Kommunikationspolitik, Berlin. Regelmäßige Publikations-, Lehr- und Vortragstätigkeit zu den Themen Governance, Demokratie und Öffentlichkeit sowie zu den Auswirkungen des Internets auf Politik und Medien. 2013 erschienen „Journalismus in der digitalen Moderne“ (VS Verlag für Sozialwissenschaften), „Zwischen Macht und Ohnmacht. Facetten erfolgreicher Politik“ (VS Verlag für Sozialwissenschaften) sowie „Imagining the Future of Europe. National Identity, Mass Media and the Public Sphere“ (Palgrave Macmillan). Novy ist internationaler Tandempartner am Centre for Digital Cultures (CDC) der Leuphana Universität Lüneburg und leitete 2013 die internationale Medienkonferenz „Medienforum NRW“.

STEFAN PETZNER begann seine politische Laufbahn im Jahr 2004 als Pressesprecher und Spin Doktor von Landeshauptmann Dr. Jörg Haider und zeichnet in der Folge als geschäftsführender Kärntner BZÖ-Landesparteiobmann und BZÖ-Generalsekretär für zahlreiche erfolgreiche Kampagnen und Wahlkämpfe Haiders sowie des BZÖ verantwortlich (Nationalratswahl 2008, EU-Wahl 2009, Kärntner Landtagswahl 2009 und 2013). Stefan Petzner war von 2008 bis 2013 Mitglied des Nationalrates und stellvertretender BZÖ-Klubobmann, kandidierte aber nach Differenzen mit BZÖ-Bündnisobmann Josef Bucher bei der Nationalratswahl 2013 nicht mehr an vorderer Stelle und wurde schließlich nach öffentlicher Kritik an Wahlergebnis und Wahlkampf des BZÖ im Oktober 2013 aus dem BZÖ ausgeschlossen.

MAG. HANNES RAUCH ist seit April 2011 Generalsekretär der Österreichischen Volkspartei und seit 29. Oktober 2013 Abgeordneter zum Nationalrat. Er studierte Politikwissenschaft an der Universität Innsbruck und war unter anderem als Pressesprecher der ÖVP-Bundespartei und im Innenministerium tätig. Seine politische Heimat hat Generalsekretär Hannes Rauch in der Tiroler Volkspartei, wo er von 2007 bis 2011 als Landesgeschäftsführer aktiv war. Von 2008 bis 2011 war er zudem Abgeordneter zum Tiroler Landtag. Noch heute engagiert er sich als ÖVP-Stadtparteiobmann in seiner Heimatgemeinde Kufstein. Hannes Rauch ist verheiratet und hat zwei Kinder.

KAREL SCHWARZENBERG, Jahrgang 1937, ist ein tschechischer Politiker mit deutschen, schweizerischen und österreichischen Wurzeln. Er ist Vorsitzender der 2009 neu gegründeten Partei TOP 09, war zwei Mal Außenminister der Tschechischen Republik und unterlag im Jahr 2013 als Präsidentschaftskandidat seiner Partei seinem Mitbewerber Miloš Zeman. Schwarzenberg setzte sich schon früh für Menschenrechte ein und unterstütze die Dissidenten in den kommunistischen Regimen. Von 1984 bis 1991 war er Präsident der Internationalen Helsinki-Föderation für Menschenrechte. Schwarzenberg, der einer der populärsten Politiker Tschechiens ist, ist verheiratet und hat drei Kinder.

HUBERT SICKINGER, MAG. DR. PHIL. UND MAG. DR. IUR., arbeitet als Politikwissenschafter in Wien (v.a. am Institut für Konfliktforschung) und ist Lehrbeauftragter an der Universität Wien. Aktuelle Forschungsschwerpunkte: Parteienfinanzierung, Korruptionsforschung und Parteienforschung. Aktuelle Bücher: Politisches Geld. Parteienfinanzierung und öffentliche Kontrolle in Österreich, Wien 2013; Politikfinanzierung in Österreich, Wien: Czernin 2009; Kreisky – Haider. Bruchlinien österreichischer Identitäten, Wien: Braumüller 2008 (gemeinsam mit Anton Pelinka und Karin Stögner); Politische Affären und Skandale in Österreich. Von Mayerling bis Waldheim, Wien: Studienverlag, 3. Aufl. 2007 (Hrsg. mit Michael Gehler). E-Mail: hubert.sickinger@univie.ac.at, Homepage: http://www.hubertsickinger.at/

DR. FRANZ SOMMER, geboren 1960 in Güssing, ist Mitbegründer der ARGE WAHLEN und des Instituts für Marktforschung und Regionalumfragen und seit 1983 als selbstständiger Politikforscher tätig. Arbeitsschwerpunkte: Wahlforschung/Wahlverhalten/Wahlrecht (Track Polling, Wahltagsbefragung, Wahlhochrechnung, wahlstatistische/wahlarithmetische Analysen etc.).

FRANK STAUSS, geboren 1965, ist Mitinhaber der Kommunikationsagentur BUTTER. und gehört zu Deutschlands bekanntesten Experten für politische Kommunikation. Seine Karriere begann er 1992 in der Clinton/Gore-Kampagne, seitdem betreute er zwei Duzend Wahlkämpfe, unter anderem für Gerhard Schröder, Hannelore Kraft, Klaus Wowereit und Olaf Scholz. Sein Rat als Experte für Krisenkommunikation wird auch von zahlreichen Unternehmen und Verbänden geschätzt. Frank Stauss ist Lehrbeauftragter an der Heinrich-Heine-Universität Düsseldorf, häufiger Talkshow-Gast und TV-Kommentator sowie Autor des „Spiegel"-Bestsellers „Höllenritt Wahlkampf – ein Insider Bericht" (dtv, 2013).

DR. MATTHIAS STROLZ ist Mitinitiator und Vorsitzender von „NEOS – Das Neue Österreich" sowie Spitzenkandidat der Wahlplattform „NEOS Das Neue Österreich und Liberales Forum" für die Nationalratswahlen 2013. Strolz leitete von 2001 bis 2012 ein von ihm mitgegründetes Unternehmen im Bereich der Systemischen Organisationsberatung. Er arbeitete als Organisationsentwickler und Change-Berater in Wirtschaft, Politik und im öffentlichen Sektor. Der gebürtige Vorarlberger ist verheiratet, Vater von drei Töchtern, wohnt seit 14 Jahren in Wien und studierte Internationale Wirtschaftswissenschaften, Politikwissenschaften und Organisationsentwicklung in Innsbruck, Dublin, Wien und Klagenfurt.

DR. BARBARA TÓTH, Jahrgang 1974, ist Historikerin und arbeitet als Autorin und Journalistin in Wien. Sie leitet das Politikressort der Wiener Wochenzeitung „Falter" und schreibt unter anderem für „Cicero" und die tschechische Tageszeitung „Lidové Noviny". Sie ist Trägerin des Milena-Jesenská-Stipendiums des Instituts für die Wissenschaften vom Menschen und des Prälat-Leopold-Ungar-Preises für sozial engagierten Journalismus. Barbara Tóth ist Mutter zweier Söhne und lebt mit ihrer Familie in Wien. Zuletzt von ihr erschienen: Karl Schwarzenberg/Barbara Tóth: „Unterschätzen Sie nicht meine Boshaftigkeit" (Residenz Verlag, Wien 2011), Franz Küberl/Barbara Tóth: „Mein armes Österreich. Und wie es reicher sein könnte" (Ueberreuter Verlag, Wien

2010) und gemeinsam mit Thomas Hofer: „Wahl 2008. Strategien, Sieger, Sensationen“ (Molden Verlag, Wien 2008).

DIPL.-ING. PAUL UNTERHUBER, in Bozen/Südtirol geboren, ist Absolvent der Universität für Bodenkultur Wien mit Schwerpunkt Agrarökonomie und seit Anfang 2012 Key Account Manager bei GFK Austria im Bereich Sozial- und Organisationsforschung, wobei der Schwerpunkt bei der politischen Meinungsforschung liegt. Er sammelte Erfahrung in politischen Kampagnen und der strategischen Planung in verschiedenen Wahlkämpfen und war über Jahre Direktor des Wiener Bauernbundes und Büroleiter des Wiener Stadtrats Norbert Walter. 2009 arbeitete er als außerordentliches Mitglied in der Abteilung „Strategische Planung“ der CDU-Bundesgeschäftsstelle im deutschen Bundestagswahlkampf.

MAG. STEFAN WALLNER ist 1971 in Graz geboren und dort auch aufgewachsen. Studium der Politikwissenschaft und Geschichte in Wien, Ausbildungen zum Kommunikationstrainer, NPO-Controller und Mediator. Ab 1998 war der Sozialexperte, der zuvor Studien zum Thema Armut in Österreich veröffentlicht hatte, für die Caritas tätig, von 1999 bis 2009 als Generalsekretär der Caritas Österreich. Seit 2009 ist Stefan Wallner Bundesgeschäftsführer der Grünen.

PRIV.-DOZ. DDR. JULIA WIPPERSBERG ist Kommunikationswissenschafterin und Juristin und wurde mit einer Arbeit zu Qualität, Zielen und Evaluation von Auftragskommunikation (PR, Werbung, Public Affairs) an der Universität Wien habilitiert. Sie führt ein „berufliches Doppelleben“ als Universitätslehrerin am Institut für Publizistik- und Kommunikationswissenschaft der Universität Wien sowie als Geschäftsführerin (seit Juni 2013, davor wissenschaftliche Leiterin) der MediaWatch Institut für Medienanalysen GmbH. Sie arbeitet an neuen Analysezugängen und an der Neupositionierung der MediaWatch als Begleiterin von Kommunikationsexperten in ihrer Managementfunktion.

Anhang

Nationalratswahl 2013

Amtliches Endergebnis

Stimmenanteile in Prozent

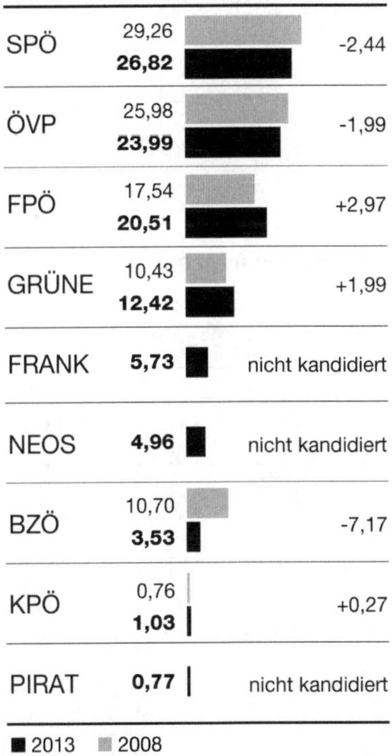

Quelle: BMI

Mandate

Veränderung zur Wahl 2008

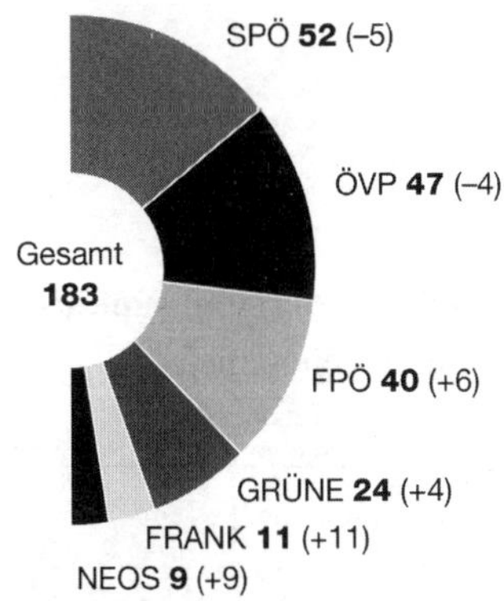

Stand vor der Wahl 2013:
SPÖ 57, ÖVP 51, FPÖ 38,
Grüne 20, BZÖ 12, Stronach 5

Wahlbeteiligung in Prozent

Nationalratswahlen in Österreich seit 1945

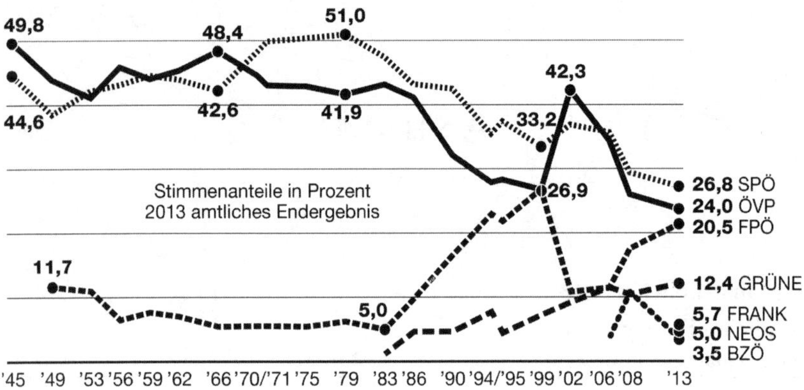

Quelle: BMI

Österreich / Endergebnis inklusive aller Wahlkartenergebnisse

n.t. - nicht teilgenommen

	Ergebnisse 2013		Ergebnisse 2008		Vergleich 2013 - 2008		Mandatsstand		
	Stimmen	%	Stimmen	%	Stimmen	%	2013	2008	±
Wahlberechtigte	6.384.308		6.333.109		+51.199				
Abgegebene	4.782.410	74,9 %	4.990.952	78,8 %	-208.542	-3,9 %			
Ungültige	89.503	1,9 %	103.643	2,1 %	-14.140	-0,2 %			
Gültige	4.692.907	98,1 %	4.887.309	97,9 %	-194.402	+0,2 %			
SPÖ	1.258.605	26,8 %	1.430.206	29,3 %	-171.601	-2,4 %	52	57	-5
ÖVP	1.125.876	24,0 %	1.269.656	26,0 %	-143.780	-2,0 %	47	51	-4
FPÖ	962.313	20,5 %	857.029	17,5 %	+105.284	+3,0 %	40	34	+6
BZÖ	165.746	3,5 %	522.933	10,7 %	-357.187	-7,2 %	0	21	-21
GRÜNE	582.657	12,4 %	509.936	10,4 %	+72.721	+2,0 %	24	20	+4
FRANK	268.679	5,7 %		n.t.		n.t.	11		n.t.
NEOS	232.946	5,0 %		n.t.		n.t.	9		n.t.
KPÖ	48.175	1,0 %	37.362	0,8 %	+10.813	+0,3 %	0		+0
PIRAT	36.265	0,8 %		n.t.		n.t.	0		n.t.
CPÖ	6.647	0,1 %	31.080	0,6 %	-24.433	-0,5 %	0		+0
WANDL	3.051	0,1 %		n.t.		n.t.	0		n.t.
M	490	0,0 %		n.t.		n.t.	0		n.t.
EUAUS	510	0,0 %		n.t.		n.t.	0		n.t.
SLP	947	0,0 %		n.t.		n.t.	0		n.t.

Quelle: BMI

Bundesland Burgenland

n.t. - nicht teilgenommen

	Ergebnisse 2013		Ergebnisse 2008		Vergleich 2013 - 2008		Mandatsstand		
	Stimmen	%	Stimmen	%	Stimmen	%	2013	2008	±
Wahlberechtigte	232.505		230.138		+2.367				
Abgegebene	192.486	82,8 %	198.814	86,4 %	-6.328	-3,6 %			
Ungültige	4.102	2,1 %	5.049	2,5 %	-947	-0,4 %			
Gültige	188.384	97,9 %	193.765	97,5 %	-5.381	+0,4 %			
SPÖ	70.222	37,3 %	77.627	40,1 %	-7.405	-2,8 %	2	2	+0
ÖVP	50.426	26,8 %	56.304	29,1 %	-5.878	-2,3 %	1	2	-1
FPÖ	32.705	17,4 %	31.326	16,2 %	+1.379	+1,2 %	1	1	+0
BZÖ	3.689	2,0 %	10.276	5,3 %	-6.587	-3,3 %	0		+0
GRÜNE	12.718	6,8 %	11.020	5,7 %	+1.698	+1,1 %	0		+0
FRANK	11.050	5,9 %		n.t.		n.t.	0		n.t.
NEOS	5.327	2,8 %		n.t.		n.t.	0		n.t.
KPÖ	930	0,5 %	749	0,4 %	+181	+0,1 %	0		+0
PIRAT	871	0,5 %		n.t.		n.t.	0		n.t.
CPÖ	446	0,2 %	793	0,4 %	-347	-0,2 %	0		+0

Quelle: BMI

Bundesland Kärnten

n.t. - nicht teilgenommen

	Ergebnisse 2013		Ergebnisse 2008		Vergleich 2013 - 2008		Mandatsstand		
	Stimmen	%	Stimmen	%	Stimmen	%	2013	2008	±
Wahlberechtigte	444.586		448.634		-4.048				
Abgegebene	322.284	72,5 %	352.353	78,5 %	-30.069	-6,0 %			
Ungültige	6.278	1,9 %	7.812	2,2 %	-1.534	-0,3 %			
Gültige	316.006	98,1 %	344.541	97,8 %	-28.535	+0,3 %			
SPÖ	102.278	32,4 %	96.702	28,1 %	+5.576	+4,3 %	4	3	+1
ÖVP	48.140	15,2 %	50.206	14,6 %	-2.066	+0,7 %	1	1	+0
FPÖ	56.513	17,9 %	26.091	7,6 %	+30.422	+10,3 %	2		+2
BZÖ	34.129	10,8 %	132.711	38,5 %	-98.582	-27,7 %	0	5	-5
GRÜNE	37.304	11,8 %	23.759	6,9 %	+13.545	+4,9 %	1		+1
FRANK	21.882	6,9 %		n.t.		n.t.	0		n.t.
NEOS	11.711	3,7 %		n.t.		n.t.	0		n.t.
KPÖ	1.975	0,6 %	1.861	0,5 %	+114	+0,1 %	0		+0
PIRAT	2.074	0,7 %		n.t.		n.t.	0		n.t.

Quelle: BMI

Bundesland Niederösterreich

n.t. - nicht teilgenommen

	Ergebnisse 2013		Ergebnisse 2008		Vergleich 2013 - 2008		Mandatsstand		
	Stimmen	%	Stimmen	%	Stimmen	%	2013	2008	±
Wahlberechtigte	1.278.675		1.258.033		+20.642				
Abgegebene	1.036.180	81,0 %	1.062.403	84,4 %	-26.223	-3,4 %			
Ungültige	22.182	2,1 %	25.346	2,4 %	-3.164	-0,2 %			
Gültige	1.013.998	97,9 %	1.037.057	97,6 %	-23.059	+0,2 %			
SPÖ	279.988	27,6 %	314.978	30,4 %	-34.990	-2,8 %	10	10	+0
ÖVP	310.345	30,6 %	334.358	32,2 %	-24.013	-1,6 %	11	11	+0
FPÖ	190.601	18,8 %	187.542	18,1 %	+3.059	+0,7 %	6	6	+0
BZÖ	27.019	2,7 %	65.851	6,3 %	-38.832	-3,7 %	0	2	-2
GRÜNE	97.487	9,6 %	83.679	8,1 %	+13.808	+1,5 %	3	2	+1
FRANK	48.105	4,7 %		n.t.		n.t.	1		n.t.
NEOS	45.285	4,5 %		n.t.		n.t.	1		n.t.
KPÖ	7.757	0,8 %	6.501	0,6 %	+1.256	+0,1 %	0		+0
PIRAT	7.411	0,7 %		n.t.		n.t.	0		n.t.

Quelle: BMI

Bundesland Oberösterreich

n.t. - nicht teilgenommen

	Ergebnisse 2013		Ergebnisse 2008		Vergleich 2013 - 2008		Mandatsstand		
	Stimmen	%	Stimmen	%	Stimmen	%	2013	2008	±
Wahlberechtigte	1.099.182		1.088.438		+10.744				
Abgegebene	861.015	78,3 %	892.455	82,0 %	-31.440	-3,7 %			
Ungültige	21.615	2,5 %	24.677	2,8 %	-3.062	-0,3 %			
Gültige	839.400	97,5 %	867.778	97,2 %	-28.378	+0,3 %			
SPÖ	228.293	27,2 %	264.315	30,5 %	-36.022	-3,3 %	8	9	-1
ÖVP	212.843	25,4 %	232.153	26,8 %	-19.310	-1,4 %	8	8	+0
FPÖ	180.041	21,4 %	165.139	19,0 %	+14.902	+2,4 %	6	6	+0
BZÖ	29.700	3,5 %	78.901	9,1 %	-49.201	-5,6 %	0	2	-2
GRÜNE	102.003	12,2 %	85.970	9,9 %	+16.033	+2,2 %	3	3	+0
FRANK	40.379	4,8 %		n.t.		n.t.	1		n.t.
NEOS	28.604	3,4 %		n.t.		n.t.	1		n.t.
PIRAT	6.757	0,8 %		n.t.		n.t.	0		n.t.
KPÖ	6.277	0,7 %	5.386	0,6 %	+891	+0,1 %	0		+0
CPÖ	2.946	0,4 %	7.361	0,8 %	-4.415	-0,5 %	0		+0
WANDL	1.557	0,2 %		n.t.		n.t.	0		n.t.

Quelle: BMI

Bundesland Salzburg

n.t. - nicht teilgenommen

	Ergebnisse 2013		Ergebnisse 2008		Vergleich 2013 – 2008		Mandatsstand		
	Stimmen	%	Stimmen	%	Stimmen	%	2013	2008	±
Wahlberechtigte	393.276		390.145		+3.131				
Abgegebene	292.958	74,5 %	306.593	78,6 %	-13.635	-4,1 %			
Ungültige	6.352	2,2 %	7.579	2,5 %	-1.227	-0,3 %			
Gültige	286.606	97,8 %	299.014	97,5 %	-12.408	+0,3 %			
SPÖ	65.950	23,0 %	71.223	23,8 %	-5.273	-0,8 %	2	2	+0
ÖVP	76.460	26,7 %	86.899	29,1 %	-10.439	-2,4 %	2	3	-1
FPÖ	60.876	21,2 %	52.795	17,7 %	+8.081	+3,6 %	2	1	+1
BZÖ	9.205	3,2 %	36.584	12,2 %	-27.379	-9,0 %	0	1	-1
GRÜNE	42.389	14,8 %	35.228	11,8 %	+7.161	+3,0 %	1	1	+0
FRANK	14.894	5,2 %		n.t.		n.t.	0		n.t.
NEOS	13.103	4,6 %		n.t.		n.t.	0		n.t.
KPÖ	1.817	0,6 %	1.603	0,5 %	+214	+0,1 %	0		+0
PIRAT	1.912	0,7 %		n.t.		n.t.	0		n.t.

Quelle: BMI

Bundesland Steiermark

n.t. - nicht teilgenommen

	Ergebnisse 2013		Ergebnisse 2008		Vergleich 2013 – 2008		Mandatsstand		
	Stimmen	%	Stimmen	%	Stimmen	%	2013	2008	±
Wahlberechtigte	973.431		970.930		+2.501				
Abgegebene	733.745	75,4 %	767.019	79,0 %	-33.274	-3,6 %			
Ungültige	10.587	1,4 %	13.082	1,7 %	-2.495	-0,3 %			
Gültige	723.158	98,6 %	753.937	98,3 %	-30.779	+0,3 %			
SPÖ	172.307	23,8 %	220.856	29,3 %	-48.549	-5,5 %	6	7	-1
ÖVP	151.438	20,9 %	197.395	26,2 %	-45.957	-5,2 %	5	7	-2
FPÖ	173.908	24,0 %	130.511	17,3 %	+43.397	+6,7 %	6	4	+2
BZÖ	28.219	3,9 %	99.663	13,2 %	-71.444	-9,3 %	0	3	-3
GRÜNE	76.547	10,6 %	63.894	8,5 %	+12.653	+2,1 %	2	2	+0
FRANK	72.120	10,0 %		n.t.		n.t.	2		n.t.
NEOS	27.872	3,9 %		n.t.		n.t.	1		n.t.
KPÖ	12.993	1,8 %	9.353	1,2 %	+3.640	+0,6 %	0		+0
PIRAT	5.593	0,8 %		n.t.		n.t.	0		n.t.
CPÖ	2.161	0,3 %	4.627	0,6 %	-2.466	-0,3 %	0		+0

Quelle: BMI

Bundesland Tirol

n.t. - nicht teilgenommen

	Ergebnisse 2013		Ergebnisse 2008		Vergleich 2013 – 2008		Mandatsstand		
	Stimmen	%	Stimmen	%	Stimmen	%	2013	2008	±
Wahlberechtigte	537.042		525.960		+11.082				
Abgegebene	359.841	67,0 %	371.151	70,6 %	-11.310	-3,6 %			
Ungültige	4.884	1,4 %	5.361	1,4 %	-477	-0,1 %			
Gültige	354.957	98,6 %	365.790	98,6 %	-10.833	+0,1 %			
SPÖ	64.923	18,3 %	65.982	18,0 %	-1.059	+0,3 %	2	2	+0
ÖVP	114.754	32,3 %	113.790	31,1 %	+964	+1,2 %	4	4	+0
FPÖ	68.761	19,4 %	62.146	17,0 %	+6.615	+2,4 %	2	2	+0
BZÖ	10.652	3,0 %	35.473	9,7 %	-24.821	-6,7 %	0	1	-1
GRÜNE	53.910	15,2 %	40.497	11,1 %	+13.413	+4,1 %	2	1	+1
FRANK	19.854	5,6 %		n.t.		n.t.	0		n.t.
NEOS	17.344	4,9 %		n.t.		n.t.	0		n.t.
KPÖ	2.370	0,7 %	1.851	0,5 %	+519	+0,2 %	0		+0
PIRAT	2.389	0,7 %		n.t.		n.t.	0		n.t.

Quelle: BMI

Bundesland Vorarlberg

n.t. - nicht teilgenommen

	Ergebnisse 2013		Ergebnisse 2008		Vergleich 2013 – 2008		Mandatsstand		
	Stimmen	%	Stimmen	%	Stimmen	%	2013	2008	±
Wahlberechtigte	268.723		262.709		+6.014				
Abgegebene	177.204	65,9 %	187.626	71,4 %	-10.422	-5,5 %			
Ungültige	1.988	1,1 %	2.516	1,3 %	-528	-0,2 %			
Gültige	175.216	98,9 %	185.110	98,7 %	-9.894	+0,2 %			
SPÖ	23.021	13,1 %	26.152	14,1 %	-3.131	-1,0 %	1	1	+0
ÖVP	46.154	26,3 %	58.021	31,3 %	-11.867	-5,0 %	2	2	+0
FPÖ	35.407	20,2 %	29.821	16,1 %	+5.586	+4,1 %	1	1	+0
BZÖ	4.193	2,4 %	23.611	12,8 %	-19.418	-10,4 %	0	1	-1
GRÜNE	29.807	17,0 %	31.793	17,2 %	-1.986	-0,2 %	1	1	+0
FRANK	9.367	5,3 %		n.t.		n.t.	0		n.t.
NEOS	22.888	13,1 %		n.t.		n.t.	1		n.t.
M	490	0,3 %		n.t.		n.t.	0		n.t.
PIRAT	1.416	0,8 %		n.t.		n.t.	0		n.t.
CPÖ	1.094	0,6 %	2.754	1,5 %	-1.660	-0,9 %	0		+0
KPÖ	869	0,5 %	1.001	0,5 %	-132	-0,0 %	0		+0
EUAUS	510	0,3 %		n.t.		n.t.	0		n.t.

Quelle: BMI

Bundesland Wien

n.t. - nicht teilgenommen

	Ergebnisse 2013		Ergebnisse 2008		Vergleich 2013 – 2008		Mandatsstand		
	Stimmen	%	Stimmen	%	Stimmen	%	2013	2008	±
Wahlberechtigte	1.156.888		1.158.122		-1.234				
Abgegebene	806.697	69,7 %	852.538	73,6 %	-45.841	-3,9 %			
Ungültige	11.515	1,4 %	12.221	1,4 %	-706	-0,0 %			
Gültige	795.182	98,6 %	840.317	98,6 %	-45.135	+0,0 %			
SPÖ	251.623	31,6 %	292.371	34,8 %	-40.748	-3,1 %	10	11	-1
ÖVP	115.316	14,5 %	140.530	16,7 %	-25.214	-2,2 %	4	5	-1
FPÖ	163.501	20,6 %	171.658	20,4 %	-8.157	+0,1 %	6	6	+0
BZÖ	18.940	2,4 %	39.863	4,7 %	-20.923	-2,4 %	0	1	-1
GRÜNE	130.492	16,4 %	134.096	16,0 %	-3.604	+0,5 %	5	5	+0
FRANK	31.028	3,9 %		n.t.		n.t.	1		n.t.
NEOS	60.812	7,6 %		n.t.		n.t.	2		n.t.
SLP	947	0,1 %		n.t.		n.t.	0		n.t.
PIRAT	7.842	1,0 %		n.t.		n.t.	0		n.t.
WANDL	1.494	0,2 %		n.t.		n.t.	0		n.t.
KPÖ	13.187	1,7 %	9.057	1,1 %	+4.130	+0,6 %	0		+0

Quelle: BMI